Ingo Schymanski

# Im Teufelskreis der Lust

herausgegeben von Wulf Bertram

Zum Herausgeber von „Wissen & Leben":

**Wulf Bertram,** Dipl.-Psych. Dr. med., geb. in Soest/Westfalen. Studium der Psychologie und Soziologie in Hamburg. War nach einer Vorlesung über Neurophysiologie von der Hirnforschung so fasziniert, dass er spontan zusätzlich ein Medizinstudium begann. Zunächst Klinischer Psychologe im Univ.-Krankenhaus Hamburg-Eppendorf, nach dem Staatsexamen und der Promotion in Medizin psychiatrischer Assistenzarzt in der Provinz Arezzo/Italien und in Kaufbeuren. 1985 Lektor für medizinische Lehrbücher in einem Münchener Fachverlag, ab 1988 wissenschaftlicher Leiter des Schattauer Verlags, seit 1992 dessen verlegerischer Geschäftsführer. Ist überzeugt, dass Lernen ein Minimum an Spaß machen muss, wenn es effektiv sein soll. Aus dieser Einsicht gründete er 2009 auch die Taschenbuchreihe „Wissen & Leben", in der wissenschaftlich renommierte Autoren anspruchsvolle Themen auf unterhaltsame Weise präsentieren. Bertram hat eine Ausbildung in Gesprächs- und Verhaltenstherapie sowie in Tiefenpsychologischer Psychotherapie und ist neben seiner Verlagstätigkeit als Psychotherapeut und Coach in eigener Praxis tätig.

Ingo Schymanski

# Im Teufelskreis der Lust

Raus aus der Belohnungsfalle!

Mit einem Geleitwort von Hans Hopf

Schattauer BALANCE

**Dr. med. Ingo Schymanski**
Facharzt für Allgemeinmedizin, Psychotherapie,
Suchtmedizin, Chirotherapie, Akupunktur
Bahnhofplatz 7, 89073 Ulm
E-Mail: ingo.schymanski@uni-ulm.de

 Ihre Meinung zu diesem Werk ist uns wichtig!
Wir freuen uns auf Ihr Feedback unter
www.schattauer.de/feedback oder direkt über QR-Code.

Bibliografische Information der Deutschen Nationalbibliothek
Die Deutsche Nationalbibliothek verzeichnet diese Publikation in der Deutschen Nationalbibliografie; detaillierte bibliografische Daten sind im Internet über http://dnb.d-nb.de abrufbar.

Besonderer Hinweis:
In diesem Buch sind eingetragene Warenzeichen (geschützte Warennamen) nicht besonders kenntlich gemacht. Es kann also aus dem Fehlen eines entsprechenden Hinweises nicht geschlossen werden, dass es sich um einen freien Warennamen handelt. Das Werk mit allen seinen Teilen ist urheberrechtlich geschützt. Jede Verwertung außerhalb der Bestimmungen des Urheberrechtsgesetzes ist ohne schriftliche Zustimmung des Verlages unzulässig und strafbar. Kein Teil des Werkes darf in irgendeiner Form ohne schriftliche Genehmigung des Verlages reproduziert werden.

© 2015 by Schattauer GmbH, Hölderlinstraße 3, 70174 Stuttgart, Germany
E-Mail: info@schattauer.de    Internet: www.schattauer.de
Printed in Germany

Lektorat: Ruth Becker M.A.
Umschlagabbildung: © c12; www.istockphoto.com
Satz: am-productions GmbH, Wiesloch
Druck und Einband: CPI – Ebner & Spiegel, Ulm

Auch als eBook erhältlich: 978-3-7945-6933-5

ISBN 978-3-86739-109-2 (BALANCE buch + medien verlag)
ISBN 978-3-7945-3115-8 (Schattauer)

Der Spezialist weiß immer mehr über immer weniger,
bis er am Ende *alles* weiß über *nichts*.

Der Generalist weiß immer weniger über immer mehr,
bis er am Ende *nichts* mehr weiß über *alles*.

Die Wahrheit liegt vermutlich nicht auf irgendeinem Punkt
zwischen den Extremen,
sondern auf allen zugleich.

Oder eben daneben.

# Geleitwort

Vor einigen Jahren hat mir Ingo Schymanski einen Artikel seines Modells über den Zusammenhang des Belohnungssystems im Gehirn mit den häufigsten psychischen Störungen in Europa zugesandt. Das spannende war, dass er in seine Überlegungen Beziehungen, gesellschaftlichen Veränderungen und die Bedeutung der zivilisationsbedingten Überstimulation mit einbezogen hatte. Zuvor hatte er einen Beitrag von mir zu den spezifischen Störungen der Jungen gelesen und wusste, dass ich kein Arzt oder gar Hirnforscher bin, sondern praktizierender Kinderpsychoanalytiker.

In der Tat war ich von seinem Artikel bald fasziniert, denn ich erkannte ein „Missing Link" zu meinen Beschäftigungen mit den externalisierenden Störungen von Kindern und Jugendlichen, ihren Aufmerksamkeitsdefiziten, von Schymanski zutreffend „Konzentrationsdefizite" genannt, und der Bedeutung von Überstimulation. Seit vielen Jahren hatte ich mich aus kinderpsychoanalytischer Sicht mit dem Störungsbild „ADHS" befasst. Auch in den vergangenen Jahrzehnten hatte es immer eine abgrenzbare „hirnorganische Kerngruppe" von etwa 1–2 Prozent gegeben. Dabei herrschte die Annahme vor, dass die beobachteten Symptome auf frühkindliche diskrete Hirnschädigungen zurückzuführen seien, was allerdings nie nachzuweisen war. Doch ab den 90er-Jahren war diese ursprüngliche „Zappelphilipp-Diagnose" systematisch auf alle sozialen Störungen ausgeweitet worden: Seelische Ursachen wurden ausgeblendet, stattdessen wurden *alle* sozialen Störungen mit einem angeborenen Defekt im Gehirn erklärt. Diese neurophysiologische Erklärung ist allerdings unbefriedigend, weil sie den Einfluss der Umwelt vernachlässigt. Die Bedeutung von psychosozialen Ansätzen wird zwar eingeräumt, familiären Belastungsfaktoren käme jedoch keine *primäre ätiologische* Bedeutung zu. Auch die Neuroplastizität wird dabei außen vor gelassen, denn jedes Gehirn passt sich bekanntlich unterschiedlichen Nutzungsbedingungen an.

Dabei sind Erziehung und Psychotherapie heutzutage in höchster Not: Viele Kinder und Jugendliche leiden unter den Auswirkungen von Beschleunigung, von fehlender begrenzender, väterlicher Struktur und den Folgen der Habituation. Aber diese Konflikte werden verschleiert, und ihre Folgen – Bewegungsunruhe, Konzentrationsprobleme und Unbeherrschtheit – so gut wie ausschließlich mit Medikamenten behandelt. Schymanskis Erklärungen haben mich darum so überzeugt, weil er die gesellschaftlichen Probleme in seine Theorien nicht nur einbezieht, sondern sie als Hauptursachen beschreibt und dabei die neurophysiologischen Zusammenhänge höchst überzeugend herausarbeitet.

Ich will seine Erkenntnisse mittels zweier Bilder in die heutige gesellschaftliche Realität übersetzen:

Eine Szene aus Schymanskis Buch: Versuchstiere, die entsprechend präpariert sind, können ihr Belohnungszentrum über einen schwachen Stromstoß reizen. Bald tun sie den ganzen Tag nichts anderes mehr, als es ununterbrochen zu stimulieren. Sie vernachlässigen die Nahrungsaufnahme genauso wie die Körperpflege oder soziale Kontakte. Nicht einmal an Sex haben sie noch Interesse. Einzig allein trachten sie danach, auf *allereinfachste* Weise ihr Belohnungszentrum zu stimulieren. Der „Genuss" des über den Tastendruck vermittelten Stromstoßes im Belohnungszentrum ist so groß, dass die Versuchstiere den entsprechenden Hebel mehr als tausend Mal pro Stunde auslösen – bis zur völligen Erschöpfung, ja sogar bis zum Tod.

Eine zweite Szene, aus einer Supervision: Ein siebzehnjähriger Jugendlicher verbringt seine gesamte freie Zeit vor dem Computer, bei Ego-Shooter-Spielen oder „World of Warcraft". Im Wechsel damit betrachtet er Webseiten mit

Pornografie und masturbiert exzessiv. Seine Schulleistungen werden immer schlechter, es ist ihm gleichgültig. Seine Freundin verlässt ihn, weil er sie kaum mehr sieht. Er nimmt das unbewegt zur Kenntnis. Mit seiner Klasse muss er ins Schullandheim; dort fleht er den Lehrer an, ihm Zugang zu Computer und Internet zu gewähren. Dies wird nicht erlaubt. Wenige Tage später erleidet der Jugendliche aufgrund des Entzugs eine schwere Panikattacke und muss in eine Klinik für Kinder- und Jugendpsychiatrie gebracht werden, wo seine Computersucht behandelt wird.

Ich könnte vielerlei solcher und ähnlicher Szenen aus dem kinderpsychoanalytischen Alltag berichten, von Flucht in die Lust und Verweigerung der Realität, natürlich auch bei Erwachsenen. Beim Tier oder beim Menschen kann das Belohnungszentrum durch zahllose Reize stimuliert werden. Durch schmackhaftes Essen, Sex, Geld oder Macht, durch Alkohol, Nikotin oder andere Drogen. Das Ergebnis ist für alle Auslöser gleich: Da wir, gemäß Schymanski, in der „zivilisierten" Welt kaum mehr einer Ressourcenbegrenzung unterworfen sind, verfügen wir über die Möglichkeit, unser Belohnungszentrum unaufhörlich zu stimulieren. Genau das hatte ich in meinen Beobachtungen von Störungen bei Kindern und Jugendlichen festgestellt, jedoch ohne es neurophysiologisch begründen zu können.

Die Notwendigkeit, Triebe und Affekte auszuhalten und aufzuschieben, ist offensichtlich geringer geworden. Viele Kinder meiden Realitäten und suchen das Lustprinzip, viele verabscheuen Anstrengungen. In einer Gesellschaft, in der das Trommelfeuer von Medien ununterbrochen auf alle einprasselt, verlieren viele Dinge bald den Reiz des Neuen. Alles wird für langweilig und uninteressant erklärt, nur noch die Sensation findet Beachtung. In einer solchen Welt wird auch die Aneignung von Wissen keinen Wert mehr besitzen.

Ingo Schymanski hat mittlerweile das vorliegende Buch verfasst, das drei zentrale, höchst bedeutsame Botschaften enthält:

- Durch die Stimulation des Nucleus accumbens, des „Lustzentrums", kommt es über den Mechanismus der Gewöhnung („Habituation") zu einer Abstumpfung des Lustempfindens. Die Auslöser, die Genüsse, müssen immer größer und ausgefeilter werden, um überhaupt noch Lustempfinden zu ermöglichen. Fehlt jetzt die Lust, resultiert daraus ein Mangel an GABA, was zu psychovegetativer Erregung und psychomotorischer Unruhe führt, die nach Befriedigung drängt. Wir streben nach Lustempfindung und nach wohliger Zufriedenheit – ein Teufelskreis der Lust entsteht. Der Leser kann erkennen, warum das Belohnungssystem lebenserhaltend ist, seine Überstimulation aber auch zu Krankheit und Tod führen kann.

- Mit diesem Modell hat Schymanski als erster überzeugend die zivilisatorischen Ursachen der häufigsten psychischen Störungen und Zivilisationserkrankungen innerhalb eines einheitlichen Modells erklärt, angefangen von Ängsten, Schlafstörungen, Depressionen, Demenz, ADHS, somatoformen Störungen und Suchterkrankungen bis hin zu den körperlichen Folgen von Bewegungsmangel und Überernährung. Dabei diskutiert Schymanski auch die Grenzen seines Modells, denn er ahnt die Widersprüche, die er erfahren wird. So ist beispielsweise die ADHS kein einheitliches Krankheitsbild, sondern eine „Sammeldiagnose". Denn die zugrundeliegenden Ursachen können bekanntlich von prä- und perinatalen Schädigungen über Traumata bis hin zu frühen Störungen von Beziehungen und Bindung reichen, oft bei unzureichender väterlicher Strukturierung. Fast immer ist jedoch auch eine Abwehr von depressiven Affekten zu erkennen.

- Den dritten und wichtigsten Punkt sehe ich im Wirken des erfahrenen *Arztes* Schymanski, der seine Patienten nicht einfach damit konfrontiert, dass sie krank werden oder sogar bald sterben könnten, wenn sie die Risikofaktoren nicht selbst „in den Griff bekommen". Er weiß um die Schwächen des Menschen, und er nimmt die Patienten – also uns alle – an die Hand und sucht Lösungswege, die gar nicht so einfach zu finden sind. Denn sein Buch verdeutlicht, warum es vielen Menschen aus den unterschiedlichsten Motiven lebenslang nicht gelingt, die Belohnungsfalle zu überwinden, um nicht im süßen Brei des Überflusses zu ersticken. Nur der Weg über Autonomie, Entschleunigung und Konsumverzicht kann langfristig zu einem erfüllten Leben führen, das ist das Resümee von Ingo Schymanski.

Das Buch von Schymanski ist geeignet, in allen Fachrichtungen, die sich mit Menschen befassen, entscheidende Impulse zu setzen, in der Hirnphysiologie und Medizin, in der Psychologie und in der Pädagogik – in der institutionellen Erziehung und in der Familie. Es ist in lebendiger, sehr anschaulicher Sprache verfasst, noch dazu höchst unterhaltsam. Ich wünsche diesem Buch eine sehr weite Verbreitung, viele Rezensionen und vor allem, dass es eine fruchtbare Diskussion in der gesamten Gesellschaft in Gang setzen möge.

**Hans Hopf**

„Protect me from what I want"

Jenny Holzer

# Vorwort

Das Leben wird immer schneller. Und obwohl der zivilisierte Mensch heute so viel besitzt, über so viele Möglichkeiten verfügt, so abgesichert, gesund und so lange lebt wie wohl keine Generation vor ihm, läuft er Gefahr, sich im Überangebot zu verlieren. Statt zu genießen, fühlt er sich oft nur noch gehetzt, erschöpft und unglücklich wie wohl ebenfalls noch keine Generation zuvor. Woran kann das liegen?

Als ich anfing, die Gründe für diese Entwicklung zu recherchieren, wusste ich über das Thema vermutlich genauso viel wie Sie in diesem Augenblick. Ich ahnte, dass die Antwort auf diese Frage im *Belohnungssystem* unseres Gehirns zu finden sein müsste. Deswegen fing ich an dieser Stelle an zu graben: Ich las Bücher und eine Unmenge von wissenschaftlichen Veröffentlichungen, wobei mir meine ärztliche, psychotherapeutische und suchtmedizinische Ausbildung sowie meine tägliche Arbeit mit Patienten beim Verstehen und Einordnen der schier zahllosen Fakten halfen. Zu guter Letzt fiel es mir wie Schuppen von den Augen: Alle Tatsachen, die meine Eingangsfrage beantworteten, sind lange bekannt. Das einzige, was bis heute zum Verständnis fehlte, war das „geistige Band" zwischen den mittlerweile nahezu unüberschaubaren Einzelbefunden der aktuellen Hirnforschung.

Das in diesem Buch vorgestellte Modell erklärt nicht nur die sattsam bekannte Beschleunigung aller Lebensvorgänge. Es liefert darüber hinaus auch sehr gute Erklärungen für die häufigsten seelischen Erkrankungen. Und damit nicht genug: Sehr viele bislang in ihrem Ursprung unklare psychosomatische und soziale Erscheinungen lassen sich durch die Belohnungsmechanismen in unserem Kopf erst wirklich verstehen. Richtig geordnet, machen die Befunde der Neurowissenschaften deutlich, warum wir durch unser Streben nach „immer mehr" nicht nur unsere eigene Gesundheit gefährden, sondern auch die Zukunft der Menschheit auf unserem Planeten. Letztlich liefert das Wissen um die Vorgänge in unserem Gehirn sogar eine Antwort auf die Frage, wie der Einzelne sein Leben entschlacken und entschleunigen kann – um dafür auch noch mit einem Gewinn an Lebensqualität (und aller Wahrscheinlichkeit nach auch noch an Lebensjahren!) belohnt zu werden – vom Nutzen für das globale Ökosystem ganz zu schweigen.

Um die wesentlichen Mechanismen zu begreifen, muss niemand gleich selbst zum Hirnforscher werden. Im Gegenteil: Die Vielzahl der Einzelbefunde scheint die Spezialisten so sehr zu verwirren, dass sie den Wald vor lauter Bäumen nicht mehr erkennen. Dabei lassen sich die bekannten und von keinem Forscher mehr ernsthaft bezweifelten Fakten zu einem so einfachen Modell zusammensetzen, dass man sich hinterher fragt, warum die häufigsten Zivilisationserscheinungen überhaupt jemals als völlig unterschiedliche Phänomene missverstanden werden konnten.

Vorab möchte ich versprechen, dass ich Ihnen Ausdrücke wie „frontostriatale Dysfunktion" oder „Dopamin-Transporter-Protein-Synthese-Induktion" im gesamten Buch erspare. Denn viel interessanter als jedes einzelne neurophysiologische Puzzleteil ist das Gesamtbild, das sich aus den faszinierenden Einzelbefunden der letzten Jahrzehnte zusammensetzen lässt. Um die grundlegenden Prinzipien zu verstehen, reicht das allgemein verständliche Vokabular vollständig aus.

Die möglichen Konsequenzen des in diesem Buch vorgestellten Modells sind allerdings gewaltig. Angefangen bei der täglichen Lebensgestaltung über die Therapie der häufigsten psychischen Erkrankungen wie Ängste, Depressionen, ADHS und andere zivilisationsbedingte Störungen reichen die Folgen bis hin zu dem, was unser *Glück* und unsere *Lebensqualität* eigentlich ausmacht – und welche Alternative zu unserer gegenwärtig immer noch als „alternativlos" dargestellten Wachstumsphilosophie existiert. Denn einerseits liegt auf der Hand, dass sich durch immer mehr *Wohlstand* genau wie durch die Einnahme von immer mehr Tabletten kein dauerhaftes *Wohlbefinden* erschaffen lässt. Andererseits erscheint es schwierig, tatsächlich auf das zu verzichten, was uns vordergründig schnell und einfach glücklich macht. Das in diesem Buch vorgestellte neue Verständnis der Belohnungsmechanismen beantwortet die Frage, warum „immer mehr" nicht „immer besser" sein muss. Und es gibt Auskunft, wie es vermutlich aussieht, das „richtige Leben". Denn auch wenn es jeder Mensch individuell gestalten wird: Das Belohnungssystems funktioniert für uns alle gleich.

Die größte Stärke des in diesem Buch vorgestellten Modells ist vielleicht auch seine größte Schwäche: Es erklärt „zu viel". Eine einfache Erklärung für eine Vielzahl von Phänomenen und Krankheitsbildern provoziert in der Welt der Wissenschaft beinahe reflexhaft Widerspruch. Ich möchte dem Text daher vorausschicken, dass das Habituationsmodell keineswegs den Anspruch darauf erhebt, alle geschilderten Krankheiten und Erscheinungen *vollständig* zu begründen. Dieses Buch stellt eine neue Sichtweise zur Diskussion, die sich nach dem *Sparsamkeitsprinzip der Wissenschaften* („Ockhams Rasiermesser"[1]) als äußerst

---

[1] „Ockham's Razor": Die simpelste und zugleich passende Erklärung ist vorzuziehen, alle anderen werden mit einem Rasiermesser abgeschnitten, benannt nach dem Scholastiker Wilhelm von Ockham (1288–1347).

potentes Werkzeug erweisen könnte, die Folgen und vor allem auch die wünschenswerte Zielrichtung unserer zivilisatorischen Entwicklung besser zu verstehen.

Lassen Sie sich überraschen! Ich wünsche Ihnen eine spannende und gewinnbringende Lektüre!

Ulm, im Februar 2015 **Ingo Schymanski**

# Inhalt

1   Das Belohnungssystem in unserem Kopf . . . . . . . . .   1

1.1  Das „Lustzentrum": Die Quelle von Glück und Zufriedenheit . . . . . . . . . . . . . . . . . . . . . . . . . . . . . . .   1

1.2  Sichtlich glücklich: Das „Lustzentrum" in Aktion . . . . . . .   3

1.3  Habituation . . . . . . . . . . . . . . . . . . . . . . . . . . . . . . .   8

1.4  Der Teufelskreis der Lust . . . . . . . . . . . . . . . . . . . . . . .   10

1.5  Der Sinn der Habituation am „Lustzentrum" . . . . . . . . . .   11

    Das „Wohlfühlparadoxon" . . . . . . . . . . . . . . . . . . . . .   12

    Noch mehr vom Zuviel: Kompensationsstrategien des Lustverlusts. . . . . . . . . . . . . . . . . . . . . . . . . . . . . . . .   14

        Immer häufiger . . . . . . . . . . . . . . . . . . . . . . . . . .   14

        Immer doller . . . . . . . . . . . . . . . . . . . . . . . . . . . .   15

        Immer verrückter . . . . . . . . . . . . . . . . . . . . . . . . .   15

        Immer dringlicher . . . . . . . . . . . . . . . . . . . . . . . . .   16

        Gebrauch von Stimulanzien . . . . . . . . . . . . . . . . . .   16

        Drogen . . . . . . . . . . . . . . . . . . . . . . . . . . . . . . . .   18

        Das Ende jeder Zufriedenheit: Der Vergleich . . . . . . . .   20

    Einheitliche Ursache – unterschiedliche Wirkungen? . . . .   23

2   Seelische Folgen: die häufigsten psychischen Erkrankungen in Europa. . . . . . . . . . . . . . . . . . . . . . .   26

2.1  Psychovegetative Erregung, psychovegetative Erschöpfung . . . . . . . . . . . . . . . . . . . . . . . . . . . . . . .   27

2.2  Angst . . . . . . . . . . . . . . . . . . . . . . . . . . . . . . . . . . .   30

2.3  Schlafstörungen . . . . . . . . . . . . . . . . . . . . . . . . . . . .   34

| | | |
|---|---|---|
| 2.4 | Depression | 37 |
| | Die Serotonin-Hypothese | 37 |
| | Depression als Folge von Überstimulation im Belohnungssystem | 39 |
| |    Exkurs: Frühere Modelle zur Depressionsentstehung | 42 |
| | Depression als Zivilisationserscheinung? | 47 |
| |    Depression ohne Zivilisation – die Amish-People | 47 |
| |    Die bipolare Störung – eine Erkrankung der Astrozyten? | 49 |
| | Der Sinn der Übersättigungsdepression | 52 |
| 2.5 | Demenz | 53 |
| 2.6 | Krankheit oder Warnsignal der Überstimulation: ADHS, ADS | 55 |
| 2.7 | Krankheitsgefühl ohne Krankheit: Somatoforme Störungen | 75 |
| 2.8 | Süchte | 82 |
| | Stoffgebundene Süchte | 83 |
| |    Weiche und harte Drogen | 88 |
| |    Die am häufigsten verwendeten Substanzen | 91 |
| |    Behandlung von stoffgebundenen Suchterkrankungen | 98 |
| |    Akute Entgiftung | 101 |
| |    Langzeittherapie | 102 |
| |    Drogen legalisieren? | 103 |
| | Stoffungebundene Süchte | 104 |
| |    Starke Drogen, schwache Drogen | 105 |
| |    Burnout | 107 |
| |    Wie vermeide ich Burnout? | 113 |
| 2.9 | Stress: eine Theorie zu seiner Entstehung | 116 |
| | Stress und Gedächtnis | 118 |

| 2.10 | Exkurs: Schizophrenie | 119 |
|---|---|---|
| 2.11 | Krankheit oder Warnsignal? | 122 |

| 3 | Körperliche Folgen: Die typischen Zivilisationskrankheiten | 124 |
|---|---|---|
| 3.1 | Ernährung und das Belohnungssystem | 127 |

| 4 | Gesellschaftliche Folgen. | 130 |
|---|---|---|
| 4.1 | Die Colanisation der Welt | 130 |
| 4.2 | Lebenssinn, Glück und Zufriedenheit | 133 |
| 4.3 | Der Unterschied im „westlichen" und „fernöstlichen" Denken | 136 |
| | Flow. | 141 |
| | Der Sinn von Exzessen. | 144 |
| | „Bruttonationalglück" – Bhutan | 145 |
| 4.4 | Der Happy-Planet-Index | 148 |
| 4.5 | Was brauchen wir wirklich? | 150 |
| | Frau Mujahi. | 150 |
| | Andrea Petkovic: Genug ist nicht genug | 151 |
| | Wirtschaftswachstum, Verteilungsgerechtigkeit und Lebensqualität. | 152 |
| | Mehr ist nicht genug | 153 |
| | Glück und Lebenszufriedenheit subjektiv und objektiv | 155 |
| | Kalorien und Lebenserwartung. | 160 |
| | Die Maslow-Pyramide. | 162 |

|     | Familie, Freunde, Anerkennung – soziale Kontakte als Lebenssinn? | 168 |
|-----|---|---|
|     | Sinn und Selbstzweck | 169 |
| 4.6 | Die Freiheit des Willens | 172 |
| 5   | Persönliche Konsequenzen für den Alltag | 182 |
| 5.1 | Der Start in den Tag | 182 |
|     | Freiwilligkeit | 185 |
|     | Volle Speicher | 185 |
| 5.2 | Der Tagesverlauf | 187 |
| 5.3 | Ernährung | 190 |
|     | Alles Bio? | 192 |
| 5.4 | Schlaf | 195 |
| 5.5 | Beziehungen | 198 |
|     | Paarbeziehungen | 199 |
|     | Sex | 201 |
|     | Kindererziehung | 205 |
| 5.6 | „Hirndoping" – Neuro-Enhancement | 213 |
| 5.7 | Frühwarnzeichen der Erschöpfung | 217 |
| 5.8 | Glutamat | 219 |
| 5.9 | Fazit | 220 |

| 6 | Mögliche Schwächen des Habituationsmodells | 223 |
|---|---|---|
| 6.1 | GABA – der häufigste Botenstoff im Gehirn | 224 |
| 6.2 | GABA, der Schlüssel zum Gedächtnis? | 225 |
| 6.3 | Unterschiedliche Geschwindigkeiten im Belohnungssystem | 226 |
| 6.4 | Leben ohne „Lustzentrum" | 227 |

| 7 | Schlusswort | 229 |
|---|---|---|
| 7.1 | Erste Schritte auf dem Weg zur Entschleunigung | 230 |
| 7.2 | Entschleunigung für Fortgeschrittene | 234 |

| Literatur | 235 |
|---|---|

| Glossar | 243 |
|---|---|

| Sachverzeichnis | 249 |
|---|---|

| Danke! | 255 |
|---|---|

# 1 Das Belohnungssystem in unserem Kopf

## 1.1 Das „Lustzentrum": Die Quelle von Glück und Zufriedenheit

Was Mensch und Tier antreibt, ist das sogenannte „Lust-" oder auch „Belohnungszentrum" – eine ungefähr erbsengroße Ansammlung von Nervenzellen mitten im Gehirn. Weniger als seine Dimension verdeutlicht seine *Lage* die Wichtigkeit dieser Struktur: Das restliche Gehirn wirkt wie um das „Lustzentrum" herum gebaut. Was kein Zufall ist: Das Belohnungszentrum ist von zentraler Bedeutung für unser Gehirn, für unseren Körper, ja, für unser ganzes Leben. Es garantiert im natürlichen Umfeld sogar den Erhalt der ganzen Art, wahrscheinlich sogar des ganzen Ökosystems. Wir werden sehen, auf welche Weise das Belohnungszentrum diese Aufgaben bewältigt.

Stechen wir mit einer Elektrode in diese Nervenzellansammlung und geben Versuchstieren oder Menschen die Möglichkeit, sich über einen schwachen Stromstoß selbst zu reizen, tun die Betroffenen den ganzen Tag nichts anderes mehr, als eben ihr Belohnungszentrum zu stimulieren. Sie vernachlässigen die Nahrungsaufnahme genauso wie die Körperpflege oder ihre sozialen Kontakte. Nicht einmal an Sex haben sie noch Interesse. Sie trachten nur noch danach, auf allereinfachste Weise ihre Belohnungsstrukturen zu stimulieren – per Tastendruck. Der „Genuss" des über den Tastendruck vermittelten Stromstoßes ist so groß, dass beispielsweise die Ratten in den ersten Versuchen von Olds und Milner (1954) den entsprechenden Hebel mehr als tausend Mal pro Stunde auslösten – bis zur völligen Erschöpfung, ja sogar bis zum Tod.

Da der Mensch in aller Regel nicht über Elektroden zur Eigenstimulation des entsprechenden Hirnbereichs verfügt, greift manch einer zu chemischen Hilfsmitteln wie Alkohol und Nikotin, natürlich aber auch zu „harten Drogen" wie Heroin und Kokain. Diese Substanzen führen zu einer exzessiven Stimulation des Belohnungszentrums. Die Folgen dieser chemischen Reizung präsentieren sich beim Betroffenen häufig leider genauso eindrücklich wie in den beschriebenen Versuchen bei Tieren: Interessensverlust, Verwahrlosung und selbst bleibende gesundheitliche Schäden werden in Kauf genommen. Nichts erscheint mehr wichtig außer der Droge.

Rauschmittel bewirken deshalb angenehme Gefühle, weil sie genau die gleichen Hirnstrukturen erregen wie die von Natur aus vorhandenen belohnenden Botenstoffe im Gehirn. Auch „normale" Tätigkeiten wie Essen, Trinken, Sex, Erfolg oder sogar Bewegung (Sport) und Spiel können das Belohnungszentrum stimulieren. Aus diesem Grund bergen alle hier genannten *Substanzen* und *Tätigkeiten* prinzipiell eine Suchtgefahr in sich, selbst wenn sie „nur" natürliche Botenstoffe benutzen wie das als „das Lusthormon schlechthin" bekannte Dopamin. Selbstverständlich gibt es auch andere Botenstoffe, die das Belohnungszentrum stimulieren (z.B. Glutamat, Endorphine, Endocannabinoide, Oxytocin). Zum *prinzipiellen* Verständnis der Belohnungsmechanismen aber reicht die Konzentration auf sehr wenige Botenstoffe vollständig aus. Um den Überblick zu behalten, beschränkt sich die Darstellung in diesem Buch im Wesentlichen auf zwei Transmitter: Das bekannte, „belohnend" wirkende **Dopamin** sowie den „beruhigend" wirkenden Botenstoff **GABA**, auf den wir gleich zu sprechen kommen.

Ebenfalls erwähnt sei hier der für das Lusterleben bedeutsame Botenstoff **Glutamat**. Glutamat spielt als belohnender Botenstoff eine dem Dopamin mindestens gleichwertige Rolle. Zudem können die Nervenzellen des Belohnungszentrums aus Glutamat durch eine einfache chemische Reaktion den Botenstoff GABA herstellen. Auf die Bedeutung dieser Besonderheit soll aber erst am Ende des Buches eingegangen werden (Kap. 5.8). Für das *prinzipielle* Verständnis des „Teufelskreises" reicht die Konzentration auf Dopamin und GABA vollständig aus.

Halten wir also fest: Egal ob es sich um künstliche oder natürliche Auslöser handelt – was bei Mensch und Tier das Belohnungszentrum stimuliert, wird als *angenehm* empfunden. Deswegen verführen Tätigkeiten und Stimulanzien, die das „Lustzentrum" erregen, stets dazu, die Lust vermittelnde Tätigkeit zu wiederholen.

## 1.2 Sichtlich glücklich: Das „Lustzentrum" in Aktion

Mit den bildgebenden Methoden der modernen Hirnforschung lässt sich das „Lustzentrum" sichtbar machen. Denken oder tun wir etwas Angenehmes, wird das Belohnungszentrum stimuliert und beginnt in der **funktionellen Magnetresonanztomografie (fMRT)** als orangefarbener Bezirk zu „leuchten" (Abb. 1). In Wirklichkeit leuchtet es natürlich nicht; das fMRT macht lediglich den bei Stimulation vermehrten Stoffwechsel sichtbar.

Auch wenn wir die Stimulation des Belohnungszentrums mit moderner Technik sichtbar machen können, er-

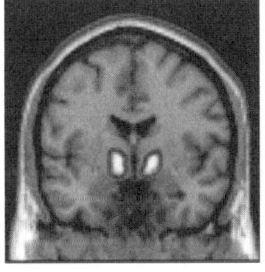

Abb. 1 Das Belohnungszentrum „bei der Arbeit", wie es sich in der funktionellen Magnetresonanztomografie darstellt (fMRT) (aus: Spitzer 2008).

schließt sich daraus noch keineswegs seine *komplette* Funktion. Es existieren nämlich auch Stoffe, die das Belohnungszentrum *nicht* stimulieren und dennoch eine starke Abhängigkeit bewirken können.

Denn das Belohnungszentrum (wissenschaftlich korrekt auch als *Nucleus accumbens* bezeichnet) ist keineswegs der Endpunkt von Lust erregenden Tätigkeiten. Vielmehr ist es eine *Zwischenstation*. Das Belohnungszentrum sendet bei Erregung nämlich selbst Botenstoffe aus. Der wichtigste all dieser Transmitter ist der *stärkste dämpfend wirkende Botenstoff* im Gehirn. Er besteht – ähnlich wie Dopamin – aus einer einfachen chemischen Verbindung, aus der sich sein Name ableitet: Gamma-Amino-Butyric-Acid, kurz **GABA**.

Wir kennen die Wirkung von GABA im Gehirn sehr genau. Denn die Medizin verfügt über Substanzen, die an den gleichen Rezeptor binden wie GABA. Das bekannteste derartige Medikament heißt **Valium**®. In den 70er-Jahren war es als „Tranquilizer" und Lifestyle-Droge weit verbreitet. Kein Wunder, denn Valium® und alle Medikamente, die die Wirkung von GABA imitieren, *simulieren* im Gehirn die „Endstrecke des Glücks": Eine Tablette Valium® gaukelt dem Hirn vor, einen ganzen Tag voller Lust vermittelnder Tätigkeiten verbracht zu haben. Ohne auch nur einen Finger zu krümmen, fühlen wir uns geborgen, entspannt und wohlig müde. So ist es kein Wunder, dass von diesen Mitteln eine erhebliche Suchtgefahr ausgeht: GABA-artig wirkende Substanzen sind die am häufigsten missbrauchten Psychopharmaka überhaupt.

Valium® und andere Vertreter seiner Gruppe (Benzodiazepine) werden aufgrund ihrer Eigenschaften medizinisch eingesetzt. Benzodiazepine wirken:
- Angst lösend,
- Schlaf anstoßend und
- Muskel entspannend.

Da wir wissen, welche Wirkungen Valium® und verwandte Substanzen im Gehirn besitzen, können wir daraus ziemlich genau schließen, was die Freisetzung von GABA nach Stimulation unseres Belohnungszentrums letztlich bewirkt: Angstfreiheit, wohlige Müdigkeit und eine wunderbare Muskelentspannung. Wir werden auf diese drei Effekte von GABA noch verschiedentlich zurückkommen.

> **Exkurs**
>
> Der modernen Pharma-Forschung ist es gelungen, Medikamente zu entwickeln, die zwar nicht direkt an den GABA-Rezeptor binden, aber dennoch die gleichen Wirkungen entfalten. Forschungsziel war gewesen, Wirkstoffe zu finden, von denen keine Suchtgefahr mehr ausgeht. Die klinische Erfahrung allerdings zeigt, dass die gefundenen Substanzen (z. B. Gabapentin, Handelsname Lyrica®, oder sogenannte Z-Medikamente wie z. B. Zopiclon) genauso stark abhängig machen wie Benzodiazepine.

An dieser Stelle haben wir bereits einen Gutteil dessen verstanden, was Mensch und Tier antreibt: Einerseits ist es das Streben nach *Lustempfinden*, also der Stimulation des „Lustzentrums" durch Dopamin und weitere belohnende Botenstoffe, was uns Lust, Selbstbewusstsein und Sinnerfüllung vermittelt. Andererseits wollen wir *Befriedigung* empfinden, die sich aus der Aktivität des Belohnungszentrums durch die Freisetzung des beruhigenden Transmitters GABA ergibt, der uns angstfrei macht, angenehm müde und entspannt. Aus diesen beiden Befunden ergibt sich ein Regelkreis, wie ihn Abbildung 2 veranschaulicht.

Das Belohnungssystem ist entwicklungsgeschichtlich sehr alt. Es ist schon in primitiven Lebensformen wie dem Fadenwurm *(Caenorhabditis elegans)* nachweisbar (Chase

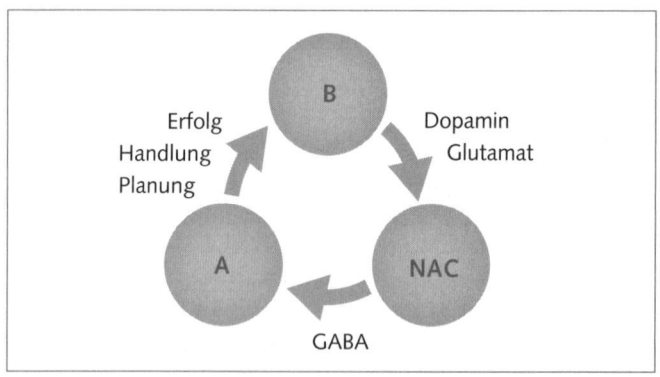

Abb. 2 Das Belohnungssystem unseres Gehirn, dargestellt als Regelkreis. **NAC** = Nucleus accumbens („Lustzentrum"), **A** = Aktivierung (psychovegetative und psychomotorische Erregung), **B** = Belohnungsneurone (Speicherzellen für Dopamin, Glutamat u. a. Botenstoffe, die bei Planung, Umsetzung und Erfolg einer Handlung ausgeschüttet werden). Die maximale Ausschüttung belohnender Transmitter wie Dopamin erfolgt im Moment des Erreichens eines Ziels.

et al. 2004). Kriecht der Fadenwurm durch eine bakterienreiche Gegend, wird sein aus nur wenigen Nervenzellen bestehendes Belohnungszentrum auf den Nahrungsreiz hin durch Dopamin stimuliert und stößt GABA aus. GABA hemmt beim Fadenwurm die Nervenzellen, die für die Vorwärtsbewegung des Wurms verantwortlich sind. Durch diesen Mechanismus verweilt der Fadenwurm in Gebieten, in denen er seine Lieblingsspeise findet: Bakterien. Es muss uns also nicht verwundern, wenn sich heute unsere Schritte immer noch verlangsamen, wenn wir hungrig an einem Restaurant vorübergehen: Im Prinzip gehorchen wir dem gleichen natürlichen Mechanismus wie der Fadenwurm. Die Wahrnehmung von etwas, was Lust stimuliert, führt zur Freisetzung von GABA. Und GABA hemmt alle

Aktivitäten, die uns von der Quelle der Lust entfernen wollen.

Als Regelkreis betrachtet, wird deutlich, welche Funktion das Belohnungszentrum besitzt: Es dient dem *Überleben*. Denn alle Handlungen, die uns am Leben erhalten, werden durch Lustempfindung „belohnt" – ob es sich um Essen, Trinken oder Sex handelt, um Revierverteidigung, Balzen oder Putzen, um Protzen, Schminken oder Aufreizen. *Lust* dient dem Überleben des Individuums und dem Fortbestand seiner ganzen Art. Fehlt die Lust, resultiert daraus ein Mangel an GABA, was zu psychovegetativer Erregung und psychomotorischer Unruhe führt. Dieser unangenehme Zustand lässt erst nach, wenn wir wieder „Lust" empfinden und in der wohligen Befriedigung schwelgen, die uns der Hauptbotenstoff des „Lustzentrums" – GABA – vermittelt. Es ist dieser einfache Regelkreis, der Drang nach Lust und Befriedigung, der Mensch und Tier dazu bringt, ihr angeborenes biologisches Programm abzuarbeiten: Nahrung suchen, Reviere erobern und für die Erhaltung der Art sorgen. Wird das Belohnungszentrum durch die Verknappung äußerer Ressourcen nicht mehr stimuliert, motiviert der resultierende psychovegetativ-psychomotorische Erregungszustand das Individuum, für den Selbsterhalt und den Erhalt der Art aktiv zu werden.

Warum Mensch und Tier gefährdet sind, über das eigentliche Ziel der Luststeuerung des Verhaltens (die Sicherung des Überlebens des Individuums und der Art) hinauszuschießen, mehr zu essen, als gesund ist, mehr Ressourcen zu verbrauchen als nachwachsen und sich – vor allem beim Menschen zu beobachten – in Exzessen zu verlieren, ergibt sich aus einem zweiten, einfachen Mechanismus, der im nächsten Kapitel besprochen wird.

## 1.3 Habituation

Habituation bedeutet „Gewöhnung". Beklopft man mit einem Finger die Stelle zwischen den Augenbrauen, schließen sich reflexartig die Augenlider („Glabellareflex"). Löst man diesen Reflex wieder und wieder aus, wird die Reflexantwort innerhalb von Sekunden und Minuten schwächer und schwächer, bis der Reflex am Ende vollständig erlischt. Setze ich eine rosa Brille auf, erscheint nach wenigen Minuten die weiße Wand wieder weiß – trotz der farbigen Brille.

Wenn ich Süßigkeiten esse, antwortet der Körper mit der Freisetzung von Insulin. Insulin bewirkt, dass der aufgenommene Zucker in die Körperzellen aufgenommen und verstoffwechselt wird. Nehme ich jeden Tag zu viele Kohlenhydrate zu mir, gewöhnen sich die Körperzellen an das ständige Insulin-Signal; ihre Reaktion darauf wird immer schwächer, bis sie trotz hohen Insulin-Spiegels nur noch wenig Zucker aufnehmen. In diesem Moment wird der Mensch „zuckerkrank", er leidet an Diabetes mellitus.

Der Vorgang der Habituation ist ein Mechanismus, der bei vermutlich jeder Signalübertragung im Körper stattfindet. Ein Signal, das ständig vorhanden ist, verliert seine Wirkung. Stellen Sie sich vor, in Ihrer Straße stünde eine Fußgängerampel immer auf Rot. Nach wenigen Minuten würde das Signal von den ersten Fußgängern ignoriert werden, spätestens nach ein paar Tagen von nahezu allen. Die Anwohner hätten sich an die funktionslose Ampel „gewöhnt".

Was wir am Verhalten des Gesamtorganismus beobachten können, hat seine Entsprechung an den Schaltstellen im Körper. Nahezu alle Hormone und Neurotransmitter werden nicht kontinuierlich freigesetzt, sondern stoßweise („pulsatil"). Ein Botenstoff, der zu häufig oder gar permanent vorhanden ist, verliert seine Wirkung. Dieser „automatische Weißabgleich" dient der ständigen Kalibrierung unseres Belohnungssystems und damit der Anpassung des Organismus an die sich ständig verändernden Umweltbedingungen.

Habituation ist überlebensnotwendig. Durch sie adaptieren wir uns an unterschiedliche Nahrungsmengen und -beschaffenheiten, an unterschiedliche Temperaturen, Lärmpegel, soziale Umgangsformen, an sehr verschiedene Lebensbedingungen, ja sogar an unterschiedliche Lebenserwartungen. Was wir häufig erleben, wird auf diese Weise zur „Normalität", die wir ohne besondere Aufregung zur Kenntnis nehmen.

Selbstverständlich gilt dieser durch Habituation vermittelte Mechanismus der kontinuierlichen Selbstkalibrierung auch für das Gehirn insgesamt – einschließlich der Signalübertragung am Belohnungszentrum. „Toujours perdrix!", fluchte der Beichtvater des Königs Heinrich IV von Frankreich, nachdem dieser ihm eine Woche lang seine Leibspeise, Rebhuhn (frz. *perdrix*), vorgesetzt hatte.[1] Jeder kennt es von sich selbst: Jede Lust verflacht zur Routine, wenn sie wieder und wieder abgerufen wird.

Aus Versuchen ist bekannt, dass das Belohnungszentrum am stärksten von *überraschenden* Reizen stimuliert wird (Bassareo u. Di Chiara 1997). Eine erwartete Belohnung, ein erwartetes Geschenk lösen – genau wie das jeden Tag servierte Lieblingsessen – kaum noch Freude aus. Deswegen werden Versuche, in denen das Belohnungszentrum in Funktion dargestellt werden soll, am besten mit *hungrigen* Tieren durchgeführt. Denn diese können sich – im Gegensatz zu satten Tieren – über kleine Belohnungen noch richtig freuen.

---

[1] Er hatte Heinrich wegen dessen ehelicher Untreue ermahnt, Heinrich „rächte" sich auf seine Weise.

## 1.4 Der Teufelskreis der Lust

Kehren wir zurück zur obigen Darstellung des Belohnungssystems in unserem Gehirn als Regelkreis (s. Abb. 2). Das Belohnungszentrum kann durch zahllose Reize stimuliert werden. Sei es leckeres Essen, Sex, Geld oder Macht, Alkohol, Nikotin oder jede andere Droge, die Endstrecke ist für alle Auslöser gleich: die Stimulation von Rezeptoren für belohnende Botenstoffe. Da wir in der „zivilisierten" Welt kaum mehr einer Ressourcenbegrenzung unterworfen sind, verfügen wir über die Möglichkeit, unser Belohnungszentrum *pausenlos* zu stimulieren. Hier liegt der Schlüssel zu der Frage, warum in der heutigen Zeit alle Lebensvorgänge immer schneller werden, warum wir immer mehr haben, gleichzeitig aber Gefahr laufen, unseren Überfluss kaum mehr zu genießen, ja an ihm krank zu werden. Denn durch die gemeinsame Endstrecke aller Lüste – die Stimulation des Nucleus accumbens, des Belohnungszentrums – kommt es über den Mechanismus der Habituation zu einer Abstumpfung des Lustempfindens. Die Auslöser, die Genüsse, müssen immer größer und ausgefeilter werden, um überhaupt noch Lust hervorzurufen. Vereinfacht ließe sich sagen, der Vorrat an Dopamin erschöpft sich beim Versuch, ständig Lust zu erleben – genau wie die Rezeptoren für alle belohnenden Botenstoffe bei ständiger Stimulation ihre Empfindlichkeit verlieren oder freigesetztes Dopamin immer schneller aus dem synaptischen Spalt entfernt wird.

Welche molekularen Mechanismen im Einzelnen hinter dem Effekt der Habituation am Belohnungszentrum stehen, ist von geringerer Bedeutung. Wichtig ist die Folge des „Lustverlusts": Wenn die Nervenzellen des Belohnungszentrums aufgrund von Gewöhnung nicht mehr stimuliert werden können, vermindern sie ihren Ausstoß des beruhigenden Transmitters GABA. Ohne die dämpfende Wirkung von GABA aber gerät der Gesamtorganismus in den bereits erwähnten psychovegetativen und psychomotorischen Erregungszustand.

Erinnern Sie sich an die oben erklärte Wirkung von Benzodiazepinen, jenen Medikamenten, die den Rezeptor des natürlichen Botenstoffs GABA stimulieren? Eine *Verringerung der GABA-Freisetzung* durch Habituation am Belohnungszentrum führt zu den genau gegenteiligen Erscheinungen: Statt angstfrei, wohlig müde und entspannt zu sein, verursacht die fehlende Freisetzung von GABA Ängste, Schlaflosigkeit und Muskelverspannungen – und einige andere Erscheinungen, die viele Menschen früher oder später unglücklich und unzufrieden machen und sie sehr häufig mit psychischen, somatischen oder auch sozialen Problemen zum Arzt führen.

Halten wir also fest: Die Betrachtung des Belohnungssystems im Gehirn als *anpassungsfähiger Regelkreis* verdeutlicht, warum eine dauerhafte *Über*stimulation des Belohnungszentrums die gleichen Symptome verursacht wie eine längere *Unter*stimulation. Beides führt letztlich zu psychovegetativ-psychomotorischer Unruhe und weiteren, individuell unterschiedlichen Folgeerscheinungen, auf die wir später in diesem Buch zu sprechen kommen.

## 1.5 Der Sinn der Habituation am „Lustzentrum"

Evolutionsgeschichtlich betrachtet besitzt die Habituation am Belohnungszentrum einen Sinn: Steht eine Ressource in einem gewöhnlich kargen natürlichen Umfeld phasenweise reichlich zur Verfügung, muss sich das Individuum einen möglichst großen Anteil daran sichern. Habituationsvorgänge am Nucleus accumbens führen dazu, dass beispielsweise Nahrung nach einiger Zeit vielleicht nicht mehr so lustvoll verzehrt werden kann. Gleichzeitig aber nimmt die nach Befriedigung verlangende psychovegetative und psychomotorische Erregung des Individuums *zu*. Denn die via Habituation im Überfluss *verringerte* Lustempfindung führt über die nachfolgend reduzierte GABA-Freisetzung paradoxerweise zu einer gesteigerten Bedürftigkeit. Auf diese Weise sichert die Natur, dass das Individuum in Zeiten des Überflusses möglichst viel Nahrung zu sich nimmt – als Vorrat für die unweigerlich folgenden kargen Phasen.

Besaß dieser Mechanismus in grauer Vorzeit auch für den Menschen einen Sinn, entwickelte sich aus ihm im Überfluss der Zivilisation eine Eigendynamik. Wo keine jahreszeitliche Schwankung das Überangebot und damit auch den psychovegetativ-psychomotorischen Erregungszustand beendet, bewirkt das permanente Streben nach weiterer Stimulation erhebliche seelische, körperliche, soziale und ökologische Konsequenzen.

## Das „Wohlfühlparadoxon"

Jeder Versuch, den *Wirkverlust* von Botenstoffen am Lustzentrum am Belohnungszentrum auszugleichen, führt über Habituation nur immer tiefer in den Teufelskreis aus Lustverlust und gesteigerter Bedürftigkeit. Fast jeder Mensch ist anfällig dafür, innere Unruhe (GABA-Mangel!) durch *Tätigkeiten* zu bekämpfen – selbst wenn er weiß, dass diese ihm auf Dauer eher schaden als nützen. Der eine mag mehr essen, als ihm gut tut, der nächste kauft Dinge, die er eigentlich nicht braucht. Wieder ein anderer protzt mit Geld oder Statussymbolen, obwohl er ahnt, dass die Angeberei weder seinem Gegenüber noch ihm selbst dauerhaft Wohlbefinden verschafft. Durch „immer mehr" erreicht niemand, wonach eigentlich alle streben: innere Ruhe und Gelassenheit.

Jeder „billige Genuss" ist durch die regelmäßig sofort einsetzende Gewöhnung in Wahrheit nichts als ein „Kredit auf das Glück von morgen". Doch ist es schwierig, sich der Verlockung des „schnellen Glücks" zu entziehen. Dies liegt an der Herkunft der zugrunde liegenden Mechanismen: Das Belohnungssystem ist entwicklungsgeschichtlich sehr alt und tief im Mittelhirn verankert. Das Mittelhirn wird gerne auch als „Reptiliengehirn" bezeichnet, weil es wie bei Reptilien ohne jedes Nachdenken reflexartig reagiert. Die Großhirnrinde hingegen, die unsere bewussten Gedanken und unsere „Vernunft" beherbergt, ist entwicklungsgeschichtlich betrachtet sehr jung. Das Belohnungssystem im Reptiliengehirn arbeitet daher nahezu autonom, sehr weit entfernt von allem, was wir mit kühler Logik berechnen. Deswegen stehen wir – wider besseres Wissen – häufig spät abends doch wieder vor dem Kühlschrank anstatt gleich ins Bett zu gehen. Was wir bräuchten, ist nicht über noch mehr Lusterleben ausgeschüttetes GABA. Eigentlich benötigten wir *Ruhe*, damit sich unsere Speicher auffüllen und die Rezeptoren erholen. Aber: Wir sind angefixt durch ein Zuviel an Genuss. Die innere Rastlosigkeit schreit nach Befriedigung, und ihre Stimme klingt in uns sehr viel intensiver als die der Vernunft. Essen zur Beruhigung funktioniert bei den meisten Menschen. Vermutlich ist deswegen Übergewicht vor allem in „zivilisierten" Ländern ein solch schwerwiegendes Problem – ebenso wie Stress und Hektik und das vorgeblich alternativlose Streben nach mehr und immer mehr.

Wir sollten uns nichts vormachen: Wir sind größtenteils keine *vernunftgesteuerten* Wesen. Im Gegenteil: Unsere sogenannte Ratio ist viel eher nichts als die willfährige Dienerin unserer Gelüste. Selbst wenn uns das ständige Lusterleben schon jeder Lust beraubt hat und uns jedes Mehr längst nur noch unruhiger und bedürftiger werden lässt, selbst wenn uns das ständige Zuviel schon körperlich geschadet hat: Die *Einsicht* nutzt uns wenig. Jeder zweite Amerikaner ist zu dick. Die Deutschen stehen dieser Entwicklung – führend in Europa! – nur wenig nach. Wir *wissen*, dass wir abnehmen sollten und schaffen es trotzdem nur selten. Der Geist ist willig, doch das Mittelhirn bleibt schwach. Wenn wir wirklich nichts mehr essen können, weil wir voll sind, übervoll, so finden wir doch immer neue Wege, unsere innere Unruhe zu bekämpfen: Genussmittel, Konsum, Macht, Geltung, Drogen, Tabletten – jeder Kanal ist unserem Reptiliengehirn recht, um seinen Hunger nach Dopamin und GABA zu stillen. Niemand ist gern lustlos, ängstlich, schlaflos und angespannt. Deswegen rennen wir immer schneller, solange es noch etwas zu erhaschen gibt, das uns Lust verschafft und befriedigt – und sei es auch für einen noch so kurzen Augenblick.

Im Folgenden möchte ich kurz die üblichen Strategien des „homo zivilisatus" zum Ausgleich seines Lustverlusts darstellen.

## Noch mehr vom Zuviel: Kompensationsstrategien des Lustverlusts

### Immer häufiger

Das erste Verhalten, das den Wirkverlust von Dopamin im Überfluss ausgleichen soll, äußert sich im Drang, lustauslösende Ereignisse immer häufiger zu erleben. Die hieraus resultierende Beschleunigung aller Lebensvorgänge lässt sich individuell wie in größerem gesellschaftlichen Rahmen ablesen: Das Phänomen der Langeweile ist aus unserem Leben nahezu vollständig verschwunden, jede Sekunde ist angefüllt mit Informationen, Arbeit oder Genüssen. Gab es früher im Jahr ein oder zwei große Feste (Weihnachten und Erntedank), feiern wir heute das ganze Jahr: Geburtstage, Jubiläen, Volksfeste, Musikveranstaltungen, internationale Feste, kulturelle Highlights. Selbst die Geschwindigkeit von Fußgängern in Großstädten hat sich einer Studie zufolge innerhalb eines Jahrzehnts um durchschnittlich 10 % erhöht (Wiseman 2009). Das Überangebot lässt niemandem mehr zur Muße kommen: Jeder fürchtet, etwas zu versäumen. Aber statt zu genießen, wirken viele Menschen im Überfluss nur noch gehetzt.

## Immer doller

Die nächste Möglichkeit zur Kompensation des nachlassenden Lustempfindens besteht in der *Intensivierung* der auslösenden Reize. Auch diese Strategie lässt sich überall in zivilisierten Ländern beobachten: Alles wird größer, schneller, bunter, schriller, lauter. Lebensmittel werden mit Farb- und Aromastoffen „attraktiver" gestaltet, die Packungsgröße und die Kalorienzahl von Getränken und Speisen nehmen zu. Auch hier macht sich der Unterschied zwischen Stadt und Land, zwischen Zivilisation und naturnaher Lebensweise bemerkbar.

Jeder Bereich ist betroffen: Die Dimensionen von Bildschirmen wachsen genauso wie die durchschnittliche Kilowattzahl von neu zugelassenen Autos. Der durchschnittlich von einer Person beanspruchte Wohnraum vergrößert sich seit Jahren, jedes Accessoire muss immer edler und erlesener werden.

## Immer verrückter

Eine weitere Strategie zur Kompensation des Wirkverlusts von Lust-Botenstoffen besteht in der *Kombination von Stimulanzien*. In der Anfangszeit des Films wurde ein schwarz-weißer Stummfilm schon als Sensation erlebt. Bald schon gesellte sich eine Klavierbegleitung hinzu. Ein Stummfilm mit Ragtime lockt Besucher heute allenfalls noch als Kuriosum ins Kino. Selbst das 3D-Erlebnis mit Dolby surround muss noch aufgehübscht werden, um attraktiv zu sein. Während sich auf der Megaleinwand überirdische Schönheiten in surrealen Abenteuern beweisen, benötigt der Besucher im Polstersessel zusätzlich Getränke, Süßigkeiten und Pikantes, damit er seinen Kinobesuch überhaupt als lohnenswert und befriedigend empfinden kann.

## Immer dringlicher

Selbst wenn wir uns Karenz verordnen, halten wir diese kaum lange durch. Wir hungern drei, vier Wochen, um uns die verlorenen Pfunde an einem einzigen Wochenende wieder anzufressen. Selbst im Urlaub gelingt es uns nicht, von unseren Sünden zu lassen, soll doch gerade er uns entschädigen für den Stress und die Entbehrungen, denen wir im Alltag ausgeliefert sind. Und wieder schlägt es zu, das Wohlfühlparadoxon: Wir essen mehr als uns gut tut, vielleicht rauchen wir und trinken Alkohol, und es fällt schwer aufs Handy zu verzichten – wo wir doch endlich mal Zeit haben, zu chatten, ungestört im Internet zu surfen oder auch mal eine lange Mail zu diktieren. Die Vorstellung, drei Wochen am Stück offline zu bleiben, bei ganz einfacher Kost, ohne Genussmittel, ohne Elektronik, ist für viele verlockend – in der Theorie. Im wirklichen Leben lassen wir´s dann doch lieber krachen, um „wenigstens" im Urlaub einmal „richtige" Befriedigung zu verspüren – um anschließend genauso übersättig und erregt, so erschöpft wie bedürftig in den Alltag zurückzukehren.

## Gebrauch von Stimulanzien

Und da weder die Beschleunigung, noch die Intensivierung oder die Kombination von Reizen die Entleerung von Transmitterspeichern, die Abstumpfung der Rezeptoren und andere Habituationsmechanismen auf die Dauer kompensieren können, wird das Nachlassen von Lust und Befriedigung von vielen Menschen gerne durch den Gebrauch von Stimulanzien ausgeglichen. Morgens bringen wir uns mit Koffein und schnell verfügbaren Kohlenhydraten in Schwung, tagsüber greifen wir zu legalen und sozial akzeptierten Aufputschmitteln wie Energy-Drinks, Zigaretten oder Fastfood, abends stimulieren wir uns mit Snacks und Alkohol. All diese Substanzen geben uns kurzfristig den durch Überreizung verlorenen „Schwung" zurück: Sie bewirken eine Ausschüttung von Dopamin und anderen belohnenden Transmittern, auch wenn die Speicher für diese Botenstoffe bereits stark entleert sind. So gelingt es uns, unser „Lustzentrum" zu stimulieren, obwohl wir längst erschöpft sind und eigentlich nichts als Ruhe bräuchten. Selbstverständlich wirken auch Genussmittel nur kurzfristig: Die forciert entleerten Speicher setzen mittelfristig *weniger* Botenstoffe frei, die zudem auf weniger sensible Rezeptoren treffen. Langfristig nutzen uns die anregenden Kalorien und alle Substanzen überhaupt nichts. Im Gegenteil: Sie *steigern* unsere Unruhe und verschlimmern damit unsere Bedürftigkeit nach noch mehr Stimulation.

Denn aus den zwangsentleerten Speichern wird *nach* dem akuten Effekt von Koffein, Nikotin oder Alkohol oder anderen Substanzen deutlich *weniger* Dopamin freigesetzt. Um dennoch „glücklich und zufrieden" zu sein, muss sich der Raucher, wenn die Wirkung der ersten Zigarette abgeklungen ist, die nächste Kippe anstecken. Damit „quetscht" er die Speicherzellen weiter aus, um wenigstens auf sein normales Maß an Belohnungsbotenstoffen zu kommen. Letztlich setzen beide, Nichtraucher und Raucher, die gleiche Menge Dopamin frei, der eine ohne Hilfsmittel aus vollen Speichern, der andere – mithilfe von Zigaretten – aus leeren.

Wer auf Genussmittel verzichtet, lernt, dass er ohne sie genauso glücklich sein kann wie zuvor mit allen seinen Lastern. Vielleicht sogar glücklicher, weil er seine Gesundheit schont, Geld spart und sich fitter fühlt. Vor allem setzen volle Speicher ihre belohnenden Botenstoffe auf geringe Reize ohne zusätzliche chemische Stimulation frei. Vermutlich ist dies der wichtigste Grund dafür, dass Askese am ehesten die Achtsamkeit steigert.

Das rationale *Wissen* um die Vorgänge im Belohnungssystem allein hilft allerdings wenig. Das Problem ist, dass wir den *gefühlten* psychovegetativ-psychomotorischen Erregungszustand sofort beenden wollen – und nicht erst übermorgen. Letztlich ist es (wie in jeder Psychotherapie) nicht die rationale Erkenntnis, die eine dauerhafte Veränderung bewirkt; es sind Konditionierungsvorgänge, die über längere Zeiträume unser Empfinden und unser Verhalten modifizieren. Wir werden später in diesem Buch noch ausführlicher auf Ansätze zu sprechen kommen, die einen Wechsel der Strategie begünstigen können – weg vom kurzsichtigen „Wohlfühlparadoxon" hin zu einem ausgeglichenen Leben ohne Überstimulation.

Zunächst aber wollen wir über das Thema „Drogen" noch tiefer in den „Teufelskreis der Lust" einsteigen.

## Drogen

„Harte Drogen" bewirken meist über eine exzessive Stimulation des Belohnungszentrums sowie über gleichzeitige Erregung von GABA-Rezeptoren ein geradezu überirdisches, ein auf natürlichem Weg nicht zu erreichendes Lust-, Glücks- und Erfolgserleben, das oft verbunden ist mit einer himmlischen Angstfreiheit, Ruhe und Entspannung. Hierin begründet sich ein Teil der von Drogen ausgehenden Gefahr. Denn kein Erlebnis in der realen Welt und kein natürlich im Körper vorkommender Botenstoff vermag ähnlich intensive und für gefährdete Personen auch angenehme Gefühle zu vermitteln wie beispielsweise Kokain oder Heroin.

Hinzu kommt, dass die übernatürlich starken Auslöser gleichzeitig die Speicher vieler Belohnungsbotenstoffe extrem entleeren und auch die entsprechenden Rezeptoren so stark reizen, dass diese schnell und maximal heruntergeregelt und geradezu „verbrannt" werden.

Aus diesen Wirkungen – maximale Stimulation der belohnenden Strukturen mit gleichzeitig maximaler Speicherentleerung und Rezeptorabstumpfung – lässt sich erklären, warum es so schwierig ist, nach dem „Genuss" von Drogen in die „normale" Welt zurückzufinden. Denn gegen die drogenvermittelte übernatürliche Stimulation der Belohnungsmechanismen kommt kein körpereigener Auslöser mehr an – und damit auch kein gewöhnliches äußeres Ereignis: Keine kulinarische Verlockung, keine Freundschaft, kein Erfolg, keine Liebe. Nichts ist vergleichbar mit dem ersten Drogen-High. Die direkte und maximale Stimulation der belohnenden Strukturen in unserem Gehirn ist das Intensivste, Atemberaubendste, Beeindruckendste, was wir überhaupt empfinden können. Nur: Das Erlebnis ist eben nicht „wahr". Die durch Drogen verursachten Gefühle haben nichts mit der äußeren Realität zu tun. Wir fühlen uns zwar groß und mächtig, erfüllt, genial und geborgen. In Wirklichkeit aber verursachen Drogen genau das Gegenteil von dem, was sie uns versprechen – wie sich an den Opfern der Drogensucht unschwer ablesen lässt.

Suchterkrankungen werden in Kapitel 2.8 noch ausführlicher besprochen. Der Vorgriff an dieser Stelle soll nur dazu dienen, den in vielen Menschen angelegten Mechanismus des Strebens nach „immer mehr" zu verdeutlichen. Anfällige Personen erliegen leicht der Versuchung, ihre innere Unruhe, ihre Getriebenheit durch Exzesse befriedigen zu wollen – und sich selbst dabei erheblich zu gefährden. Aber schon der „Normalverbraucher" ist prinzipiell dem gleichen Mechanismus ausgesetzt, wie wir unter dem Stichwort „Wohlfühlparadoxon" bereits erfahren haben.

## Das Ende jeder Zufriedenheit: Der Vergleich

Wenn alle Beschleunigung, die Steigerung der Intensität, die Kombination von Auslösern, der Gebrauch von Stimulanzien und Drogen nicht mehr befriedigt – für einen Mechanismus bleiben viele von uns anfällig, selbst wenn sie nirgends sonst noch Sinn erkennen: den Vergleich. Versuche belegen, dass der Vergleich schon im Tierreich eine bedeutende Rolle spielt (Brosnan u. de Waal 2003).

> **Experiment**
> Kapuzineraffen lassen sich gut mit Belohnungen dressieren. Brav geben sie einen in ihren Käfig gereichten Stein wieder heraus, wenn sie dafür eine Belohnung erhalten, beispielsweise ein Stückchen Gurke. Beginnt der Trainer allerdings, einen der Affen mit einer süßen Frucht zu belohnen, verdirbt diese Ungleichbehandlung dem benachteiligten Affen jede Freude am Experiment. Er wirft das sonst gern verzehrte Stückchen Gurke aus dem Käfig und rüttelt wütend an der Käfigbegrenzung.

Vergleiche sind bedeutsam: Wer in puncto Schönheit, Kraft, Gesundheit, Ansehen oder Macht über Ressourcen vorne liegt, besitzt die besten Chancen zur Vermehrung – nicht nur bei Affen. Die gleichen Ergebnisse zeigen auch Versuche mit Hunden oder Vögeln.

Dem Ottonormalverbraucher geht es dabei nicht besser: Ich kann noch so stolz auf mein neues Auto sein, die Beförderung, meine Buchveröffentlichung. Protzt mein Nachbar mit einem schickeren Modell, überholt mich mein Kollege auf der Karriereleiter, erzielt ein Autor mit viel weniger Aufwand eine weitaus größere Auflage, so schwindet meine Freude am Erreichten genauso schnell wie meine Befriedigung.

In der modernen Welt ist der Vergleich allgegenwärtig. Studien beweisen, dass Facebook-Nutzer statistisch gesehen unglücklicher sind als Menschen, die ihr Leben offline verbringen. Das ständige Vergleichen lässt das eigene Leben langweiliger erscheinen als das der Cyber-Freunde. Von deren Wirklichkeit bekommen wir nur die Höhepunkte zu Gesicht, während wir uns selbst hauptsächlich durch die Niederungen des Alltags zu quälen scheinen (Chou u. Edge 2012).

Den stimulierenden Effekt des Vergleichs macht sich die **Werbung** zunutze, um Menschen zu Konsum zu verleiten: „Mein Haus, mein Auto, meine Frau, meine Kinder ..." Wer nicht mithalten kann, *soll* sich minderwertig fühlen – und als Arznei für seine über Reklame vermittelte Bedürftigkeit einen Bausparvertrag abschließen. Und sich modisch kleiden, Kreuzfahrten buchen, einen größeren Flachbildschirm kaufen. Und jung und erfolgreich sein. Oder wenigstens so erscheinen, notfalls mit chirurgischer Hilfe. Und da unsere Welt vollgestopft ist mit künstlichen Idealen, stehen wir bewusst oder unbewusst ständig unter dem Druck, dem überall vermittelten Komparativ irgendwie standzuhalten. Um auf keinen Fall schlechter abzuschneiden als diejenigen, die uns von Plakaten, aus dem Fernseher, aus unserem Computer glückstrunken entgegenlächeln. Genügte es im Mittelalter noch, ein Gott gefälliges Leben zu führen, müssen wir heute tausenderlei Ansprüche erfüllen. Es ist nicht länger die Kirche, die unsere Werte vorgibt. Es ist die Werbeindustrie.

Dabei bewirken fast alle Dinge, die uns zum Konsum verführen, eben *kein* dauerhaftes Glück und Wohlbefinden. Im Gegenteil: Alles, was wir uns vorgeblich „Gutes" tun, *verbraucht* Belohnungsbotenstoffe, *entleert* die Speicher und *desensibilisiert* die Rezeptoren. Die Folgen dieses Grundprinzips lassen sich überall beobachten: Die Ansprüche des übersättigten Menschen steigen, er benötigt immer mehr, um glücklich zu sein. „Jeder erfüllte Wunsch bekommt Kinder", sagt ein chinesisches Sprichwort. Jeder Genuss birgt in sich den Keim des Wunsches nach Wiederholung und Steigerung. Selbst Schönheitsoperationen können sich so zur Sucht entwickeln. Kein Glück ist von Dauer: Jede dauerhafte Stimulation des Nucleus accumbens verliert ihre Wirkung. Erst recht, wenn die Werbung immer neue Ideale präsentiert: Kaum haben wir das Geschäft verlassen, gilt unser Handy schon wieder als veraltet, der Schnitt unserer Jeans als „von gestern" und unser Auto als stillos und technisch überholt. Wir rennen und rennen – und erreichen doch niemals unser eigentliches Ziel: Glück und bleibende Zufriedenheit. Wir sollen ja auch gar nicht glücklich sein. Sondern weiter einkaufen.

Aber keine Sorge: Das Verständnis der Belohnungsmechanismen in unseren Köpfen weist tatsächlich einen Ausweg aus dem Dilemma dieser sich ständig beschleunigenden „hedonistischen Tretmühle".

Doch bevor wir uns mit den Möglichkeiten beschäftigen, dem „Teufelskreis der Lust" zu entkommen, möchte ich auf die medizinischen Konsequenzen des Modells für den Alltag näher eingehen. Als ich begann, meine Überlegungen zum Belohnungssystem nacheinander auf die häufigsten Beschwerdebilder der allgemeinärztlichen und psychotherapeutischen Praxis anzuwenden, war ich wie vor den Kopf geschlagen: War es tatsächlich vorstellbar, dass sich eine große Zahl von Krankheiten, die in der heutigen Medizin als *voneinander vollständig unabhängige Syndrome* diagnostiziert und behandelt werden, durch den immer gleichen, einheitlichen Mechanismus erklären ließen? Das erschien mir sehr unwahrscheinlich. Deshalb begann ich, eine 2011 von der Universität Dresden veröffentlichte Liste der „häufigsten psychischen Erkrankungen Europas" systematisch abzuarbeiten (Kap. 2). Zu meinem eigenen Erstaunen wurde mir an jeder Tür, an die ich klopfte, aufgetan. Das „Habituationsmodell", wie ich es inzwischen getauft hatte, bestand sogar die Gegenprobe: Krankheiten, die in meinem Modell eindeutig auf zivilisationsbedingte Überstimulation des Belohnungssystems zurückzuführen sind, treten in unterzivilisierten Gesellschaften kaum oder überhaupt nicht auf. War ich tatsächlich auf ein „höheres Prinzip" gestoßen?

## Einheitliche Ursache – unterschiedliche Wirkungen?

Bevor wir uns konkret mit den häufigsten seelischen und körperlichen Folgeerscheinungen beschäftigen, möchte ich noch einem sich intuitiv einstellenden Widerspruch begegnen: Wie kann es sein, dass eine einzige Ursache (die Überstimulation des Belohnungszentrums) zu so vielen verschiedenen Symptomen und Krankheitsbildern führt – wo doch die herkömmliche Medizin diese bislang als voneinander völlig unabhängige Krankheiten klassifiziert und behandelt? Müsste eine singuläre Ursache nicht auch ein einziges, klar zuzuordnendes Symptomenbild bewirken?

Die unterschiedlichen Reaktionen einzelner Menschen dürften in erster Linie genetische und soziale Ursachen haben. Wie sich keine zwei Menschen finden, die in Größe, Gewicht, Aussehen, Temperament, Mimik, Gestik bis hin zu Interessen, Vorlieben und hinunter zu Stoffwechselparametern absolut identisch sind, sind auch die Nervenverbindungen im Gehirn, die Quantität der verfügbaren Transmitter und die Verteilung von Rezeptoren und deren Untereinheiten bei zwei Menschen nie absolut gleich. Hinzu kommen epigenetische Einflüsse, die dazu führen, dass selbst bei eineiigen Zwillingen aus identischer DNA unterschiedliche Informationen ausgelesen werden können. Aus psychosomatischen Untersuchungen weiß man zudem, dass entsprechende Symptome eher von der Umgebung „abgeschaut" werden, als dass sie aus angeborenen Mustern generiert würden.

So wie der Defekt eines einzelnen Gens für zahlreiche und sehr unterschiedliche psychische und körperliche Veränderungen verantwortlich sein kann („Pleiotropie"), beeinflusst das Belohnungssystem des Gehirns zahlreiche nachgeordnete Instanzen.

Wenn durch Überstimulation des Belohnungszentrums die Ausschüttung von GABA vermindert wird, resultiert zunächst ein allgemeiner psychovegetativer und psychomotorischer Unruhezustand. Auch diese Erregung äußert sich bei jedem Menschen anders. Während der erste mit Herzklopfen reagiert, bekommt der nächste vielleicht eher zittrige Hände. Dem Dritten wiederum schwindet der Appetit, während der vierte sich durch vermehrtes Essen zu beruhigen versucht. Der fünfte bekommt Rückenschmerzen, während der sechste schneller ungeduldig wird oder depressiv. So individuell verschieden die Ausstattung mit Transmittervorräten und Rezeptoren ist, so unterschiedlich sind auch die Reaktionen auf den Wegfall der Dopamin- und GABA-Wirkung.

Hinzu kommt, dass jeder auf „seinen" psychovegetativen Erregungszustand anders reagiert. Der eine kennt die Symptome und zieht die richtigen Schlüsse daraus. Er sorgt für Ruhe und Abstand, bis er seine „Mitte", seine ausgeglichene Zufriedenheit wieder gefunden hat. Der andere versucht, seine innere Spannung durch Alkohol abzubauen, was über die Zeit jedoch zu einer Verschlechterung der Symptomatik führt. Wieder ein anderer befürchtet eine organische Erkrankung als Ursache seiner Beschwerden und sucht einen Arzt auf. Dieser wiederum findet beinahe bei jedem Patienten von der Norm abweichende Befunde. Diese sind allerdings eher selten für die geäußerten Beschwerden verantwortlich. Dennoch werden sehr häufig Medikamente verschrieben, welche die Symptome tatsächlich eine Zeit lang beseitigen. Den Patienten bestärkt der Erfolg der medikamentösen Therapie in seiner Ansicht, tatsächlich an einer organischen Krankheit zu leiden. Sehr häufig kehren die alten Beschwerden aber zurück. Oder es treten neue hinzu, weil die eigentliche Ursache ja nicht angegangen wurde. Jedes weitere Symptom bewirkt weitere Diagnostik und meist auch noch neue Therapien. Am Ende ist der Patient felsenfest davon überzeugt, körperlich *und* seelisch schwer krank zu sein. Was letztlich häufig auch der Fall ist, wenn die Weichen früh schon falsch in Richtung einer einseitigen Organmedizin gestellt wurden.

Eine einheitliche Ursache – die verminderte Erregbarkeit des Belohnungszentrums – kann aus den genannten Gründen sehr wohl eine Vielzahl unterschiedlicher *seelischer*, *körperlicher* und nicht zuletzt auch *sozialer* Symptome verursachen. Die folgenden Kapitel widmen sich der Reihe nach den genannten drei Gruppen.

Die weitreichenden Konsequenzen des in diesem Buch vorgestellten Modells in Bezug auf unser gegenwärtiges Verständnis von psychischen und somatischen Krankheiten wie auch auf individuelle Wertvorstellungen und sogar gesellschaftliche Zielsetzungen hatten mich zunächst selbst erheblich überrascht. Letztlich allerdings, und das wurde mir selbst erst mit einigem zeitlichen Abstand bewusst, existiert wohl kaum eine sinnvolle Alternative zu den Schlussfolgerungen, die sich aus der hier vorgestellten neuen Betrachtungsweise ableiten lassen. Nicht „immer mehr" von allem, nicht immer neue und „bessere" Medikamente können die zivilisationsbedingten Beschwerden und Krankheiten beseitigen. Es ist das Verständnis des Belohnungssystems, aus dem sich die entscheidenden Antworten ergeben.

## 2 Seelische Folgen: die häufigsten psychischen Erkrankungen in Europa

Die Entdeckung des Habituationsmodells brachte mich dazu, altbekannte Erklärungen für verbreitete „Krankheiten" in Frage zu stellen. Ich stellte fest, dass sich mit meinem Modell etliche Zivilisationserscheinungen einheitlich erklären und damit gänzlich neu denken ließen. 2011 erschien eine Studie der Universität Dresden zu den häufigsten mentalen Krankheiten in Europa. Ihr zufolge litten 38 % der Einwohner des Kontinents unter einem oder gleich mehreren der in der nachfolgenden Tabelle aufgelisteten psychischen Probleme (Wittchen et al. 2011).

---

**Betroffene der häufigsten psychischen Krankheitsbilder in Europa**

- 14,0 % Angsterkrankungen
- 7,0 % Schlafstörungen
- 6,9 % Depressionen
- 5,4 % Demenz
- 5,0 % AD(H)S
- 4,9 % somatoforme Störungen
- 4,8 % Alkohol-, Cannabis- und Opiatabhängigkeit

. . .

---

Mich interessierte, ob sich mit meinem Modell auch seelische Erkrankungen erklären ließen. So fing ich an, die Dresdener „Hitliste" systematisch abzuarbeiten. Das Ergebnis meiner Überprüfung hat mich selbst mehr als verblüfft.

## 2.1 Psychovegetative Erregung, psychovegetative Erschöpfung

Beginnen wir mit einer Diagnose, die nicht als „psychische Erkrankung" gilt und deswegen auch keine Aufnahme in die Liste der häufigsten psychischen Erkrankungen fand. Die „psychovegetative Erschöpfung" ist vermutlich dennoch häufiger als jedes in der Dresdener Liste genannte Syndrom der Grund für eine Arbeitsunfähigkeit. Der psychovegetativen Erschöpfung voraus geht die „psychovegetative Erregung", ein Alarmzustand mit erhöhter körperlicher und psychischer Reaktionsbereitschaft. Beide Diagnosen sind Vorstufen der im Anschluss an diesen Abschnitt besprochenen häufigsten seelischen Krankheiten.

Fühlt sich ein Patient abgekämpft und nervös, ist er fahrig, seelisch wie körperlich kaum mehr belastbar, kann er nicht mehr durchschlafen, klagt er über Konzentrations- und Gedächtnisstörungen und bricht dazu leicht in Tränen aus, ist die Diagnose schnell gestellt. Im Zusammenhang mit den seelischen Erscheinungen treten immer auch körperliche Symptome auf: Die ausgestreckten Hände zittern, die geschlossenen Augenlider flattern. Die Zunge zittert beim Vorstrecken ebenfalls und zeigt am Rand die Abdrücke der Zähne. Die Rückenmuskeln sind schmerzhaft verspannt, über der Magengegend tut es beim Beklopfen weh. Oft findet sich auch der Ruhepuls beschleunigt.

Wenn der Patient beim Arzt erscheint, findet sich in aller Regel bereits ein *Mischbild* von psychovegetativer Erregung und Erschöpfung. Es müssen dabei nicht alle eben genannten Zeichen vorhanden sein. In aller Regel dürfte aber bei Arbeitsunfähigkeit wegen „psychovegetativer Erschöpfung" die Mehrzahl der Befunde vorliegen. Bei den vergeblichen Versuchen, seinen psychovegetativen Erregungszustand zu beseitigen, haben sich – vereinfacht ausgedrückt – die Transmitterspeicher des Patienten weitgehend erschöpft. Er fühlt sich freudlos und dabei innerlich unruhig und getrieben. Typischerweise ist er gleichzeitig nahezu blind für den Zusammenhang zwischen seinem frustranen Unterfangen, ursprünglich lustbesetzte Ziele zu erreichen (um dadurch Befriedigung und innere Ruhe zu erfahren) auf der einen und seinen zunehmenden körperlichen, seelischen und häufig auch sozialen Problemen auf der anderen Seite.

Warum bezahlen wir unsere Verausgabung mit den eben beschriebenen Symptomen? Der „Regelkreis der Lust" macht es deutlich: Sowohl die Unter- wie auch die Überstimulation des Nucleus accumbens führt zu einer verminderten GABA-Freisetzung, was eine vermehrte körperlich-seelische Erregung bewirkt. In der freien Natur ist der Auslöser dieser Erregung meist ein Defizit an Nahrung, Revier oder Balzpartnern. Die resultierende gesteigerte psychovegetative Erregung soll das Individuum motivieren, die sein Überleben sichernden Ressourcen zu gewinnen.

Die pausenlose Überstimulation im zivilisierten Umfeld verursacht durch Habituation am Belohnungszentrum den gleichen Effekt: Dem Lustverlust folgt über den Mangel an GABA die psychovegetative Erregung. Da sich dieser unangenehme Zustand dauerhaft durch kein „Noch mehr vom Zuviel" beseitigen lässt, gerät der Mensch im Überfluss nur allzu gern in eine Eigendynamik, die den Wirkverlust seiner belohnenden Botenstoffe verschlimmert und den Erregungszustand steigert.

Im natürlichen Umfeld wird bei Ressourcenknappheit weniger Dopamin am Nucleus accumbens freigesetzt. Dies bewirkt eine psychovegetative Erregung bei „vollen Speichern" und sehr sensiblen Dopamin-Rezeptoren. Das Individuum kann daher auch kleine Auslöser (z. B. ein Minimum an Nahrung) als sehr befriedigend erleben.

Die Überstimulation der zivilisierten Welt bewirkt durch Speicherentleerung und Wirkverlust von Dopamin am Belohnungszentrum und die nachfolgend verringerte GABA-Freisetzung die gleiche psychovegetative Erregung. Nur führt hier der Versuch, die Erregung bei „leeren Speichern" durch noch mehr Stimulation zu befriedigen, letztlich in die psychovegetative Erschöpfung.

Auf diese Weise betrachtet verwundert es wenig, dass dem gestressten Zivilisationsopfer von ärztlicher Seite nur allzu gern (und viel zu oft!) genau jene Medikamente verschrieben werden, die gegen fast alle seine Beschwerden helfen. Ob Benzodiazepine (wie Tavor® oder Valium®), Z-Medikamente (wie Zopiclon AL® oder Zolpidem Stada®) oder vorgebliche Schmerzmittel (wie Gabapentin-ratiopharm® oder Lyrica®) – die Endstrecke all dieser Pharmaka ist gleich: Sie ersetzen den Effekt von GABA, der durch Überstimulation verloren gegangen ist. Die genannten Arzneien wirken daher initial beeindruckend gut. Die Unruhe verschwindet, der Schlaf wird wieder tief und fest, der Rücken entspannt sich. Bis Habituationsvorgänge die erste Dosisanpassung nötig machen. Und die nächste. Und eine weitere. Bis die wiederkehrenden Symptome eine Kombinationsbehandlung mit mehreren simultan verabreichten Medikamenten scheinbar unausweichlich werden lassen.

Gegen den bei psychovegetativer Erschöpfung immer auftretenden *Lustverlust* können die GABA-artigen Medikamente allerdings nicht helfen. Schließlich erregen sie nicht das Belohnungszentrum. Daher mündet eine rein auf Symptomunterdrückung ausgerichtete Therapie über kurz oder lang in eine Suchterkrankung (z.B. Tablettenabhängigkeit) oder eine Depression. Oder in beides – auch wenn körperliche oder soziale Symptome Sucht und Depression lange überdecken können.

Selbstverständlich gibt es neben der reinen Überstrapazierung auch subjektive seelische Gründe, aus denen ein Mensch in einen psychovegetativen Erregungs- und Erschöpfungszustand gerät. Sehr viele Menschen glauben, dass sie „Glück" und „Zufriedenheit" nur durch äußere Stimulation erreichen können. Nur wenige ruhen in sich selbst. Aber äußere Reize können aus physiologischen Gründen nicht dauerhaft beglücken, auch und erst recht nicht im Übermaß. So gehen die Auslöser meist Hand in Hand: Das Gefühl, nicht „genug" zu sein, zu haben oder zu gelten und die pausenlose Überstimulation. Beide Faktoren verstärken sich gegenseitig. Letztlich machen sie krank an Körper und Seele, wobei typischerweise gleichzeitig auch das soziale Miteinander leidet.

Auf alle diese Faktoren werden wir im Weiteren noch eingehen. Beschäftigen wir uns zunächst mit den in der Dresdener Liste genannten seelischen Krankheiten, die sich aus dem „Teufelskreis der Lust" ableiten lassen.

## 2.2 Angst

Mit 14 % Betroffenen in der Bevölkerung sind Angststörungen die führende psychische Krankheit in Europa. Natürlich gibt es *objektive* Gründe für die Entstehung von Angst. Erstaunlich aber ist das häufige Vorkommen dieser seelischen Störung, wo sich doch die tatsächliche Bedrohung des Einzelnen wohl eher verringert hat. In der westlich geprägten Welt ist kaum ein Mensch mehr vom Hungertod bedroht; Seuchen, die in früheren Zeiten ganze Landstriche entvölkerten, gehören der Vergangenheit an. Die Gefahr einer global vernichtenden militärischen Auseinandersetzung erscheint nach dem Ende des Kalten Krieges ebenfalls geringer, und die medizinische Versorgung befindet sich ebenso wie die statistische Lebenserwartung auf einem unerreichten Höchststand. Was also ist die wirkliche Ursache der häufigsten psychischen Störung in Europa?

Widmen wir uns zunächst kurz den Grundlagen: Nach heutigem Wissensstand entsteht das Gefühl von Angst in einem (wie das Belohnungszentrum paarig angelegten) mandelförmigen Kerngebiet im Gehirn, der sog. Amygdala. Individuen ohne Mandelkerne spüren auch in furchteinflößenden Situationen keine Angst, wie neben zahlreichen Tierversuchen auch die Untersuchung einer entsprechenden Patientin eindrücklich belegt (Feinstein et al. 2010).

Wie zu etlichen anderen Hirnbereichen besitzt das Belohnungszentrum auch eine Verbindung zu den Mandelkernen. Ganz offenbar dient diese Verschaltung dazu, Ängste bei lusterregenden Tätigkeiten zu minimieren. Wer mit Kindern arbeitet, weiß, dass diese im Spiel Dinge leicht tun (z. B. Schwimmen lernen), zu denen sie unter Druck kaum in der Lage gewesen wären. Vielleicht erklärt auch die das Belohnungszentrum erregende Wirkung von Alkohol und anderen Drogen deren oft angstlösende Wirkung: Die Stimulation des Belohnungszentrums bewirkt die Freisetzung von GABA, welches den Mandelkern beruhigt. Die objektiven Bedrohungen durch Krieg, Krankheit, Seuchen und Hunger in Europa sind heute im Maßstab der Jahrhunderte zurückgegangen; die Lebensbedingungen haben sich für die meisten Menschen deutlich verbessert. Was liegt da näher, als die *Überstimulation des Belohnungszentrums* (mit nachfolgender Habituation und einem entsprechenden Abfall der GABA-Freisetzung) für die hohe Zahl der Angsterkrankungen verantwortlich zu machen? Wie gesagt, selbstverständlich existieren objektive Gründe für Ängste. Meine psychotherapeutisch tätigen Kolleginnen und Kollegen aber werden bestätigen, dass sich bei den meisten Patienten mit Angsterkrankungen eben ein solcher „Grund", also beispielsweise ein frühes Trauma oder eine tatsächlich bedrohliche Erkrankung, *nicht* finden lässt. In den häufigsten Fällen von Angststörungen findet sich *kein* spezifischer Grund. Es handelt sich um eine Störung, die eine Eigendynamik entwickelt hat, um *Angst vor der Angst*.

Typischerweise beginnt die Erkrankung mit eigentümlichen Körpergefühlen wie Herzklopfen, Luftnot oder Hitzewallungen. Ebenso typisch ist, dass der daraufhin konsultierte Arzt *keine körperliche Krankheit* feststellen kann. Herz und Lunge, Laborwerte und sämtliche weiteren durchgeführten Untersuchungen ergeben Normalwerte. So erhält der Patient ein Medikament, das seine Symptome unterdrücken soll, und wird nach Hause geschickt.

Doch ist die *Ursache* dieser Symptome hiermit nicht beseitigt. Zwar unterdrücken die beispielsweise unter der Diagnose „hyperkinetisches Herzsyndrom" verschriebenen β-Rezeptoren-Blocker die Anfälle von Herzrasen. Aber die ursächliche Angst bleibt. Und häufig entwickelt sich eine Eigendynamik: Weil es „doch eine Ursache geben muss", beginnt der Patient, sich vermehrt selbst zu beobachten. Vielleicht stellt er in der Folge merkwürdige Darmbewegungen fest, unerklärliche Schmerzen im Oberbauch, scheinbar sonderbares Stuhlverhalten. Vielleicht fängt er an, sich selbst durch zusätzliches Essen zu beruhigen – oder er trinkt vermehrt Alkohol und raucht. Manchmal sind es auch die verschriebenen Medikamente, die weitere Beschwerden verursachen. β-Rezeptoren-Blocker beispielsweise können Depressionen verursachen (!), die wiederum mit weiteren Symptomen einhergehen.

---

Exkurs

**Hyperkinetisches Herzsyndrom**

Das hyperkinetische Herzsyndrom ist eine typische „funktionelle" Störung: Das betroffene Organ ist nach allen Untersuchungen des Spezialisten „gesund" – nur seine Funktion erscheint gestört: Ohne einen vom Kardiologen und all seinen Apparaten erkennbaren Grund schlägt es zu schnell. Dass die Ursache im seelischen Bereich zu finden sein könnte, hat die heutige organfixierte Medizin nahezu vollständig vergessen.

> Hierin unterscheidet sie sich kaum von den betroffenen Patienten: Wären diese sich des seelischen Drucks bewusst, der zum „Herzklopfen" führt, würden sie die ursächlichen Probleme angehen und nicht lediglich das Symptom vom Arzt beseitigen lassen. Sorgen und ungelöste seelische Konflikte lassen sich aber nicht spurlos verdrängen. In aller Regel machen sie sich über seelische, körperliche und soziale Symptome bemerkbar. Die *kausale* Behandlung derartiger Störungen unterscheidet sich grundsätzlich von jener, die die organfixierte Medizin bis heute praktiziert.

Die leider immer noch häufig gegen Ängste verschriebenen Benzodiazepine (die stärksten Angstlöser, s. Kap. 1.2) wirken zu Beginn fantastisch gegen alle Formen von Angst. Kein Wunder, denn genau sie stimulieren ja – wie natürlicherweise sonst das Belohnungszentrum – den GABA-Rezeptor am Mandelkern. Nur unterliegen sie – wie *alle* natürlichen und künstlichen Botenstoffe, die in das Belohnungssystem im Gehirn eingreifen – einem schnell einsetzenden *Gewöhnungseffekt*. Deswegen verliert die zu Beginn verwendete Dosis schnell ihre Wirkung. Und der Versuch, das Medikament zu reduzieren oder abzusetzen, verstärkt genau jene Symptome, gegen die es am Anfang verschrieben wurde: Angst, Unruhe, Schlafstörungen, Herzklopfen, Panikattacken und vieles mehr.

Angst ist daher jene Störung, die oft am Anfang der „Karriere" des überreizten Zivilisationsopfers steht. Ihre wahre Ursache wird im hektischen Praxis- und Krankenhausaufenthalt kaum jemals erkannt, zumal der Zusammenhang zwischen Überreizung des Belohnungssystems und seelischen Störungen, so plausibel er sich hier lesen mag, noch keineswegs zur medizinischen Allgemeinbildung gehört.

So begnügt sich die „moderne" Medizin mit dem, was sie am besten kann: Das Symptom, das richtig verstanden auf die wahre Ursache der Störung hinweisen könnte, wird mit Medikamenten unterdrückt. Der Mangel an Botenstoffen, der aus unbewältigten seelischen Konflikten oder aus der Überreizung des Belohnungsregelkreises resultiert, wird durch die Gabe von chemischen Substanzen ausgeglichen, die deutlich stärker als ihre körpereigenen Vorbilder wirken. Statt die nötige Pause einzulegen und zur Besinnung zu gelangen, läuft der Patient weiter in die falsche Richtung. Angstfrei, aufgeputscht und leistungsbereit – bis ihn seelische, körperliche oder soziale Kollateralschäden längerfristig oder endgültig niederstrecken.

Eigentlich ist es unvorstellbar, dass diese einfachen Zusammenhänge in der heute praktizierten Medizin bislang nahezu keine Beachtung finden. Aber auch die nachfolgend besprochenen Störungen werden bislang als voneinander völlig getrennte Krankheitsbilder betrachtet, für die viel eher „genetische" oder „umweltbedingte" Einflüsse verantwortlich gemacht werden, anstatt sie auf die naheliegende Ursache, die in der zivilisierten Welt allgegenwärtige Überreizung, zurückzuführen.

## 2.3 Schlafstörungen

Nachdem sich die steigende Anzahl von Angststörungen zwanglos auf „Habituation im Belohnungssystem" zurückführen lassen, sollte für Schlafstörungen Ähnliches gelten: Wer zu „hochtourig" dreht, sollte sich Pausen gönnen, um „runterzukommen". Medikamente oder Drogen bieten sicher keine nachhaltige Lösung für Schlafprobleme. Die mit Vorliebe gegen Ängste und Schlafstörungen verschriebenen Benzodiazepine oder die auf die gleiche Weise wirkenden Z-Medikamente vertuschen die wahre Ursache der Beschwerden, ohne sie auch nur ansatzweise zu beseitigen.

Die Schlaflosigkeit, die den Betroffenen quält, ist nicht die *Ursache* seiner Unruhe und Unausgeglichenheit. Sie ist deren *Folge*, auch wenn das sowohl vom Patienten als auch vom behandelnden Arzt am liebsten andersherum betrachtet wird. Dementsprechend können die häufig rezeptierten Medikamente nur kurzzeitig Linderung verschaffen. Medikamentös behandelte Schlafstörungen kehren beim Versuch der Dosisreduktion zurück, typischerweise in verschlimmerter Form. Kein Wunder: Die chemischen Substanzen „verbrennen" die Rezeptoren der natürlichen Botenstoffe, eben weil sie unnatürlich stark wirken. Der Körper reagiert auf die Überstimulation durch Medikamente genauso wie auf die Überstimulation durch ein zu dichtes, zu gedrangtes, zu intensives Leben: mit Verlust von Sensibilität, mit Gewöhnung, mit Abstumpfung.

Das einzige, was bei Schlafstörungen – wie bei allen anderen psychosomatischen Erscheinungen und allen Zivilisationsfolgen – nachhaltig hilft, ist und bleibt die Bekämpfung der *Ursache*. Dass sich die Folgen einer Überstimulation weder durch eine stärkere Stimulation des Belohnungszentrums noch durch Medikamente, die die Wirkung des Botenstoffs GABA übertreffen, *dauerhaft* beseitigen lassen, sollte an dieser Stelle deutlich geworden sein.

Die Thematik ist selbstverständlich komplex. Meist ist nicht allein eine Überstimulation des Belohnungssystems der Grund für Schlafstörungen. Ebenso können *psychische Belastungen* für eine innere Unruhe sorgen, die jeden Genuss unmöglich macht. Wer aufgrund von Traumatisierungen oder einer neurotischen Grundstruktur nicht in der Lage ist, „Lust" zu erleben, wird auch kaum jemals nachhaltige Befriedigung erfahren. Schnelle Lösungen stehen für die ursächlichen Konflikte meist nicht zur Verfügung. Für den ansonsten gesunden Normalbürger aber gilt es, seinem

Leben langsam eine andere Richtung zu geben. Vor allem muss er sich vor dem „Wohlfühlparadoxon" (s. Kap. 1.5) hüten: Er sollte Substanzen und Tätigkeiten meiden, die zwar für den Augenblick Linderung versprechen, die Problematik aber mittel- und langfristig nur verschärfen. Wir werden später in diesem Buch noch Strategien besprechen, die zu einem dauerhaften Erfolg verhelfen können, durch ein „Weniger" an Stimulation am Belohnungszentrum ein „Mehr" an Lebensqualität und Gesundheit zu erfahren (s. Kap. 5).

Wem wirkliches Lusterleben und Entspannung durch die Änderung seines Lebensstils nicht gelingen, wer nicht in der Lage ist, seinen Lebensstil überhaupt so zu ändern, dass er Lebensqualität, Glück und innere Ruhe verspüren kann, wer über Monate und Jahre schlecht schläft und glaubt, auf entsprechende Medikamente nicht verzichten zu können, sollte sich überlegen, ob er die wahren Ursachen seiner inneren Anspannung mit professioneller Hilfe angehen möchte. Oft sind es nur wenige psychotherapeutisch schnell zu beseitigende „Knoten", deren Lösen dem Leben eine völlig neue, positive Richtung geben kann.

Auf welche Weise frühe Erfahrungen und Traumata die Funktion des Belohnungssystems beeinträchtigen können, soll das nächste Kapitel deutlich machen.

## 2.4 Depression

### Die Serotonin-Hypothese

Seit in den 60er-Jahren festgestellt wurde, dass im Gehirn[2] von Depressiven ein relativer „Mangel" an Serotonin herrscht, galt **Serotonin-Mangel** als Auslöser von Depressionen. Es ist aber bis heute keineswegs sicher, ob eine Verminderung von Serotonin in den Synapsen des Gehirns tatsächlich die *Ursache* von Depressionen ist – oder deren *Folge*. Dennoch brach, seit in den 80er- und 90er-Jahren Medikamente zur Verfügung standen, die den Serotonin-Spiegel im Gehirn um ein Vielfaches anhoben, eine wahre Euphorie los. Endlich, glaubte man, den Schlüssel gefunden zu haben, um die „zivilisierte" Menschheit von einer ihrer bedeutsamsten Geißeln zu befreien.

Seither wurden Milliarden Tagesdosen an sogenannten „Serotonin-Wiederaufnahme-Hemmern" (SSRI, Selective-Serotonine-Reuptake-Inhibitors) verschrieben – mit allerdings durchaus zweifelhaftem Erfolg, wenn man vom Umsatzerlös absieht. Mehrere kritische Übersichtsarbeiten, die *nicht* unter dem Einfluss von Pharmafirmen ausgewertet wurden, legen den Verdacht nahe, dass die SSRI lediglich eine Wirkung erzielen, die dem Effekt von Placebos gleichkommt (Kirsch et al. 2008). Selbstverständlich stießen diese Studien auf heftigste Kritik (Fritze et al.

---

2 Präziser gesagt wurde der „Mangel" an Serotonin und Noradrenalin eigentlich nicht „im Gehirn" nachgewiesen, sondern im Blut, dass das Gehirn durchströmt, sowie in der Flüssigkeit, die das Gehirn umgibt, im sog. Liquor. Es gibt Hinweise darauf, dass im Gehirn selbst die genannten Botenstoffe nicht vermindert, sondern sogar vermehrt auftreten, sie aber vermindert ins Blut und in den Liquor abgegeben werden.

2008). Allerdings existiert mittlerweile auch ein Wirkstoff (Tianeptin), der die Serotonin-Wiederaufnahme *fördert* und damit den zerebralen Serotonin-Spiegel *senkt*. Tianeptin soll, obwohl es den herkömmlicher Antidepressiva genau entgegengesetzt wirkt, ebenfalls antidepressiv wirken.

Vielleicht beruht eine tatsächliche antidepressive Wirkung von Tianeptin auf seiner Fähigkeit, unabhängig von seinem Einfluss auf den Serotonin-Stoffwechsel die Dopamin-Konzentration am Belohnungszentrum zu erhöhen (Invernizzi et al. 1992; Pozzi et al. 1994). Dann allerdings müsste die Wirkung von Tianeptin mit der Zeit der Habituation zum Opfer fallen. Die betroffenen Patienten würden versuchen, die nachlassende Wirkung durch eine Dosissteigerung auszugleichen. Über genau dieses Phänomen, das Suchtpotenzial von Tianeptin, gibt es bereits einige Berichte (Association Mieux prescrire 2012; arznei-telegramm 2013).

Ist die gesamte medizinische Welt einem Placebo-Effekt zum Opfer gefallen? Ganz so hart sollte man es vielleicht nicht ausdrücken. Aber das Medikamentenwunder, als das die SSRI seit ihrer Markteinführung verkauft werden, scheint sich bei weitem nicht im erhofften Ausmaß zu bestätigen. Ebenso kritisch wie die Effektivität der SSRI hinterfragt werden muss, sollten die Studien gelesen werden, die ihnen „eine Wirkung auf Placebo-Niveau" attestieren. Unterzieht man die Daten einer genauen Analyse, wird deutlich, dass *einzelne* Patienten von der Therapie mit SSRI tatsächlich profitieren – deutlicher als von Placebo. Andere hingegen verschlechtern sich unter SSRI. Übrig bleibt ein Effekt, der im Mittel ebenso gut oder schlecht erscheint wie der von Scheinmedikamenten.

Auf welche Weise SSRI bei Depressionen wirken, ist bis heute ebenso unklar wie die genaue Funktion von Serotonin im zentralen Nervensystem. Denkbar erscheint ein Einfluss auf die *Impulskontrolle*: Zuvor depressiv gehemmte Patienten könnten durch eine Serotonin-vermittelte Enthemmung längst überfällige Entscheidungen treffen und sich hierdurch aus der Depression befreien. Bedauerlicherweise scheint diese Serotonin-vermittelte Enthemmung sich auch in umgekehrter Richtung auszuwirken: Unter Therapie mit SSRI kann es besonders in der Anfangsphase zu plötzlichen Impulsdurchbrüchen mit verheerenden Folgen kommen. Manche Patienten töten Angehörige, obwohl sie zuvor niemals gewalttätig waren, oder sie legen unvermittelt Hand an sich selbst. Es sind zahlreiche derartige Fälle übermittelt (Goetz u. Heilbuth 2013). Der genaue Zusammenhang der Gewalttaten mit der Einnahme von SSRI ist zum gegenwärtigen Zeitpunkt aber noch unklar. Die Verschreibung von Antidepressiva sollte jedoch mit äußerster Zurückhaltung erfolgen – insbesondere, weil sich ein Großteil der Depressionen äußerst plausibel durch das Habituationsmodell erklären lässt, was wiederum völlig neue Perspektiven auf eine sehr viel wirkungsvollere und nachhaltigere Therapie eröffnet.

## Depression als Folge von Überstimulation im Belohnungssystem

In der Schulmedizin wird die Diagnose einer Depression gestellt, wenn eine Kombination von sogenannten Haupt- und Zusatzsymptomen vorliegt (Härter et al. 2007).

**Diagnosekriterien bei Depressionen**

**Hauptsymptome:**
- gedrückte Stimmung
- Unfähigkeit zu genießen (Anhedonie)
- Antriebslosigkeit

**Nebensymptome:**
- Konzentrationsstörungen
- Verlust des Selbstwertgefühls
- Schuldgefühle
- negative Einschätzung der Zukunftsperspektiven
- Suizidgedanken
- Schlafstörungen
- Appetitmangel, selten auch vermehrtes Essen

Es fällt nicht schwer, alle genannten Symptome der Depression in den in diesem Buch vorgestellten Regelkreis des Belohnungssystems des Gehirns einzuordnen. Wenn belohnende Botenstoffe wie das klassische „Lusthormon" **Dopamin** durch Habituation ihre Wirkung verlieren, ist es kein Wunder, dass den Betroffenen die Welt grau erscheint, ihnen nichts mehr Vergnügen bereitet und jede Motivation, etwas zu unternehmen, verloren geht. Wenn nachfolgend das Belohnungszentrum seinen beruhigenden Botenstoff **GABA** nur noch vermindert freisetzt, erklärt dies auch die von nahezu allen Depressiven geschilderte innere Unruhe, die Unfähigkeit, sich zu konzentrieren, die Schlafstörungen, die aufsteigenden Ängste. Wenn nichts mehr schmeckt, gibt es auch keinen Grund mehr zu essen, oder, was bei Depressiven auch der Fall sein kann, die Betroffenen essen vermehrt, um den Mangel an sonstigem Lusterleben auf diese Weise zu kompensieren. Diese Anhedonie (die Unfähigkeit zu genießen) geht einher mit einer verringerten Erregbarkeit des Belohnungszentrums, einer verringerten Ruheaktivität seiner Zellen und einem verringerten Volumen dieser Hirnstruktur (Wacker et al. 2009).

Im Kapitel „Süchte" werden wir uns noch genauer mit zwei Substanzen beschäftigen, die stark in den Stoffwechsel von Dopamin und GABA eingreifen (s. Kap. 2.8). **Kokain** hemmt die Wiederaufnahme von Dopamin am Belohnungszentrum, daher steigert Kokain die Wirkung von

Dopamin. Die durch Kokain hervorgerufene Wirkung passt geradezu spiegelbildlich zu den Symptomen einer Depression: Während der Depressive an gedrückter Stimmung leidet, weil er nichts mehr genießen kann und zu nichts mehr Antrieb verspürt, platzt der Kokain-Konsument geradezu vor Euphorie, Genussfreude und Motivation – solange die Wirkung seiner „Nase" (des meist geschnupften Kokains) anhält, meist für 30 bis 120 Minuten. Anschließend fühlt er sich deprimiert: Nichts bereitet ihm noch Freude, nichts hat noch Sinn für ihn. Bis er die nächste Dosis schnupft ...

Die Symptome einer Depression lassen sich augenscheinlich viel plausibler durch eine Reduktion der Dopamin-Wirkung erklären als durch die lange für verantwortlich gehaltenen Veränderungen im Serotonin-Stoffwechsel. Untrennbar verbunden mit der Dopamin-Wirkung am Belohnungszentrum ist aber die Funktion des Belohnungszentrums selbst: die Freisetzung von GABA. Wird das Belohnungszentrum nicht mehr stimuliert, kommt es zu einem Mangel an diesem beruhigenden Botenstoff. Angst, Unruhe, Schlafstörungen sind die Folge, ebenso wie Konzentrationsstörungen oder somatische Erscheinungen, z. B. körperliche Schmerzen ohne wirklichen pathologischen Untersuchungsbefund (zur GABA-Wirkung auf körperliche Symptome s. Kap. 2.7).

Da für das Krankheitsbild der Depression bis heute kein neurophysiologisch belastbares Konzept zur Verfügung steht, musste die Symptomauswahl bezüglich der Depression in der ICD-10 willkürlich erfolgen. Das Gleiche gilt für das DSM-5, das von der American Psychiatric Association herausgegebene „Diagnostic and Statistical Manual of Mental Disorders", auch wenn hier wohl die ebenfalls intuitiv vorgenommene Symptomgewichtung etwas plausibler erscheinen mag als die Unterscheidung in Haupt- und Nebensymptome der ICD-10.

In beiden Handbüchern werden die *primären* Effekte des *Wirkverlusts von Botenstoffen* (Lustverlust, innere Unruhe, psychovegetative Erregung, Angstbereitschaft, Durchschlafstörungen, Konzentrations- und Gedächtnisprobleme, Antriebsminderung und körperliche Beschwerden) nicht sauber getrennt von *sekundären* Erscheinungen wie Selbstwertverlust, Schuldgefühlen oder negativer Einschätzung der Zukunftsperspektiven, die erst durch *subjektive Bewertung* entstehen. Gerade aber die *Bewertung* trägt zur Eigendynamik von depressiven Erkrankungen erheblich bei. Sie beeinflusst sowohl ihren Schweregrad als auch ihren Verlauf. Jeder – und gerade das überreizte Zivilisationsopfer – leidet gelegentlich an Symptomen wie den erstgenannten „primären". Aber erst Merkmale aus der zweiten Gruppe bewirken, dass diagnostisch nicht auf die eigentlich notwendige Erholungspause geschlossen wird, sondern auf eine bedrohliche Krankheit, die Depression. Das Habituationsmodell bietet an dieser Stelle ein Werkzeug für eine neurophysiologisch begründete Neuordnung der Diagnosekriterien. Dann wäre die monopolare Depression vermutlich nicht länger als eigenständige Krankheit zu bewerten, sondern lediglich als zivilisationsbedingtes Syndrom, das aus Überstimulation, Erfolgsdruck, permanentem Vergleich und fehlenden Erholungspausen resultiert.

### Exkurs: Frühere Modelle zur Depressionsentstehung

Selbstverständlich sind Depressionen nicht immer und ausschließlich die Folge von Überstimulation im Belohnungssystem. Es existieren durchaus „seelische" Gründe, aus denen einzelne Menschen depressiv werden können.

Auch hier war ich bei meinen Nachforschungen verblüfft, wie plausibel sich die gängigen Hypothesen zur Depressionsentstehung in den Regelkreis des Belohnungssystems einfügen lassen.

Nach Sigmund Freud entsteht eine Depression (ebenso wie die Angst) aus der *Unterdrückung der Libido*. Im Dopamin-GABA-Regelkreis stört die Unterdrückung essenzieller Triebe die Freisetzung belohnender Botenstoffe am Belohnungszentrum: Die durch widrige Umstände meist in der frühen Kindheit erworbene **Neurose** „verbietet" Handlungen, die Lust bewirken. Das Belohnungszentrum kann deswegen nicht auf den naheliegendsten, natürlichsten Wegen stimuliert werden, woraus in erster Linie gedrückte Stimmung, Freudlosigkeit und Antriebslosigkeit resultieren (Hauptsymptome). Auch Nebensymptome, die sich aus der Verminderung der GABA-Freisetzung am Belohnungszentrum erklären, finden ihre Erklärung durch Auswirkungen des „Lustverbots" im Belohnungssystem (Unruhe, Schlafstörungen, Schuldgefühle).

Viele Betroffene finden andere Beschäftigungen, die es ihnen erlauben, über Umwege doch Lustgewinn zu erreichen („Sublimation"). Der einfachste Weg besteht in der Zufuhr von Kalorien. Neurosen können sich aber auch als antriebsstarker Motor für Karrieren, Risikosportarten oder soziale Auffälligkeiten erweisen. Die Betroffenen bleiben solange oft leistungsorientiert und „gesund", bis ihre Kompensationsmöglichkeiten entfallen. Ein Karriereende, der Verlust von Macht, Geld oder Reputation können in diesem Fall schwere depressive Reaktionen bewirken, wie Abbildung 3 verdeutlicht.

Die Blockade der Ersatzbefriedigungsmöglichkeiten führt nicht sofort zum Vollbild der Depression. Initial bewirkt der Verlust von GABA eine gesteigerte psychovegetative und psychomotorische Unruhe. Dies und die gleichzeitig auftretenden Ängste motivieren das Individuum zu verstärktem Einsatz, seine Kompensationen möglichst zu erhalten. Erst wenn diese Bemühungen über das Zwischenstadium der psychovegetativen Erregung zur psychovegetativen Erschöpfung geführt haben und die Anstrengungen

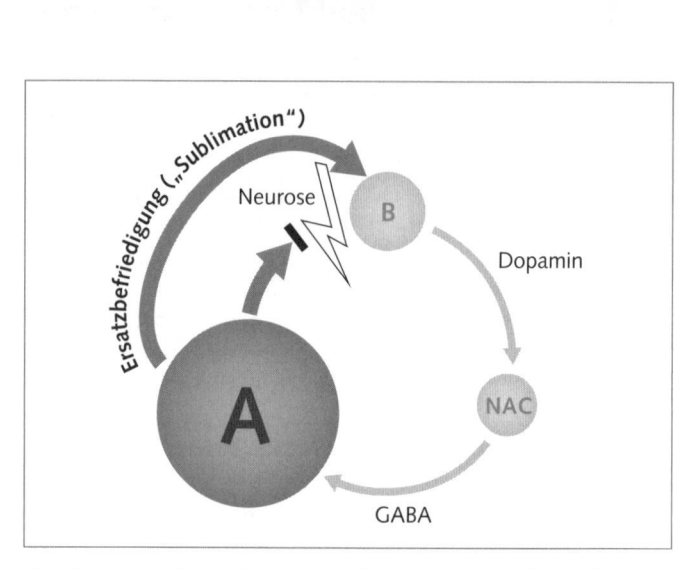

Abb. 3 Depressionsentstehung nach psychoanalytischer Sichtweise. **A** = Aktivierung (psychomotorische und psychovegetative Erregung), **B** = Belohnungsbotenstoffe freisetzende Nervenzellen, **NAC** = Nucleus accumbens (Belohnungszentrum). Entfällt auch die Möglichkeit zur Ersatzbefriedigung, kommt es zur Dekompensation.

zur Aufrechterhaltung des Selbstbilds einer tiefen Resignation gewichen sind, entsteht das Vollbild der Depression (Abb. 4).

Aber nicht nur früh erworbene Neurosen können als seelische Ursache Depressionen bewirken. Ein *ungeeignetes Umfeld* kann die gleichen Effekte hervorrufen. Vorauszuschicken ist, dass der ungehinderte „Fluss" von Botenstoffen im Belohnungsregelkreis auf jeder Stufe unterbrochen werden kann. Erfahren wir beispielsweise beim Genuss einer Speise unappetitliche Details über ihre Zubereitung, kann uns der Bissen förmlich im Hals stecken bleiben. Wie die Genussfreude einem Ekelgefühl weichen kann, kann uns eine ausbleibende oder negative Reaktion

**Depression**

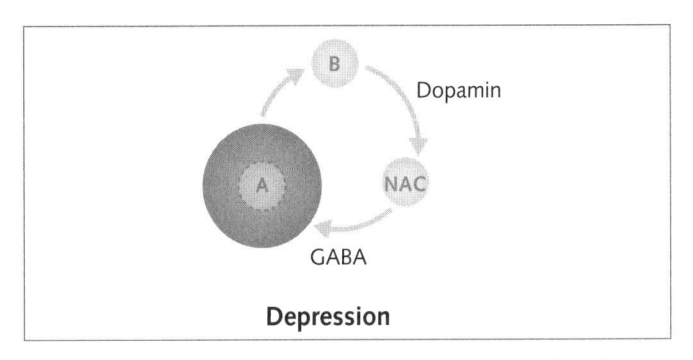

Abb. 4 Vollbild der Depression: Nach den Zwischenstadien der psychovegetativen und psychomotorischen Erregung erlischt letztlich jede Motivation. **A** = Aktivierung (psychomotorische und psychovegetative Erregung), **B** = Belohnungsbotenstoffe freisetzende Nervenzellen, **NAC** = Nucleus accumbens (Belohnungszentrum), gestrichelte Linie: depressiver Erschöpfungszustand.

der Umwelt die Freude über einen erreichten Erfolg vergällen.

Durch diesen Mechanismus lässt sich eine weitere Hypothese zur Entstehung von Depressionen in den Belohnungsregelkreis einordnen: Die **Gratifikationskrise nach Siegrist** (Siegrist 2002) kann als Wirkverhinderung von Dopamin am Belohnungszentrum durch den störenden Effekt von übergeordneten neuronalen Schaltungen verstanden werden: Eine ursprünglich motiviert ausgeführte Handlung führt nicht zur erwarteten Vergeltung (Abb. 5).

Nach einer Phase vermehrten Bemühens mündet auch das Ausbleiben jeder Gratifikation in vollständiger psychovegetativer Erschöpfung und letztlich in Depression (s. Abb. 4).

Das **Modell der erlernten Hilflosigkeit nach Seligman** (Peterson u. Seligman 1993) dürfte sich auf beide Schenkel des Belohnungszyklus auswirken. Das Modell geht davon

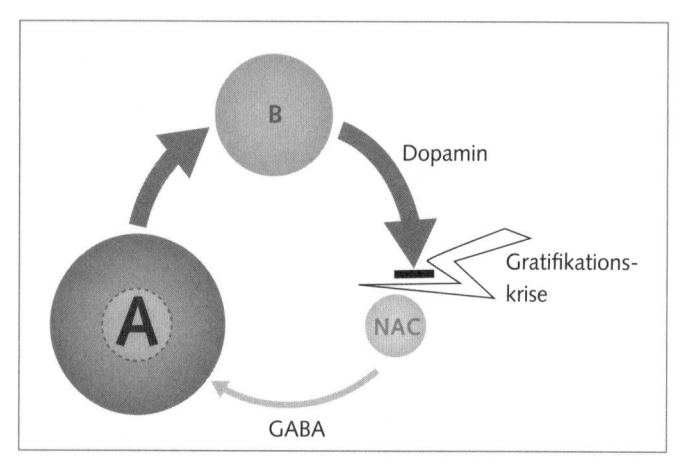

Abb. 5   Gratifikationskrise nach Siegrist. **A** = Aktivierung (psychomotorische und psychovegetative Erregung), **B** = Belohnungsbotenstoffe freisetzende Nervenzellen, **NAC** = Nucleus accumbens (Belohnungszentrum), gestrichelte Linie: depressiver Erschöpfungszustand.

aus, dass Menschen, die verstärkt Situationen der Macht- und Hilflosigkeit erleben, diese in einem erlernten Muster hinnehmen statt sie zu ändern. Ähnlich wie das „Lustverbot" bei der neurotischen Depressionsentstehung verhindert das antizipierte Versagen entsprechende Aktivitäten und damit auch die Ausschüttung von Belohnungsbotenstoffen. Ebenso wird der Betroffene trotz eines Erfolgs die Wirkung von Belohnungshormonen durch Selbstzweifel verhindern und daher nicht genießen können. Auch hier mündet die Entwicklung nach einer Phase vermehrter psychovegetativ-motorischer Erregung (GABA-Mangel) in einen psychovegetativen Erschöpfungszustand und letztlich – falls keine Entlastung eintritt – in das Vollbild der Depression (Abb. 4, gestrichelte Linie).

## Depression als Zivilisationserscheinung?

Noch vor wenigen Jahren waren mir selbst die in diesem Buch geschilderten Zusammenhänge vollständig unbekannt. Dass zwei simple Annahmen – die Auffassung des zerebralen Belohnungssystem als *Regelkreis*, in dem *Gewöhnungsmechanismen* eine bedeutende Rolle spielen – eine solche Vielzahl von Erscheinungen und Erkrankungen erklären, erschien mir suspekt. Immerhin wurde die Medizin, wie ich sie gelernt hatte, durch diese Entdeckung in wesentlichen Teilen auf den Kopf gestellt. Oder vom Kopf auf die Füße, wie ich es heute empfinde. Um meine eigenen Zweifel zu überprüfen, suchte ich nach Beispielen, die mein Modell widerlegen sollten. Wenn meine Hypothesen richtig waren, dürften Depressionen in Gesellschaftsformen ohne prägenden Einfluss der Zivilisation deutlich seltener auftreten. Ich begab mich also auf die Suche – und wurde schnell fündig.

## Depression ohne Zivilisation – die Amish-People

Die **Amish-People** sind eine Glaubensgemeinschaft, die im 17. Jahrhundert aus der Schweiz nach Nordamerika ausgewandert ist. Im Gegensatz zur Bevölkerung der restlichen USA haben die Mitglieder dieser Vereinigung aus religiösen Gründen bis heute am Lebensstil ihrer Vorfahren festgehalten. Die Amish benutzen keinen elektrischen Strom, sie fahren in Kutschen, die sie von Pferden ziehen lassen, sie essen keine industriell aufbereiteten Lebensmittel und benutzen keine industriell gefertigten Waren: Sie leben von dem, was sie selbst produzieren. Fernsehen, Telekommunikation, industriell gefertigte Süßigkeiten oder Drogen spielen in ihrem Alltag keine Rolle. Schon die Kinder helfen mit im Haushalt und bei der Feldarbeit, die Erwachsenen kennen keine schnelle Zerstreuung durch

Kino oder Diskotheken. Gibt es Depressionen bei den Amish?

Die Antwort lautet: Ja, es gibt sie. Aber sie sind *sehr viel seltener* als in den restlichen USA. Und: Sie haben einen grundsätzlich anderen Charakter.

Auch den Ärzten in der „zivilisierten" Welt ist klar, dass es mindestens zwei Arten von Depressionen gibt. Die in Deutschland und den USA weitaus häufigste Form ist die sogenannte **„monopolare"** oder auch **„unipolare" Depression**. Sie ist gekennzeichnet durch die oben angeführten Haupt- und Nebensymptome der gedrückten Stimmung, der Freudlosigkeit und des Antriebsmangels. Das Gegenstück zu dieser Form der Depression mit einseitig depressiver Symptomatik ist die **„bipolare" Störung:** Hier schwingt die Stimmung der Betroffenen zwischen zwei Polen hin und her, manchmal in minutenschnellem Wechsel. War der Patient eben noch bestens gelaunt, überglücklich, mitreißend und völlig angstfrei, so kann seine Stimmung im nächsten Augenblick ins komplette Gegenteil umschlagen. Ohne einen fassbaren äußeren Anlass beherrschen ihn statt Übermut, Maßlosigkeit und unerschütterlicher Selbstsicherheit plötzlich tiefste Traurigkeit, Kleinmut und abgrundtiefe Selbstzweifel.

Das Verhältnis von monopolaren zu bipolaren Störungen liegt in zivilisierten Gesellschaften bei bis zu 10:1. Bei den Amish liegt die Verteilung bei 1:1 (Goodwin u. Jamison 2007, S. 162), was auf einen fördernden Einfluss der zivilisatorischen Errungenschaften auf die Ausbildung von *monopolaren* Störungen schließen lässt.

Auch von anderen zivilisationsfernen Volksgruppen und Eingeborenenstämmen wird berichtet, dass Depressionen bei ihnen fast nicht auftreten (Schieffelin 1985; Ingram 2009). Möglicherweise handelt es sich bei den dort dennoch beobachteten monopolaren Depressionen um eine besondere Variante der bipolaren Störung mit nur einer

Richtung, die genauso auftreten kann wie unipolare Manien.

## Die bipolare Störung – eine Erkrankung der Astrozyten?

Wenn sich die in den Industrienationen häufige monopolare Depression als Folge einer Überstimulation an den Belohnungsstrukturen im Gehirn interpretieren lässt (von den neurotischen und sonstigen Formen einmal abgesehen) – was ist dann die Ursache der bipolaren Störung?

Familiäre Häufungen bei der bipolaren Störung weisen auf eine genetische Ursache hin. Dies scheint sich auch in entsprechenden Gen-Analysen von Betroffenen zu bestätigen. Auf eine weitere aufregende Konsequenz des Habituationsmodells stieß ich, als ich mir die Vorgänge am Belohnungszentrum noch genauer ansah.

Bei Lusterlebnissen setzen Nervenzellen im Mittelhirn belohnende Botenstoffe am Nucleus accumbens frei. Diese Stoffe binden an entsprechende Rezeptoren, um gleich anschließend teils von den Ursprungszellen oder auch den Zielzellen wieder aufgenommen zu werden. Der wichtigste Botenstoff am Nucleus accumbens nimmt einen anderen Weg: Dopamin wird nach seiner Freisetzung von einer bestimmten sternförmigen Zellart, den sogenannten Astrozyten, aufgenommen und zurück zu seinen Ursprungszellen transportiert. Wenn die monopolare „Übersättigungs"-Depression durch Wirkverlust von belohnenden Botenstoffen durch Dauerstimulation erklärbar wird, erscheint es denkbar, dass für die bipolare Störung ein grundsätzlich anderer Mechanismus verantwortlich ist. Der Gedanke ist unbewiesene Spekulation, doch die Symptome der bipolaren Störung lassen sich durch eine *Funktionsbeeinträchtigung der Astrozyten* plausibel erklären: Bei einer *Überfunktion* nehmen diese Zellen das zur „Belohnung" am Belohnungszentrum freigesetzte Dopamin zu schnell wieder auf. Die Folge ist eine verringerte Stimulation des Belohnungszentrums – eine Depression. Arbeiten die Astrozyten hingegen zu langsam, resultiert eine *Unterfunktion* und damit eine permanente „Belohnung" von nichtigen Anlässen mit allen Symptomen der Manie. Abbildung 6 zeigt den neuartigen Erklärungsansatz für die bipolare Störung, wie er sich aus dem Habituationsmodell ergibt.

Bis heute wird jenen Zellen im Gehirn, die nicht als Nervenzellen aktiv sind, kaum eine Rolle bei der Entstehung psychischer Krankheiten zugestanden. Sie gelten mehr oder minder als „Stützgewebe", das die eigentlich aktiven Nervenzellen als Gerüst umgibt. Das Habituationsmodell weist darauf hin, dass diesem „Stützgewebe" eine weitaus wichtigere Funktion zukommt als bisher vermutet. Möglicherweise findet sich hier auch der Schlüssel zu einer ganzen Reihe weiterer psychischer Erkrankungen, für die bis heute noch kein gesichertes Modell zur Entstehung vorliegt. Auf eine dieser Erkrankungen, die Schizophrenie, werden wir im Verlauf noch zurückkommen (s. Kap. 2.10).

Abb. 6 Entstehung der bipolaren Störung nach dem Habituationsmodell. Eine zeitweise Unterfunktion der Astrozyten belässt Dopamin zu lange im synaptischen Spalt am Nucleus accumbens (NAC). Hierdurch entsteht die manische Phase. Wahrscheinlich übertrifft hierbei die stimulierende Wirkung von Dopamin die dämpfende Wirkung von GABA, weshalb manische Patienten ruhelos sind und kaum Schlafbedürfnis zeigen. Durch eine Überfunktion der Astrozyten würde Dopamin zu schnell vom „Belohnungszentrum" entfernt, wodurch sich das Lusterleben vermindert und das Spiegelbild der Manie entsteht, die Depression. **A** = Aktivierung (psychomotorische und psychovegetative Erregung), **B** = belohnende Botenstoffe freisetzende Nervenzellen, **NAC** = Nucleus accumbens (Belohnungszentrum), gestrichelte Linie: depressiver Erschöpfungszustand.

**bipolare Störung:**

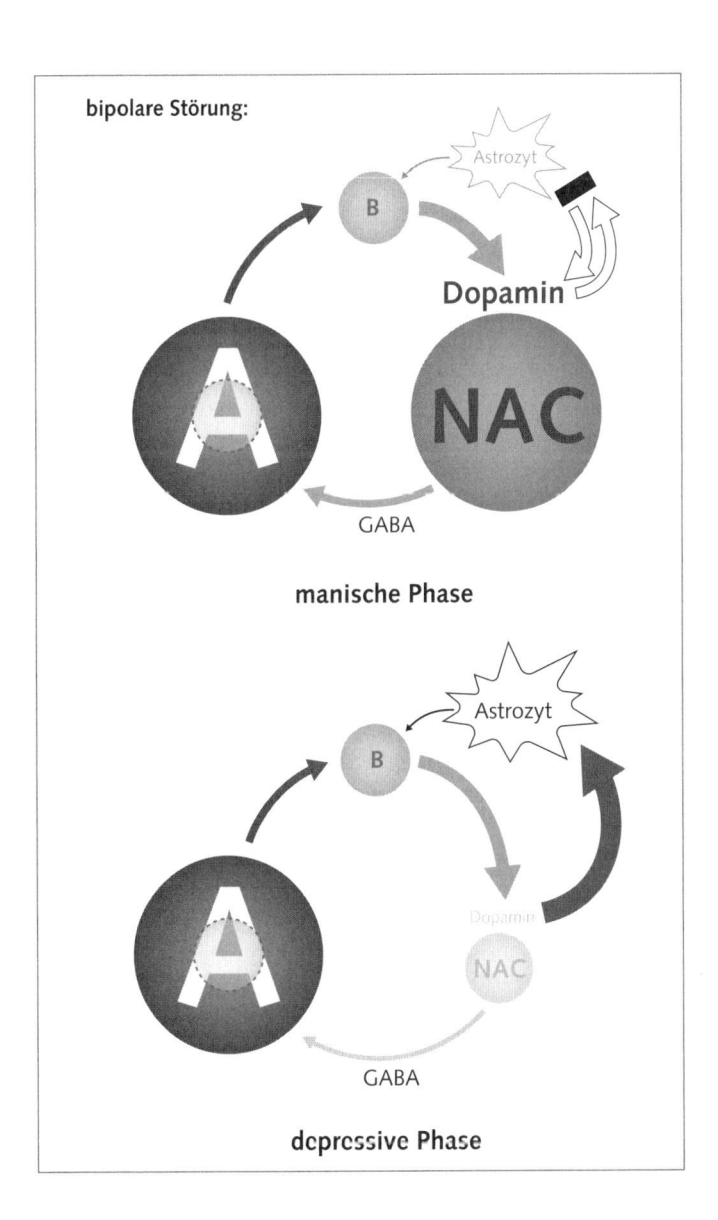

**manische Phase**

**depressive Phase**

## Der Sinn der Übersättigungsdepression

Depressionen werden häufig als „schicksalhaft" erlebt und interpretiert. Dies kann, wie wir gesehen haben, auf einen kleinen Teil der Fälle tatsächlich zutreffen. Den Betroffenen, bei denen tatsächlich eine *organisch bedingte* Funktionsstörung im Belohnungssystem vorliegt (möglicherweise eine genetisch bedingte Erkrankung der Astrozyten), bleibt keine Alternative als auf die Wirkung von Medikamenten oder auf weitere Fortschritte der Medizin zu hoffen. Für die weitaus größte Zahl der Fälle, bei denen heute ärztlicherseits eine „Depression" diagnostiziert wird, ist es hingegen sehr wahrscheinlich, dass ihre Depression gar keine eigenständige Erkrankung ist, sondern lediglich – wie bei *allen* (!) Zivilisationskrankheiten – ein *Warnsignal* der Überstimulation des Belohnungssystems. Wenn die „moderne" Medizin versucht, diese im Prinzip sinnvollen Zeichen durch Medikamente zu unterdrücken, schafft sie keine wirkliche Gesundheit, sondern immer neue Zivilisationserkrankungen.

Wirkliche Heilung – und dies ist eine der spannendsten Konsequenzen aus dem Habituationsmodell – kann nur ein „Weniger" an Stimulation bewirken – und keinesfalls ein „Immer mehr". Kein wie auch immer geartetes Medikament vermag die negativen Folgen des „Zuviels" dauerhaft zu beseitigen. Und das ist gut so.

Wenn es uns gelänge, die *gesunde* (!) Reaktion unseres Belohnungssystems auf Überstimulation zu unterdrücken, sprich, die Übersättigungsdepression durch Medikamente zu bannen, hätten wir keinen *spürbaren* Anlass, unser Streben nach „immer mehr" zu überdenken. Wir *wissen*, dass uns unser Zuviel an Kalorien, Komfort und Bequemlichkeit körperlich schadet. Wir wissen sogar, dass unser Lebensstil unsere eigene Gesundheit und unser Wohlbefinden gefährdet; uns ist längst klar, dass wir unser Überleben auf unserem Planeten riskieren, wenn wir unserer Sucht nach „immer mehr" nicht Einhalt gebieten. Aber auch an diese Bedenken haben wir uns längst gewöhnt; sie ängstigen uns kaum mehr. Immer noch halten wir Wachstum und Innovation für den Ausweg aus jedem sich abzeichnenden Problem. Deswegen ist es ein vermutlich großes Glück, dass sich der selbstlimitierende Mechanismus des Belohnungssystems durch kein Mittel der Welt außer Kraft setzen lässt. „Zivilisationskrankheiten" haben einen *Sinn*. Sie lassen uns *fühlen*, dass ein Umdenken notwendig ist.

Solang du nach dem Glücke jagst,
Bist du nicht reif zum Glücklichsein,
Und wäre alles Liebste dein.

Solang du um Verlornes klagst
Und Ziele hast und rastlos bist,
Weißt du noch nicht, was Friede ist.

Erst wenn du jedem Wunsch entsagst,
Nicht Ziel mehr noch Begehren kennst,
Das Glück nicht mehr mit Namen nennst,

Dann reicht dir des Geschehens Flut
Nicht mehr ans Herz, und deine Seele ruht.

Hermann Hesse
(© Suhrkamp Verlag 2001)

## 2.5 Demenz

Aktuell sind allein in Deutschland annähernd 1,4 Millionen Menschen von „Demenz" betroffen – Tendenz steigend (Bundesministerium für Gesundheit, 2013). Wir sollten besser von „Demenzen" sprechen, denn „Demenz" ist ein Symptom verschiedener Erkrankungen unterschiedlichen Ursprungs. Die Demenzen belegen den vierten Platz in der

Rangliste der häufigsten psychischen Erkrankungen in Europa. Sie stellen ein erhebliches Problem für die Betroffenen dar. Dazu belasten diese Erkrankungen das Leben der Angehörigen erheblich – von den gesellschaftlichen Folgekosten ganz zu schweigen.

Auch die Demenzen erscheinen zunächst „schicksalhaft", zumal auch Tiere im Alter Demenz-ähnliche Symptome entwickeln können. Dennoch gibt es Hinweise, dass unser bequemer Lebensstil erheblichen Anteil hat an der Entstehung des vorzeitigen geistigen Abbaus. Als Risikofaktoren für die Entwicklung einer Alzheimer-Demenz gelten – neben dem schwerlich vermeidbaren Altern und der genetischen Disposition – ein vorangegangenes Schädel-Hirn-Trauma, Stoffwechselerkrankungen wie Insulinresistenz und Hyperinsulinämie, Diabetes und hohe Cholesterin-Werte. Auch Erkrankungen des kardiovaskulären Systems wie Bluthochdruck und bereits erlittene Schlaganfälle steigern das Risiko, an Demenz zu erkranken. Abgesehen von Alter, genetischer Disposition und Schädel-Hirn-Trauma handelt es sich bei den hier genannten Risikofaktoren in aller Regel um typische Folgen unseres Wohlstands. Wobei sich an dieser Stelle der Bogen zum Thema dieses Buches schließt: Die Eigendynamik unseres zerebralen Belohnungssystems bewirkt, dass wir nicht nur einen unvergleichlichen zivilisatorischen Fortschritt erreichen konnten – der „Teufelskreis der Lust" ist ebenso verantwortlich für die negativen Folgen, den unser Wohlstand mit sich bringt.

Die Thematik soll an dieser Stelle nicht vertieft werden. Es erscheint als charmantes Paradoxon, dass das „leichte Leben" einerseits zu einer Lebensverlängerung führt und gleichzeitig der Grund dafür ist, dass immer mehr Menschen ein Alter erreichen, in dem sie „ihre" Demenz überhaupt erleben. Die vielbeschworenen „Amyloidablagerungen" im Gehirn, wie sie schon Anfang letzten Jahrhunderts von Alois Alzheimer beschrieben wurden, scheinen jedenfalls nicht die *Ursache*, sondern eher eine Begleiterscheinung, vielleicht auch eine *Folge* der Alzheimer-Demenz zu sein. Neurologen vermuten den eigentlichen Anstoß für die klassische Alzheimer-Demenz in einem Verlust an Nervenzellverbindungen (Synapsen), dessen Ursache allerdings bis heute wiederum unklar ist.

Ziemlich sicher scheint, dass ein aktives und gesundes Leben mit geistiger Betätigung dazu beiträgt, den Ausbruch einer Demenz zu verzögern. Studien geben Hinweise darauf, dass intellektuelles Training wie die Beherrschung von Fremdsprachen oder das Erlernen eines Instruments den Ausbruch der Erkrankung um Jahre verschieben. Auch die zweitgrößte Gruppe von Demenz-Erkrankungen, die sogenannten „vaskulär" bedingten Demenzen, bei denen Krankheiten wie Bluthochdruck, Hypercholesterinämie und Diabetes mellitus zu Durchblutungsstörungen im Gehirn mit Mikroinfarkten und ausgedehnteren Schlaganfällen führen, dürften sich durch eine Abkehr vom „süßen Leben" erfolgreich verkleinern lassen.

Auf welche Weise die Eigendynamik des „Teufelskreises" zu durchbrechen ist, wird später in diesem Buch noch erläutert. Sichten wir zunächst weitere Syndrome, die heute als eigenständige Erkrankung betrachtet werden, sich im Habituationsmodell aber zwanglos als zivilisationsbedingte Folge der Überstimulation klassifizieren lassen.

## 2.6 Krankheit oder Warnsignal der Überstimulation: ADHS, ADS

Noch 2012 titelte der Berufsverband für Kinder- und Jugendpsychiatrie, Psychosomatik und Psychotherapie, Deutschland (bkjpp):

„ADHS ist eine Krankheit, keine gesellschaftliche Fehlentwicklung ..."

Über kaum eine Diagnose wird so heftig gestritten wie über die Aufmerksamkeits-Defizit-(Hyperaktivitäts-)Störung, abgekürzt ADS bzw. ADHS. Die betroffenen Kinder und Jugendlichen können sich schlecht auf eine bestimmte Aufgabe konzentrieren („ADS"), viele von ihnen sind unruhig und suchen ständig nach neuen Ablenkungen („ADHS"). Aufgrund der motorischen Unruhe wird die ADHS auch als „Hyperkinetische Störung" bezeichnet.

Wie unerbittlich sich Befürworter und Gegner dieses Syndroms gegenüber stehen, wird in der Wortwahl des Berufsverbandes der Kinder- und Jungendpsychiater deutlich. Im Text der zitierten Pressemitteilung werden die Gegner der Ritalin-Behandlung gewarnt, Patienten nicht durch Zuschreibung ihrer Erkrankung als „persönliche Schuld" oder gar als „Besessenheit oder göttliche Strafe" zu diskriminieren. Es handele sich um keine „reaktive Fehlanpassung" eines Menschen an „pathogene äußere oder kulturelle Bedingungen", sondern um „eine biologisch fundierte Beeinträchtigung". ADHS-Patienten seien „lange genug stigmatisiert, diskriminiert und fehldiagnostiziert worden", schreibt der Berufsverband weiter und stellt fest, dass die Fehlinterpretation der mit der Erkrankung verbundenen Symptomatik als „persönliches Versagen, Faulheit oder Böswilligkeit" zu „viel vermeidbarem Leid" geführt habe. „In früheren Jahrzehnten landeten viele der Betroffenen in prekären Lebensumständen, einschließlich Gefängnisaufenthalten, Drogenabhängigkeit und zusätzlichen schweren psychischen Erkrankungen." Daher warne der bkjpp ausdrücklich davor, „in frühere Reflexe im Umgang mit ADHS zurückzufallen und die Betroffenen und ihre Angehörigen zu beschuldigen", um ihnen eine „wissenschaftlich als wirksam und hilfreich erwiesene Behandlung zu versagen".

Die Stellungnahme klingt, als entstammten die Gegner der Ritalin-Behandlung dem Mittelalter und als seien sie mit ihrer kritischen Einstellung gegenüber einer massenhaften Versorgung von Kindern und Jugendlichen mit Psychopharmaka verantwortlich für „Drogenabhängigkeit und Gefängnisaufenthalte". Ich fühle mich veranlasst, eindeutig klarzustellen: Es liegt mir fern, einen Betroffenen zu *diskriminieren*, ihn selbst oder einen seiner Behandler zu *beschuldigen* oder ihm gar *Besessenheit* zu unterstellen – auch wenn die Auseinandersetzung um die Ursachen und die beste Therapie der ADHS mit großer Vehemenz geführt wird. Ich denke, alle Beteiligten, angefangen bei den Betroffenen bis hin zu den Befürwortern und den Gegnern der Ritalin-Behandlung, wollen vor allem die Situation der Betroffenen und ihrer Angehörigen verbessern. Denn die gestaltet sich gegenwärtig noch unbefriedigend, sowohl was die Möglichkeiten der Therapie als auch jene der Vorbeugung betrifft.

Die Zahlen sprechen für sich: Nach den Daten einer Erhebung der Barmer-Krankenkasse aus dem Jahr 2013 gibt es einen Anstieg der Diagnoseraten von Hyperkinetischen Störungen nach der internationalen Klassifikation von Krankheiten (ICD-10) zwischen 2006 und 2011 um 149 %. Am häufigsten werde die Diagnose bei den 9- bis 11-Jährigen gestellt und zwar in 8,1 % der Fälle, genauer gesagt bei knapp 12 % aller Jungen und 4,4 % aller Mädchen. Von den im Jahr 2000 geborenen Kindern erhalten insgesamt 19,4 % der Jungen und 7,8 % der Mädchen im Alter zwischen 6 und 11 Jahren mindestens einmal im untersuchten Zeitraum die Diagnose einer Hyperkinetischen Störung (DGKJP 2013). In den USA erhalten mittlerweile schon Säuglinge (Kinder unter 12 Monaten!) und Kleinkinder Psychopharmaka gegen Angststörungen und ADHS (IMS 2013).

Das Geschehen bei der ADHS wird sicher von vielen Faktoren beeinflusst. Dass es sich um eine rein genetische, also schicksalhafte und unvermeidliche Krankheit handelt (im Text der DGKJP als „biologisch fundiert" umschrieben), erscheint bei näherer Betrachtung allerdings unwahrscheinlich. Zwar weisen Zwillingsstudien in diese Richtung, aber bei diesen lassen sich sozioökonomische und andere Einflüsse oft nicht sicher eliminieren. Vor allem aber können genetische Einflüsse die explodierenden Diagnoseraten nicht erklären: Welcher Einfluss sollte das menschliche Genom innerhalb der letzten Jahrzehnte so grundlegend verändert haben? Ebenfalls nicht erklären lässt sich die rapid wachsende Zahl von Betroffenen durch eine mögliche Verbesserung der diagnostischen Methoden, durch die im Gegensatz zu früher heute unentdeckte Fälle identifiziert würden: Jeder ältere Lehrer weiß, dass „Unaufmerksamkeit" und disziplinarische Schwierigkeiten im Vergleich zu früheren Jahrzehnten deutlich zugenommen haben.

Die genetisch bedingte Anfälligkeit hat sich sicher nicht verstärkt. Es müssen die veränderten Lebensbedingungen sein, die zur Zunahme der Diagnosehäufigkeit von ADS und ADHS geführt haben.

Nachdem ich zuvor schon einige „heilige Kühe" der Schulmedizin zur Schlachtbank führen musste – wie beispielsweise die Serotonin-Hypothese zur Entstehung von Depressionen – war ich kaum mehr überrascht, dass es der AD(H)S nicht besser erging. Vor dem Hintergrund des Habituationsmodells erscheint schon der Name AD(H)S irreführend, wenn nicht falsch. Die Betroffenen leiden eben *nicht* an einem Aufmerksamkeits*defizit*: Sie sind überaufmerksam; ständig suchen sie neue Eindrücke, die ihre Aufmerksamkeit fesseln könnten. Was ihnen fehlt, ist die Fähigkeit, ihre Aufmerksamkeit auf eine Sache zu fokussieren. Eigentlich müsste das Syndrom heißen: „Konzentrations-Defizit-Hyperaktivitäts-Störung".

Wie sich die ADHS aus dem Habituationsmodell erklärt, soll im Folgenden dargestellt werden. Vorausgeschickt werden muss lediglich, welche Rolle GABA bei der Fokussierung der Aufmerksamkeit im Gehirn spielen dürfte. Die Puristen unter den Neurowissenschaftlern (also quasi alle) werden kritisieren, dass die Zusammenhänge in der hier geschilderten Weise noch nicht vollständig bewiesen sind und meine Argumentation „teleologisch" erfolgt, ich also aus bekannten Fakten Schlüsse ziehe, um Einzelbefunde in einer von vornherein feststehenden Richtung zu interpretieren. „Gute" Wissenschaft funktioniert andersherum: Ich erstelle zunächst eine Arbeitshypothese und beweise anschließend durch Experimente deren Stichhaltigkeit. Um der ohnedies zu erwartenden Kritik den Wind aus den Segeln zu nehmen, möchte ich schon an dieser Stelle feststellen, dass meine nachfolgenden Interpretationen keine *Fakten* behaupten, sondern lediglich *Hypothesen* aufstellen, die sich in zukünftigen Versuchen vielleicht beweisen – oder auch widerlegen – lassen.

Systeme lassen sich nicht durch Analyse verstehen, sondern nur im Kontext des größeren Ganzen (Capra 1999, S. 43). Aus den einzelnen Bestandteilen der angeblich „komplexesten Struktur des Universums"[3] lässt sich die *Funktion* des Gehirns keineswegs ableiten. Der Sinn seiner Subsysteme erschließt sich erst durch die Betrachtung des Gesamtorgans innerhalb seines Umfelds – den biologischen, sozialen, letztlich den ökologischen Zusammenhängen auf der Erde. Insofern sei mir mein „teleologisches" Vorgehen verziehen.

Beginnen wir damit, wie *Fokussierung der Aufmerksamkeit* im Gehirn vermutlich funktioniert: Das Belohnungszentrum, der Nucleus accumbens, sendet Nervenfa-

---

3 Diese vielzitierte Phrase erweist sich bei näherer Betrachtung als fragwürdig: Der Mensch und sein Gehirn sind Teil des Ökosystems der Erde. Unser Ökosystem, in dem das menschliche Gehirn nur einen Bestandteil unter vielen bildet, dürfte in seiner Gesamtheit die Komplexität des menschlichen Gehirns deutlich übertreffen.

sern zu sehr vielen verschiedenen Regionen im Gehirn. Nicht bei allen diesen Verbindungen ist auf den ersten Blick augenfällig, welchem Zweck sie dienen. Ziemlich rätselhaft erscheint beispielsweise die Verbindung des Belohnungszentrums zu den Augenmuskelkernen (jenen Nervenzellansammlungen im Gehirn, die die Augenbewegungen steuern). Die Funktion dieser vom Belohnungszentrum ausgehenden Fasern ist vollständig unbekannt. Es ist aber eine Funktion *vorstellbar*: Fällt unser Blick auf ein Appetenz erregendes Objekt, sendet das Belohnungszentrum seinen beruhigenden („inhibitorischen", d.h. Nervenzellaktivität unterdrückenden) Impuls auch an die Augenmuskelkerne. Hier werden durch die Freisetzung von GABA alle Augenbewegungen unterdrückt, die den Blick vom Objekt der Begierde entfernen könnten. „Wir können die Augen von etwas nicht losreißen", benennt der Volksmund diesen Effekt – sei es von einem attraktiven Menschen, einer appetitlichen Speise oder einem hochinteressanten Buch. Die Stimulation unseres Belohnungszentrums *fesselt* über den Ausstoß von GABA unseren Blick an das Objekt unserer Begierde. Aus Versuchen an Tier und Mensch ist bekannt, dass das Belohnungszentrum tatsächlich bereits beim *Anblick* von Belohnungen stimuliert wird; die Freisetzung des Lusthormons Dopamin steigt und steigt, bis das Individuum das Objekt seiner Begierde erreicht hat. Das Maximum der Dopamin-Ausschüttung erfolgt am Ziel, genau dann nämlich, wenn das Tier seinen Happen verzehrt (vgl. z.B. Knutson et al. 2001). Anschließend sinkt die Dopamin-Ausschüttung wieder – und damit auch die GABA-Freisetzung an den Augenmuskel- und anderen Hirnnervenkernen. Erst durch das Nachlassen der Dopamin-Stimulation am Belohnungszentrum wird der Blick wieder frei für neue Ziele.

Dieser Mechanismus der Luststeuerung dürfte für etliche weitere bewusste und unbewusste Verhaltenssteuerungen beim Tier wie beim Menschen gelten: Wenn wir uns in einer belebten Kneipe auf das Gespräch am Nachbartisch konzentrieren, sorgen vermutlich Dopamin und GABA dafür, dass sich die Nervenschaltkreise, die für die akustische Signal- und Sprachverarbeitung zuständig sind, im Gewirr der Stimmen auf genau dieses eine Gespräch fokussieren. Gleichzeitig sorgt das Belohnungszentrum mittels GABA dafür, dass Muskelgruppen, die dem Nachbartisch zugewandt sind, erschlaffen. Deswegen neigt sich unser Körper in Richtung des Ortes von Interesse. Das Wort „Zuneigung" lässt sich von den neurophysiologischen Grundlagen her betrachtet als körperlich spür- und sichtbarer Effekt von Dopamin und GABA interpretieren.

ADHS-Patienten leiden in erster Linie unter der Einschränkung des Konzentrationsvermögens. Vielleicht handelt es sich in einem kleinen Teil der Fälle wirklich um ein genetisch oder hirnorganisch bedingtes Defizit im Dopamin-Stoffwechsel. Dass manch werdende Mutter schon während der Schwangerschaft die Unruhe ihres ungeborenen Kindes spürt, mag ebenso als Hinweis auf angeborene Komponenten dieser Störung dienen wie der (als Diagnosekriterium geforderte) Beginn der Symptomatik vor dem sechsten Lebensjahr. Allerdings ist auch die Wertigkeit dieser beiden Beobachtungen zu hinterfragen: Viele gesunde Schwangere spüren, wie sich äußerer Stress auf das Kind im Mutterleib überträgt. Ebenso verhält es sich mit seelischen Spannungen nach der Geburt: Kinder reagieren wie ein Seismograph auf Stress der Eltern. Die kindlichen Reaktionen als primäre Erscheinung eines ADHS zu interpretieren, birgt die Gefahr der Verwechslung von Henne und Ei. Möglicherweise *spiegeln* die hyperaktiven Kinder lediglich die Verfassung ihrer Bezugspersonen. Wenn also die Zunahme der Diagnosen durch „hirnorganische" oder „genetische" Faktoren nicht zu erklären ist: Was verursacht dann die Erkrankungszunahme an „AD(H)S" innerhalb einer Generation?

Es sind die psychosozialen Einflüsse, die einer steten Veränderung unterliegen. Schon das *Stillen* reicht vielen Müttern als intensive Beschäftigung und Näheerfahrung nicht mehr aus; manch eine telefoniert gleichzeitig, chattet oder surft durchs Internet. In der Fußgängerzone sehe ich Mütter mit Kinderwagen, Zigarette und Bierflasche. Selbst akademisch gebildete Mütter erliegen dem Intensivierungswahn: Spazierengehen alleine reicht nicht, der Kinderwagen muss auf Rollerblades geschoben werden. Die *Verdichtung der Erlebniswelt* findet überall ihre Fortsetzung. Elektronisches Spielzeug und elektronische Kommunikationsmittel bestimmen heute einen Großteil des Alltags schon sehr kleiner Kinder. Flugreisen gelten in jedem Alter als normal, und wer statt aus fernen Ländern vom Wanderurlaub im Allgäu berichtet – und das jedes Jahr wieder – droht im sozialen Ranking ganz nach unten zu purzeln. Das Phänomen der *Langeweile* ist aus dem Leben der Kinder wie der Erwachsenen nahezu völlig verschwunden. Beschäftigungslosigkeit kann nicht mehr genossen werden, jede „lange Weile" wird sofort unter Betriebsamkeit erstickt. Was Erwachsene wie Kinder nicht daran hindert, mit ihrer jeweiligen Situation und dem Überangebot an Reizen trotzdem nicht nachhaltig zufrieden zu sein. Kein Wunder, wenn die Speicher der belohnenden Botenstoffe keine Zeit mehr bekommen, sich jemals zu füllen!

Natürlich gibt es belastende Lebensumstände, die die Wirkung belohnender Botenstoffe behindern. Oft sind es *Bindungsstörungen* oder (fortgesetzte) *Traumatisierungen*, die den „Flow" der belohnenden und beruhigenden Botenstoffe im Belohnungsregelkreis beeinträchtigen. Häufig versteckt sich eine seelische Vernachlässigung auch hinter materiellem Überfluss, wie es der Begriff „Wohlstandsverwahrlosung" so treffend bezeichnet. Vermutlich gehen beide Effekte – Überstimulation und Vernachlässigung – Hand in Hand: Die Erwachsenen, angestachelt durch scheinbar unvergleichliche Chancen auf Glück und Wohlstand, verfügen über keine ausreichenden Kapazitäten, sich in wirklicher Ruhe mit dem eigenen Nachwuchs zu beschäftigen. Statt Zuwendung und gemeinsame Aktivitäten zu erleben versinken Eltern wie Kinder jeweils in ihre eigene „optimierte" und überstimulierende Wirklichkeit.

Wenn wir die heutigen Lebensumstände in wohlhabenden Ländern betrachten, entgeht wohl kaum ein Mensch der permanenten Reizüberflutung. Selbst im entlegensten Dorf gibt es Telekommunikation, Fernsehen, Radio, Unterhaltungselektronik, Computerspiele und Internet. Darüber hinaus herrscht heute in zivilisierten Ländern (beinahe hätte ich geschrieben „zuvielisierten") kein Mangel an „schnellen Genüssen". Schon die Kleinsten werden vollgestopft mit möglichst „wirksamen" Belohnungen. Es beginnt damit, dass wir – gesellschaftlich akzeptiert – unseren Babys gerne einen Schnuller zur Beruhigung in den Mund schieben. Selbstverständlich könnten wir unsere Kinder – wie es in ferner Vergangenheit, als an *Zeit* noch kein Mangel herrschte, wohl der Fall gewesen sein mag – auf dem Arm wiegen und herumtragen. Die Kautschuk-Industrie macht's möglich: Den Schnuller in den Mund gesteckt, und schon nuckelt der Säugling zufrieden, selbst wenn er nicht hungrig ist. Und falls er nicht nuckeln will, gibt es immer noch „Hausmittel". Tunkt man den Schnuller in Zucker, lässt sich das schreiende Baby hervorragend beruhigen. Kein Wunder: Die extreme Süße bewirkt eine erhebliche Dopamin-Ausschüttung, was das Interesse des Säuglings an ablenkenden Reizen eindämmt; die dem Lusterlebnis folgende GABA-Freisetzung wirkt auf vielen Ebenen entspannend und beruhigend. Deswegen bieten die Hersteller von Babynahrung tatsächlich auch *gesüßte* Fertigprodukte an, die die Kinder natürlich besonders lieben und die von den Eltern deswegen besonders gerne gekauft werden.

Intuitiv sorgen die Eltern so dafür, dass ihre Kinder bereits in frühstem Alter dem „Wohlfühlparadoxon" (s. Kap. 1.5) verfallen. Denn was besonders schnell „gut hilft", verursacht mittelfristig genau das Gegenteil: Das Belohnungssystem *gewöhnt* sich an überproportional wirksame Stimuli. Was den paradoxen Effekt zeitigt, dass „normale" Lust-Auslöser anschließend kaum oder überhaupt nicht mehr wirken. Die Eltern bezahlen die „schnelle Lösung" des Augenblicks mit vermehrter Bedürftigkeit und Unruhe des Säuglings schon nach wenigen Stunden. Kein Wunder: Die normale Spontanfreisetzung von belohnenden Botenstoffen ist nach einem übergroßen Auslöser wie Zucker, wie er in der Natur nicht vorkommt, durch die sofort einsetzende Habituation herabgesetzt. Vereinfacht lässt sich sagen: Leere Speicher setzen geringere Mengen an Dopamin frei, das zudem auf herunterregulierte, „desensibilisierte" Rezeptoren trifft. Ein mit Zucker „beruhigtes" Kind ist nachfolgend bedürftiger als eines, das ohne „künstliche Hilfsmittel" in den Schlaf gewiegt wurde. Hinzu kommt, dass das Baby die verabreichten Kalorien ja auch irgendwo lassen muss. Wer kann schon erwarten, dass ein mit Energie vollgepumptes Kind sich ruhig verhält?

Und so geht es weiter: Die unter der Woche ausgepowerten Eltern brauchen am Wochenende „ihre Ruhe". Das Samstagvormittag-Fernsehprogramm bietet die einfachste Entlastung: Die Kinder sitzen vorm Bildschirm, während die Erwachsenen ihre unter der Woche eingegangenen Schlafschulden begleichen. Das Fernsehen weckt mit seinen Werbeunterbrechungen pausenlos neue Bedürfnisse, die die Eltern natürlich „stillen" wollen. Nur bekommen erfüllte Wünsche sofort Kinder, wie es ein chinesisches Sprichwort weiß: Selbstverständlich bewirkt das neue Spielzeug glückliche, glänzende Kinderaugen, sprich: eine erhebliche Dopamin-Ausschüttung. Das bezahlte Glück aber wirkt nicht lange. Im Gegenteil: Jeder schnell gekaufte Spaß entleert die Speicher, desensibilisiert die Rezeptoren. Was mittelfristig übrig bleibt, ist größere Bedürftigkeit, der Drang nach immer mehr und mehr und mehr. Bei den Kleinen wie bei den Großen.

Der Teufelskreis, der so früh beginnt, findet seine Fortsetzung in der Schule. Die liebende Mutter gibt Milchschnitten mit in die Schule, die natürlich gerne verzehrt werden, wohingegen das Vollkorn-Pausenbrot und die geschrappte Möhre regelmäßig den Weg zurück nach Hause finden. Am Schulkiosk verkauft der Hausmeister gezuckerte Milchgetränke mit Kakao-, Banane-, Erdbeeraroma und jede Menge Süßigkeiten! Auch in der Schule stopfen sich die Kinder naturgemäß voll mit Energie, die sie nirgends loswerden. Stattdessen diagnostizieren Lehrer, Eltern und leider auch Kinder- und Jugendpsychiater immer häufiger eine „Aufmerksamkeits-Defizit-Hyperaktivitäts-Störung", flankiert von – Entschuldigung für die Anführungszeichen – „wissenschaftlichen" Erklärungen für die „genetische" Ursache dieses Massenphänomens in zivilisierten Gesellschaften.

Selbstverständlich gibt es eine genetische Disposition für Erkrankungen. Nicht jedes Individuum reagiert gleich. Nicht jeder Mensch wird bei Überstimulation depressiv, und nicht jedes Kind wird hyperaktiv, nur weil es viel fernsieht und Schokolade isst. Jedes Kind und jeder Erwachsene entwickelt seine eigene Strategie, sein inneres Gleichgewicht (wieder) herzustellen. Und selbstverständlich gibt es gesunde und weniger gesunde Wege, für ausgeglichene Verhältnisse, für einen „Flow" im Belohnungsregelkreis zu sorgen.

*Gesunde* Strategien sind dadurch gekennzeichnet, dass sie das Belohnungssystem nicht zum „Aufschaukeln" bringen. Sie befeuern den unglückseligen Teufelskreis der Lust eben nicht durch übergroße Stimuli und nachfolgend immer größerer Bedürftigkeit. *Ungesunde* Strategien hingegen wirken zwar schnell und zu Beginn zuverlässig, aber eben *nicht nachhaltig*. Um nach übergroßer Stimulation weiter eine ausreichende, „befriedigende" Menge an belohnenden Botenstoffen freizusetzen, benötigen die belohnenden Neurone immer größere Auslöser, was sich aber letztlich schädlich auf Seele, Körper und Sozialverhalten auswirkt. Während der eine anfängt, unter „Stress" vermehrt zu essen, raucht der nächste mehr oder trinkt vermehrt Alkohol. Andere wiederum werden aggressiv. Viele reagieren mit Depressionen. Wieder andere – und hier denke ich in erster Linie an unsere überstimulierten Kinder – leiden an Konzentrationsstörungen, am Unvermögen, ihre Impulse zu steuern (Impulskontrollstörung) oder eben auch an körperlichen Erscheinungen wie Kopf-, Rücken- und Bauchschmerzen – Symptome, die sich gleichermaßen bei hyperaktiven Kindern wie bei depressiven Erwachsenen finden, und die sich, wen wundert's, ebenfalls zu einem großen Teil auf einen relativen Mangel an GABA zurückführen lassen. Wir werden zu den körperlichen Auswirkungen eines GABA-Defizits im Unterkapitel „Somatoforme Störungen" noch mehr erfahren (s. Kap. 2.7).

Zurück zur AD(H)S: Auch innerhalb dieser Diagnosegruppe verhalten sich nicht alle Kinder gleich. Zwar reagieren alle Betroffenen auf Überstimulation mit der nach dem Habituationsmodell verständlichen *Fokussierungsstörung*. Die Jungs neigen hierbei aber zu verstärktem Erkundungsverhalten: Ständig suchen sie nach neuen Reizen, die ihre Aufmerksamkeit fesseln könnten. Bei den meisten Mädchen hingegen fehlt die Hyperaktivität. Ihnen mangelt es lediglich an „Aufmerksamkeit", zutreffender formuliert: an Konzentration. Warum Jungs und Mädchen so unterschiedlich auf den gleichen Auslöser „Überstimulation" reagieren, ist unbekannt. Vermutlich kommen unter dem Einfluss einer relativen Dopamin-Unempfindlichkeit natürliche Geschlechtsunterschiede vermehrt zum Tragen, die abgeschwächt auch bei ansonsten unauffälligen Kindern beobachtet werden. Demnach neigen bereits vollkommen gesunde Jungs stärker als Mädchen zu erkundendem (explorativem) Verhalten. Auch tendieren sie eher zu Aktionismus, Zerstörung, zum aktiven Handeln. Ebenfalls führen Jungs eher als Mädchen Affekte über Bewegung ab. Gesunde Mädchen verhalten sich tendenziell weniger explorativ, weniger umtriebig. Sie sind häufig sanfter und agieren – vermutlich aufgrund eines niedrigeren Testosteronspiegels – auch weniger aggressiv. Selbstverständlich gibt es eine breite Überlappung im Verhalten der Geschlechter, und natürlich wirken einige der Jungs „femininer" als manches Mädchen. Grundsätzlich aber können diese Geschlechtsunterschiede auch die unterschiedlichen Kompensationsstrategien beschreiben, die einige der Jungs und Mädchen benutzen, um ihr durch Überstimulation, Traumatisierungen oder auch Wohlstandsverwahrlosung gestörtes inneres Gleichgewicht zwischen Glück und Befriedigung zurückzugewinnen.

Das Habituationsmodell erklärt selbstverständlich nicht *alle* Entstehungsmechanismen der AD(H)S. Schon gar nicht erklärt es die *individuell unterschiedliche Anfälligkeit* für diese Störung, für die wie gesagt durchaus *auch* genetische und hirnorganische Ursachen diskutiert werden müssen. Aber noch einmal: AD(H)S ist sicherlich keine „genetisch bedingte Erkrankung"; die Gene sind allenfalls verantwortlich für die *Anfälligkeit* („Vulnerabilität") für diese Art der Störung, wobei andere genetische Prädispositionen zu anderen Kompensationsformen führen können wie z. B. zu übermäßigem Essen, aggressivem Verhalten, Schlafstörungen, Burnout, körperlichen Beschwerden, Drogenmissbrauch u. v. m. Alle diese Symptome lassen sich aber zumindest teilweise auf Beeinträchtigungen im zerebralen Belohnungsregelkreis zurückführen, auf eine Transmitterstörung in den Schaltkreisen um den Nucleus accumbens.

Wie in Kapitel 2.4 für die Depressionen bereits ausführlicher besprochen, existieren neben der „Überstimulation" des Belohnungssystems durchaus auch biografische Gründe, die beim Einzelnen zur Entwicklung einer AD(H)S führen können. Ebenso sind soziale Konstellationen vorstellbar, die ein bislang unauffälliges Kind hyperaktiv werden lassen. Der Kinder- und Jugendpsychotherapeut Hans Hopf hat in seinem mit Evelyn Heinemann zusammen verfassten Buch „AD(H)S" anhand von zahlreichen Fallbeispielen dargestellt, inwieweit die Umwelt Anteil haben kann an der Entwicklung der Störung (Heinemann u. Hopf 2006). Insbesondere benennt er das durch psychisch oder auch physisch abwesende Väter fehlende „Nein" als eine der Ursachen der Störung. Ein Kind, das keine Grenzsetzung erfährt, erlernt keinen „Triebaufschub".

Wenn ihm alle Wünsche stets von den Lippen abgelesen und seine Missmutsäußerungen mit schnellen Genüssen gestillt werden, nimmt es nicht Wunder, dass das Kind beim Lösen einer anspruchsvolleren Aufgabe keine Ausdauer an den Tag legen kann. Statt Beharrlichkeit zu entwickeln, giert es in seiner (durch sein völlig erschöpftes Belohnungssystem getriggerten) Bedürftigkeit permanent nach „schneller Befriedigung". Das „Wohlfühlparadoxon" (s. Kap. 1.5) wird hierbei von den Eltern in Kauf genommen, auch wenn es die Problematik mittelfristig immer weiter verschlechtert. Dies geschieht in aller Regel völlig unbewusst, beispielsweise als „Wiedergutmachung" für die durch die Abwesenheit eines Elternteils als unvollständig empfundenen Familie, oder auch – von beiden Eltern gemeinsam – als Ausgleich für beruflich bedingte Abwesenheiten oder sonstige Überlastungen. Denn die Erziehenden unterliegen – genau wie ihre Kinder, genau wie die zivilisierte Gesellschaft als Ganzes – dem gleichen Mechanismus: Wir sind überstimuliert – und gerade deswegen hungrig nach Genuss und Bequemlichkeit. Die Unruhe unserer Kinder wollen wir daher möglichst effektiv beseitigen: Zunächst durch schnelle Genüsse, später durch amphetaminartige Medikamente. Was am besten helfen würde, ist in unserer Gesellschaft am schwierigsten umzusetzen – für die Eltern wie die Kinder: Reizkarenz.

Abbildung 7 zeigt die äußeren ursächlichen Einflüsse sowie die kindlichen Kompensationsstrategien, die für die Entstehung von AD(H)S verantwortlich sind.

Auch die Wirkung von Ritalin und verwandten Medikamenten lässt sich durch das Schaubild erklären. Ritalin hemmt die Wiederaufnahme von Dopamin im synaptischen Spalt am Nucleus accumbens. Hierdurch verweilt als „Belohnung" freigesetztes Dopamin länger an den Rezeptoren; die behandelten Kinder können wieder Freude empfinden. Nachfolgend kommt es über die vermehrte Ausschüttung von GABA zu einer psychomotorischen Dämpfung, weshalb die behandelten Kinder ruhiger werden und unempfindlicher gegen Ablenkung. GABA schirmt die Betroffenen gegen das Zuviel an Verlockungen ab, weshalb sie sich besser konzentrieren können.

Eines der Probleme bei der Behandlung von AD(H)S mit Medikamenten ist, dass die in Abbildung 7 aufgeführten *Ursachen* des Syndroms nicht angegangen werden. Es kann nicht ausreichen, lediglich die Kinder als verhaltensauffälligste Symptomträger zu behandeln. Wenn sich das Umfeld nicht ändert, die Kinder keine Grenzen gesetzt bekommen, wenn nicht gleichzeitig ihre Überstimulation mit Süßigkeiten und elektronischem Spielzeug begrenzt wird, wenn sie keine ausreichende Zuwendung und Anleitung erhalten, wird sich auch durch die Verabreichung von Pillen kein dauerhafter Behandlungserfolg erzielen lassen. Zumal – wie bei der medikamentösen Behandlung von Angst- und Schlafstörungen – die Therapie mit Ritalin ebenfalls Gewöhnungseffekte verursacht, über die Jahre also häufig immer höhere Dosen verschrieben werden müssen (Wang et al. 2013).

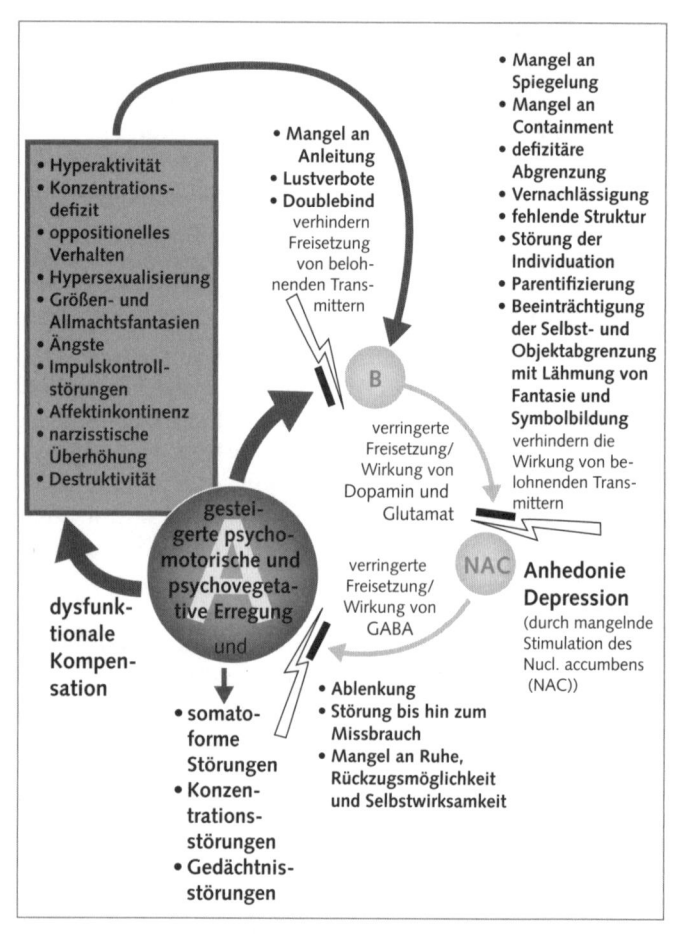

Abb. 7 Ursachen und Auswirkungen von ADHS im zerebralen Belohnungssystem nach psychoanalytischer Sichtweise. **B** = Neuronen mit belohnenden Botenstoffen (Dopamin, Glutamat), **NAC** = Nucleus accumbens, „Belohnungszentrum" im Gehirn.

Grundsätzlich muss sich die Gesellschaft die Frage stellen, inwieweit sie die Folgen ihrer „Philosophie" (wenn man das Credo an ein „alternativloses Wachstum" als eine solche bezeichnen möchte) mit immer neuen Zivilisationskrankheiten bezahlen möchte. Nach der bereits erwähnten Studie der Universität Dresden leiden bereits 38 % der Europäer an psychischen Krankheiten (Wittchen et al. 2011). Sicher sind genetische Einflüsse *nicht* die Ursache für die hohe Zahl an Diagnosen. Unsere Gene machen jeden Einzelnen von uns resistenter oder eben anfällig für schädliche Einflüsse. Sie sind aber nicht der *Grund* für die Entstehung von Zivilisationskrankheiten. Selbstverständlich können wir abwarten, bis nicht mehr „nur" 5 % unserer Kinder an AD(H)S leiden, sondern 10 oder 20 % – die einen erwischt es früher, die anderen später. Natürlich können wir gegen jede Art von krankhafter Wohlstandserscheinung Pillen schlucken und immer neue Medikamente erfinden. Nur legt die Konstruktion unseres Belohnungssystems nahe, dass *kein* Medikament in der Lage ist, dauerhaft für Wohlbefinden oder gar Gesundheit zu sorgen. *Alle* Substanzen, die künstlich für gute Laune und Entspannung sorgen, für Gelassenheit und Konzentrationsvermögen, verlieren mit der Zeit ihre Wirkung. Derartige Substanzen existieren. Aber sie bergen ein erhebliches Suchtpotenzial: Durch den unumgänglichen Mechanismus der Habituation erzwingen sie mit der Zeit zum Erhalt des Effekts *immer* eine Dosissteigerung, bis letztlich die toxischen Wirkungen den beabsichtigten Wohlfühleffekt übersteigen. Selbst wenn sich die Gewöhnung aufhalten ließe (was derzeit nicht absehbar erscheint): Ein Wohlbefinden, das unabhängig von den tatsächlichen äußeren Bedingungen durch Substanzen erzeugt werden kann, führt individuell und wohl auch für ganze Gesellschaften mit größter Wahrscheinlichkeit zu jener Entwicklung, die wir bei Süchtigen beobachten: Zur Vernachlässigung überlebensnotwendiger Erfordernisse bis hin zu völliger Verwahrlosung, letztlich zu Krankheit und vorzeitigem Tod.

Die Pharmaindustrie hat wunderbare Medikamente erfunden. Wir Ärzte müssen nur noch lernen, sie an den *richtigen* Stellen einzusetzen. Statt überwiegend *Symptome* zu beseitigen, sollten wir die *Ursachen* von Krankheiten aufdecken und behandeln. Die Gründe, die Patienten zum Hausarzt führen, sind viel häufiger im Bereich des Lebensstils zu finden als in den Genen (oder auch in epigenetischen Phänomenen). Die gegenwärtige pharmakologische Therapie von AD(H)S zielt – wie bei einer Vielzahl anderer Erkrankungen auch – ausschließlich auf *Symptomunterdrückung*. Das Habituationsmodell gibt ernsthafte Hinweise darauf, dass eine derartige Therapie keine Gesundheit schafft, sondern hyperaktive Kinder in später depressive Erwachsene verwandelt. Erinnern wir uns: *Prinzipiell* hat die ADHS im Habituationsmodell die gleichen Ursachen wie die monopolare Depression. Mit reiner Symptomunterdrückung lässt sich weder die eine noch die andere Störung dauerhaft beseitigen.

Welche Konsequenzen lassen sich aus dem Habituationsmodell zur AD(H)S ableiten? Zunächst einmal: Für Kinder gilt das Gleiche wie für Erwachsene. „Immer mehr" bedeutet noch lange nicht „immer besser". Eher gilt das Gegenteil. Nicht jede kleine Lust sollte unmittelbar befriedigt werden. Kinder *brauchen* einen *Triebaufschub*, die Erwachsenen müssen ihnen durch ein entschiedenes „Nein", durch das Stellen von sinnvollen Anforderungen (z. B. regelmäßige Erledigung der Hausaufgaben, selbstständige Mithilfe bei der Hausarbeit), durch das Vorgeben einer Struktur (z. B. feste Essenszeiten, feste Zubettgehzeiten) die *Möglichkeit* geben, ihre Belohnungsbotenstoffspeicher zu füllen und ihre Rezeptoren zu regenerieren. Dazu gehört auch, dass die Erwachsenen selbst leben, was sie einfordern. Wer sich selbst unregelmäßig und ungesund ernährt, wer selbst nicht in der Lage ist, sich zu disziplinieren und

Anforderungen zu erfüllen, wer ständig immer nur erschöpft ist und eigentlich selbst Hilfe benötigt, wird seine Kinder kaum anleiten können, ein glückliches und erfolgreiches Leben zu führen.

Meine Empfehlung: Lesen Sie dieses Buch zu Ende und suchen Sie aus, was Sie von den später noch ausführlich vorgestellten Anregungen für sich umsetzen können. Die Crux ist, dass wir typischerweise blind sind für die Probleme, die wir mit uns selber haben und die wir unseren Kindern vorleben. Oftmals spiegeln unsere Kinder lediglich unsere eigene Verfassung. Zögern Sie nicht, sich im Zweifelsfall von einem Fachmann oder einer Fachfrau beraten zu lassen. Für AD(H)S gilt nach meiner Einschätzung derselbe Grundsatz wie für *alle* psychosomatischen und psychosozialen Beschwerden: Hinter einem Problem steckt immer die Chance auf ein persönliches Wachstum – hin zu einem tieferen Verständnis für sich selbst und die eigene Umgebung, hin zu wirklicher Gesundheit. Und: Echte Veränderung beginnt bei jedem selbst. Um es mit Mark Twain zu sagen:

„Es hat keinen Sinn, seine Kinder zu erziehen. Die machen einem doch alles nach!"

Ein kleiner Nachtrag hierzu: Weil ich der Tragweite des Habituationsmodells selbst kaum Glauben schenken konnte (Modellen, die „zu viel" erklären, sollte man stets misstrauen!), suchte ich nach Gegenbeispielen. Falls mein Modell die Ursachen für die ADHS richtig beschreibt, sollte diese Störung in „unzivilisierten" Gesellschaftsformen kaum zu finden sein. Wieder wurde ich bei den Amish-People fündig: Diese Bevölkerungsgruppe in den USA kennt das Störungsbild ADHS genauso wenig wie die monopolare Depression (s. Kap. 2.4). Interessanterweise finden sich auch bei Amish-Kindern Stimmungsschwankungen, Impulsdurchbrüche, Hyperaktivität, Depressionen und körperliche Beschwerden *wie* bei der ADHS (Egeland et al. 2000). Diese Symptome treten hier allerdings als Prodromi (Vorboten) einer oft erst zehn Jahre später diagnostizierten bipolaren Störung auf – und nicht als eigenständige „Aufmerksamkeits-Defizit-Hyperaktivitäts-Störung" (Brown 2008). In Afrika, wo in vielen Dörfern die Kinder noch in einem lockeren Verband mit vielen anderen Kindern aufwachsen, ist die Diagnose ADHS ebenfalls unbekannt (Leuzinger-Bohleber 2009). Auch Schieffelin, dem beim Naturvolk der Kaluli auf Papua-Neuguinea nur ein einziger Fall von (situationsbedingter) Depression begegnete, sichtete keinen Fall von AD(H)S während seines mehrjährigen Aufenthalts (Schieffellin 1985).

An dieser Stelle möchte ich auf die Parallelen hinweisen, die sich aus dem Habituationsmodell für Krankheiten ergeben, die von der traditionellen Medizin bislang als völlig unterschiedliche Syndrome betrachtet wurden – ADHS und ADS auf der einen und monopolare Depression auf der anderen Seite. Alle drei Störungsbilder finden demnach ihre Ursache in einem Wirkverlust von Dopamin und GABA (und weiteren Botenstoffen) im zerebralen Belohnungssystem. Aus dem Mangel an Dopamin, dem „Lusthormon" schlechthin, ergeben sich Freudlosigkeit, Interessensverlust, Mangel an Initiative und andere Symptome. Der nachfolgende, relative Mangel an GABA erklärt die Unruhe, die Konzentrationsstörungen, die Gedächtnisprobleme und die oft gleichzeitig vorliegenden Ängste, Schlafstörungen oder auch die häufig gleichzeitig bestehenden körperlichen Missempfindungen (s. Kap. 2.7). ADS und ADHS sind somit nichts anderes als die kindlichen Formen der Depression, die sich beim Erwachsenen differenzierter äußern *können*, aber nicht *müssen*. So finden sich bei Erwachsenen durchaus stuporöse Formen der Depression, bei der der Betroffene wie der typische ADS-Patient *teilnahmslos* und oft beinahe fast dement wirkt („depressive Pseudodemenz").

Gleichwohl existieren beim Erwachsenen (analog zur ADHS) auch *hyperaktive* Formen der Depression, bei denen der Betroffene bei einer sinnlosen Tätigkeit verharrt oder nacheinander viele Dinge beginnt, diese aber nicht zu Ende bringt („agitierte Depression").

Die Entdeckung der Analogie zwischen monopolarer Depression und AD(H)S war für mich eine der Sternstunden bei der Anwendung des Habituationsmodells. Ich hatte keineswegs erwartet, dass sich Syndrome, die die konventionelle Medizin als völlig unterschiedliche Erkrankungen auffasst, als identisch erweisen würden. Erst recht nicht hatte ich vorhergesehen, dass mein Model manche Krankheiten und Symptomgruppen überhaupt erst verstehbar machen würde. Denn über die pathophysiologischen Zusammenhänge wird bei Ängsten, Schlafstörungen, Depressionen, ADHS und weiteren Krankheitsbildern, die überzufällig häufig gemeinsam auftreten, in der Medizin heute immer noch eher spekuliert als tatsächlich gewusst. Fragwürdige Therapien sind die Folge.

Regelrecht schockiert aber hat mich die Erkenntnis, dass ich trotz – oder gerade wegen! – meiner langjährigen ärztlichen Ausbildung und meiner immerhin bereits mehr als zwei Jahrzehnte umfassenden beruflichen Tätigkeit häufig offenbar unscharfen, wenn nicht falschen Glaubenssätzen gefolgt war. Aber das ist Wissenschaft: Man kann immer dazu lernen. Auch wenn dabei manches Dogma fallen muss!

## 2.7 Krankheitsgefühl ohne Krankheit: Somatoforme Störungen

Der Ausdruck „somatoform" bedeutet, dass eine seelische Störung sich *wie eine* körperliche Störung äußert, der Betroffene sich also krank fühlt, die betroffenen Organe aber ohne krankhaften Befund sind – außer, dass sie eben schmerzen oder eine Störung ihrer Funktion aufweisen. Vom „hyperkinetischen Herzsyndrom" haben wir weiter oben schon gehört. Ein weiteres typisches Beispiel für „funktionelle" oder „somatoforme" Beschwerden sind Kopfschmerzen: Kopf und Gehirn sind „gesund". Aber der Schädel tut trotzdem höllisch weh. Dass *seelische* Ursachen *körperliche* Symptome verursachen, die sogar zum Arztbesuch führen, heißt keineswegs, dass der Patient im Ganzen „gesund" wäre und sich seine Beschwerden „nur einbildet". Somatoforme Beschwerden können genau wie „echte" organische Krankheiten unerträgliche Schmerzen verursachen. An „somatoformen" oder auch „psychosomatischen" Störungen zu leiden bedeutet hingegen genauso wenig, dass der Betroffene „psychisch krank" wäre. Im Gegenteil: Derartige Symptome sind eine echte Chance für den Betroffenen, sein „Dasein" und sein „Sein" in bessere Übereinstimmung zu bringen. Richtig verstanden, sind somatoforme Beschwerden keine Krankheit, sondern immer Ausdruck von *Gesundheit*, die sich Raum verschaffen will. Somatoforme Beschwerden habe ich wie viele weitere psycho-somato-soziale Phänomene ausführlich in meinem Buch „Die Sprache der Seele" beschrieben (Schymanski 2014).

Im Grunde weiß jeder, dass sich Gefühle körperlich äußern; man denke nur an die berühmten „Schmetterlinge im Bauch". Dass schlechte Laune, seelische Spannungen oder Stress „Bauchschmerzen" verursachen, daran erinnert eine Redensart. Die „moderne" Medizin aber hat diesen simplen Zusammenhang nahezu vollständig vergessen. Wenn sie keinen körperlichen Grund für Beschwerden findet, deklariert sie sie nur zu gerne als Transmitterstörung, bakterielle Fehlbesiedlung oder Nahrungsmittelunverträglichkeit. Oder sie bezeichnet die vorliegenden Beschwerden augenzwinkernd als „psychisch bedingt", aber nicht wirklich bedrohlich, als Äußerung einer Verschrobenheit, einer persönlichen Verrücktheit, die nicht wirklich ernst zu nehmen ist – oder eben als Ausdruck eines „Serotonin-Mangels".

Diese Sichtweise hat auf die Patienten abgefärbt. Dass Stress zu Beschwerden führen mag, wird gerade noch akzeptiert. Dass aber seelische Spannungen zu körperlichen Schmerzen führen können, erscheint Vielen nicht akzeptabel. „Ich bin nicht verrückt! Ich bilde mir das alles doch nicht ein!" höre ich in meiner Sprechstunde von Patienten häufig als Antwort auf den Hinweis, dass für die geschilderten Beschwerden *keinerlei* körperliche Ursache zu finden ist.

> **Exkurs**
>
> Mit „Verrücktsein" haben psychosomatische Beschwerden nicht das Geringste zu tun. Patienten, bei denen Wahrnehmung und Denken dem Volksmund nach tatsächlich ver-rückt sind, also nur noch wenig gemein haben mit Wahrnehmung und Denken der Allgemeinheit – wie es vor allem bei Menschen mit Schizophrenie vorkommt – klagen eher seltener über psychosomatische Beschwerden. Möglicherweise begründet sich dieses Phänomen darin, dass die Entwicklung einer Psychose dazu beiträgt, die sonst unerträglichen Belastungen auf das Belohnungssystem (den kompletten Lustverlust mit nachfolgend „explodierender" psychomotorischer und psychovegetativer Unruhe und unerträglichen Ängsten) auf Kosten des Realitätsbezugs erträglich zu machen („Flucht in den Wahn"). Außerdem nimmt die Psychose das Denken und Fühlen der Betroffenen derart in Beschlag, dass die Wahrnehmung der eigenen Körperbefindlichkeiten dahinter zurücksteht.

Dass somatoforme Störungen nur auf dem 5. Platz der Dresdener Hitliste gelandet sind, dürfte mit einiger Wahrscheinlichkeit daran liegen, dass psychosomatische Beschwerden von den meisten Ärzten heute immer noch nicht richtig zugeordnet werden. Für Rückenschmerzen werden beispielsweise Verbiegungen der Wirbelsäule verantwortlich gemacht, obwohl diese sogenannten Skoliosen – wenn sie tatsächlich für Rückenschmerzen verantwortlich wären – nach dem Ende der schmerzhaften Episode ja nicht verschwunden sind. Aber selbst Menschen mit den schlimmsten Deformitäten erleben schmerzarme, wenn nicht schmerzfreie Phasen, ohne dass sich ihre Skoliosen, ihre Verschleißerscheinungen, auch nur minimal gebessert hätten.

Oft werden in Anbetracht dieser Tatsache Verhärtungen der Muskeln entlang der Wirbelsäule als Ursache für den Rückenschmerz angeführt. Diese Erklärung liegt zwar schon näher am wahren Grund, beschreibt ihn aber ebenfalls lange noch nicht vollständig. Muskuläre Verspannungen bewirken tatsächlich Rückenschmerzen – aber: Welche Ursachen haben die Verspannungen? Diese Frage wird ärztlicherseits höchst selten gestellt. Denn wer die wirklichen Ursachen für Verspannungen aufdecken will, braucht hierfür vor allem eines: Zeit. Nur im ausführlichen Gespräch lassen sich die wahren Gründe für die Beschwerden herausfinden, die für die meisten Besuche beim Allgemeinarzt den Anstoß geben. Leider ist diese Zeit im heutigen Medizinbetrieb, wo das Wissen zur richtigen Zuordnung von Beschwerden prinzipiell bereits vorhanden wäre, nicht vorgesehen. Wer über Rückenschmerzen klagt, erhält ein Schmerzmittel. Wenn das keine ausreichende Linderung verschafft, kommt ein muskelentspannendes Medikament dazu. Und wenn auch das nicht hilft oder nur kurzzeitig, wird – weil diffus schon eine „seelische Komponente" vermutet wird – gerne auch noch ein Antidepressivum verordnet, damit der angespannte Patient endlich innerliche Ruhe findet. Und wer auch dann noch über Beschwerden klagt, erhält „on top" noch ein Neuroleptikum auf seine Medikamentenliste. Neuroleptika sind zwar eigentlich zur Behandlung von Schizophrenien gedacht, in verzweifelten Fällen können sie aber auch zur Augmentation (Wirkverstärkung) von Schmerzmitteln verordnet werden.

Am Ende der „Patientenkarriere" steht für viele Patienten die dauerhafte Invalidität, gepaart mit der Überzeugung, tatsächlich körperlich *und* seelisch krank zu sein, an organischen Schäden zu leiden *und* an einem Transmitterdefizit. Selbstverständlich glauben derart „behandelte" Patienten, für immer auf die Einnahme von Medikamenten angewiesen zu sein. Eigentümlicherweise haben psychische Erkrankungen den zuvor häufigsten Grund für Frühberentungen, die chronischen Rückenbeschwerden, vom Thron gestoßen. Dass es sich bei beiden Erkrankungen um Manifestationen der gleichen Ursache handeln könnte, scheinen Ärzte und Politiker bis heute allenfalls zu ahnen. Das Habituationsmodell erhellt auch die Gründe für somatoforme Beschwerden: Wird durch Überreizung, fehlende Erholungspausen, permanente Störungen von außen oder auch durch falsche Erwartungshaltungen, durch dysfunktionale Lebenskonzepte und andauerndes Vergleichen das Fließgleichgewicht im Belohnungsregelkreis gestört, lassen sich mit schöner Regelmäßigkeit immer wieder die gleichen Symptome beobachten.

Am Anfang steht der Lustverlust. Die Arbeit macht keinen Spaß mehr, der Partner, sofern noch vorhanden, nervt, das Verhältnis zu den eigenen Kindern und zu vielen Freunden wird „schwierig". Dieser Lustverlust erklärt sich am besten aus dem Wirkschwund von Dopamin und anderen belohnenden Transmittern.

Simultan oder kurze Zeit später treten weitere Beschwerden auf: Konzentrations- und Gedächtnisstörungen, Ungeduld, Gereiztheit oder Schlafstörungen. Die psychovegetative Erregung steigt ebenso wie die psychomotorische Unruhe. Der Druck, die Situation verbessern zu müssen, ein Ziel zu erreichen, endlich „Erlösung" zu erfahren, wird durch hinzutretende Ängste (die in aller Regel unbewusst bleiben oder in ihrer Bedeutung für die Beschwerden nicht erkannt werden) immer größer. Diese Symptome spiegeln den Verlust der GABA-Wirkung, weshalb Patienten mit den entsprechenden Erscheinungen nur zu gerne zu den in dieser Situation kurzfristig am wirksamsten Medikamenten greifen, eben jenen, die den GABA-Effekt simulieren: Benzodiazepine wie Valium®, Schmerzmittel wie Lyrica®, Schlafmittel wie Zolpidem®, fast immer auch noch ärztlich verordnet.

Aus der Erschöpfung des Belohnungssystems im Gehirn resultieren körperliche Beschwerden, am häufigsten Kopf- und/oder Rückenschmerzen. Letztere lassen sich am plausibelsten durch den GABA-Mangel erklären: Fehlt der muskelentspannende GABA-Effekt, beginnen die ständig angespannten Muskeln des Halteapparats zu schmerzen. Auf diese Weise können allerdings auch Sehnenansatzentzündungen getriggert werden. Denn an diesen mechanisch hoch belasteten Stellen müssen häufig „Reparaturen" durchgeführt werden (Mikrofaserrisse), was dem Körper schlecht gelingt, wenn die entsprechenden, ohnedies nur schwach durchbluteten Stellen chronisch angespannt bleiben.

Viele Menschen greifen, um trotz des Stresses, dem sie ausgesetzt sind, innere Ruhe zu finden, gerne zum einfachsten „Beruhigungsmittel", das heute überall und ständig zur Verfügung steht – zu Kalorien. Wer nicht zur Ruhe kommt, isst gerne mehr, als ihm eigentlich bekommt. Magenbeschwerden, Sodbrennen und andere Verdauungsstörungen sind ebenso die Folge wie negative Erscheinungen im Stoffwechsel: zu viel Cholesterin, zu viel Harnsäure, zu viel Triglyceride, zu viel Zucker. Zu großer Bauchumfang, zu hoher Blutdruck – all das mit Verschlechterungstendenz. Denn ein „immer Mehr" an Beruhigungsmitteln, auch wenn es sich in diesem Fall „nur" um Kalorien handelt, führt mittelfristig zu keiner Lösung. Im Gegenteil: Jede schnelle Beruhigung entleert die Speicher weiter und steigert die Bedürftigkeit. *Jede* falsche Strategie befeuert den Teufelskreis der Lust.

Selbstverständlich sind außer Dopamin, Glutamat und GABA noch weitere Botenstoffe an der Entstehung somatoformer Störungen beteiligt. Beispielsweise werden im Belohnungszentrum unter dem Einfluss von Dopamin auch *Endorphine* produziert. Endorphine wirken wie körpereigenes Morphium. Wird das Belohnungszentrum nicht mehr ausreichend stimuliert, fehlt neben GABA auch die schmerzstillende Wirkung der Endorphine. Auf diese Weise können sich Beschwerden, die wir unter dem Einfluss ausreichender Dopamin-Wirkung am Belohnungszentrum mit einem Schulterzucken abgetan hätten, zu unangenehmen, heftigsten Schmerzzuständen auswachsen (Leknes u. Tracey 2008). Vermutlich spielt dieser Mechanismus auch bei Krankheiten wie der Fibromyalgie eine bedeutende Rolle. Fibromyalgie ist eine bislang schulmedizinisch nahezu unverstandene Erkrankung, bei der, wie es der Name verrät, Fasern und Muskeln zu schmerzen beginnen. Diese befinden sich überall im menschlichen Organismus. Schwer betroffene Patienten leiden daher unter unerträglichen *Ganzkörperschmerzen*.

Typische Stresshormone wie Cortisol oder Adrenalin sind sicher bei Erscheinungen wie Infektanfälligkeit, Blutdruckregulation oder Migräne beteiligt. Es würde den Rahmen dieses Buches sprengen, jede typische somatoforme Störung auf ihren möglichen Zusammenhang mit einzelnen Botenstoffen zu überprüfen. Wichtig ist mir der Hinweis, dass – von der klassischen Schulmedizin heute weitgehend vergessen – seelische Momente sehr wohl ihren Einfluss auf die am häufigsten geklagten körperlichen Beschwerden ausüben. Und dass deswegen die übliche Therapie der

Symptomunterdrückung die Spirale eines chronischen Verlaufs nur antreiben kann.

Die richtigen, die gesunden Konsequenzen aus somatoformen Störungen zu ziehen hieße, Beschwerden nicht als lästige Hindernisse auf dem Weg zum dringend ersehnten Ziel – dem Zustand, in dem wir glauben, uns endlich Ruhe gönnen zu dürfen – zu sehen, sondern als Hinweis darauf, dass die Grenze der körperlich-seelischen Belastbarkeit erreicht ist und eine Pause unumgänglich. Das früheste Warnsignal ist der „Lustverlust": Nichts macht mehr Spaß, nichts begeistert noch. Hier sollten wir innehalten, statt weiter und immer schneller zu rennen. Denn welches Ziel wollen wir erreichen, wenn wir es nicht genießen können? Das Leben besteht nicht aus den (wenigen) Zielen, die wir erobern. Es besteht vor allem aus dem Weg dorthin – aus lauter Augenblicken. Und die Augenblicke lassen sich nur genießen, wenn die Speicher der belohnenden Botenstoffe so gut gefüllt sind, dass sie beinahe überquellen. Das kann nur der Fall sein, wenn wir ihre Freisetzung nicht immerzu mit „billigen Genüssen" provozieren und unseren Transmitterspeichern die Ruhephasen gönnen, die sie brauchen, um sich zu regenerieren.

## 2.8 Süchte

An siebter Stelle der häufigsten psychischen Erkrankungen stehen in der 2011 veröffentlichten Liste der Universität Dresden die Suchterkrankungen.

Die Medizin unterscheidet zwischen *stoffgebundenen* und *stoffungebundenen* Süchten. Während also in der ersten Gruppe die Zufuhr einer *Substanz* (wie Alkohol, Nikotin oder andere Drogen) Voraussetzung für die Entwicklung einer Sucht ist, übernimmt in der zweiten Gruppe eine *Tätigkeit* (wie Arbeit, Sex oder auch Glücksspiel) die Funktion der Droge. Es ist kein Wunder, dass sowohl Substanzen als auch Tätigkeiten Sucht bewirken können. Denn die Endstrecke ist für beide Gruppen die gleiche: Das Belohnungssystem in unserem Kopf, der „Teufelskreis der Lust".

## Stoffgebundene Süchte

Auf welche Weise einzelne Substanzen ins Belohnungssystem eingreifen, soll im Folgenden kurz dargestellt werden. Das Grundprinzip ist einfach: Entweder führt die Anwendung einer Droge zur Stimulation des Belohnungszentrums (Nucleus accumbens) oder es imitiert die vom Belohnungszentrum ausgehenden GABA-Impulse. Ersteres führt zu einem exzessiven Lusterlebnis, das häufig mit übersteigertem Selbstbewusstsein, Größenfantasien, sexueller Stimulierbarkeit und intensivem Lebensgefühl einhergeht, Letzteres zu Angstfreiheit, Entspannung, und – je nach Dosis – zu Schläfrigkeit bis hin zum Koma. Die meisten Drogen stimulieren das Belohnungszentrum und nachgeschaltete Instanzen gleichzeitig. Dem Konsumenten vermittelt dieser Effekt auf der einen Seite ein Gefühl von Lust, Selbstbewusstsein und Sinnerfüllung, während er sich auf der anderen Seite auch angstfrei fühlt, hoch konzentriert oder auch schläfrig mit einem Gefühl der souveränen Gleichgültigkeit. Abbildung 8 verdeutlicht den Mechanismus für substanzgebundene Süchte.

Um den unvermeidlichen Wirkverlust auszugleichen, kombinieren viele Süchtige verschiedene Substanzen. Wer seine Scheu vor „harten" Drogen verloren hat, dem ist schnell jedes Mittel recht, seinen Belohnungsregelkreis an jedweder Stelle zu manipulieren. Sehr viele Konsumenten „harter" Drogen landen in der Abhängigkeit von vielen Substanzen, der Polytoxikomanie. Die Schwerstabhängigen benutzen alle Substanzen, die irgendwie ein Rausch-

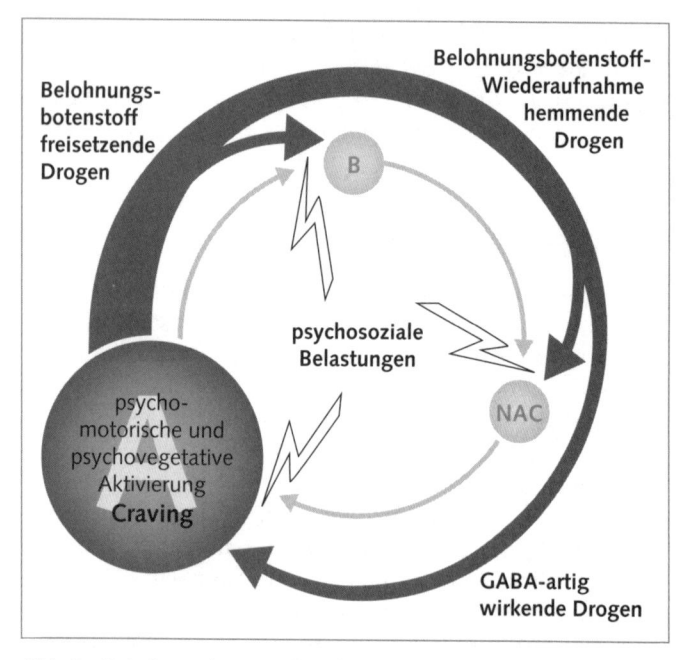

Abb. 8 Bei den substanzgebundenen Süchten wird die natürliche Verhaltenssteuerung durch stärker wirksame Substanzen ersetzt. Drogen entleeren die Belohnungsbotenstoffspeicher und desensibilisieren die Rezeptoren der Zielstrukturen. Natürliche Belohnungsbotenstoffe (hellgraue kurze Pfeile) können mit den viel stärkeren Drogensubstanzen (dunkle dicke Pfeile) nicht konkurrieren. Deshalb verliert im Alltag des Süchtigen alles seinen Reiz – bis auf die Droge. Craving = Suchtdruck, der Drang, die suchterzeugende Substanz zuzuführen. Psychosoziale Belastungen (Blitze) stören den natürlichen „Flow" im Regelkreis, weswegen psychosozialer Stress in den Drogenmissbrauch oder später auch nach längerer Abstinenz zum Rückfall führen kann. **NAC** = Nucleus accumbens, **B** = Nervenzellen, die belohnende Botenstoffe freisetzen.

erlebnis oder wenigstens eine vorübergehende Beruhigung versprechen – ohne Rücksicht auf die lebensbedrohlichen Gefahren.

An dieser Stelle löst das Habituationsmodell eines der Rätsel der Hirnforschung: Warum können Substanzen wie Benzodiazepine, Barbiturate oder Z-Medikamente, die eindeutig *nicht* das Belohnungszentrum erregen, dennoch süchtig machen (Spanagel u. Weiss 1999)? Die Impulse, die vom Belohnungszentrum selbst ausgehen, sind Bestandteil des Regelkreises. Gleichgültig an welcher Stelle Drogen im Regelkreis ansetzen: Die *Endstrecke* ist immer das Gefühl, es „richtig" gemacht zu haben, „intensiv gelebt" zu haben, um sich nach dem Lust- oder Erfolgserlebnis „befriedigt" und innerlich ruhig zu fühlen. Um die *innere Ruhe* zu erreichen, die nach *jedem* Drogengenuss gefährdeter ist denn je, um jene durch die Verwendung von Drogen wachsende *Bedürftigkeit* zu stillen, benutzen viele Süchtige entsprechende GABA-artig wirkende Medikamente. GABA bedient die natürliche „Endstrecke des Glücks" – GABA-artig wirkende Medikamente und Drogen erzeugen künstlich ein „Befriedigungsgefühl" – zumindest eine Zeit lang. Deswegen können sie genau wie Substanzen, die primär das Belohnungszentrum erregen, in eine schwere Abhängigkeit führen.

Zum Verständnis der Drogensucht sind die Auffassung des Belohnungssystems als *Regelkreis* und der Effekt der *Habituation* von gleichrangiger Bedeutung. Die Konsequenz aus beiden Annahmen ist, dass Süchte eine *Eigendynamik* besitzen, die zu keinem Ziel führen kann. Ob stoffgebunden oder immateriell: Das „Wohlfühlparadoxon" verstärkt genau jenen Hunger, den Drogen wie suchtartig ausgeübte Tätigkeiten zu stillen vorgeben: *Jede* Substanz und *jede* exzessiv ausgeübte Tätigkeit kann nur zeitlich begrenzt befriedigen. Suchtartiger Gebrauch verursacht bei gefährdeten Menschen einen Hunger nach immer höheren

Dosen, wobei die ursprünglichen, natürlichen Lustauslöser gleichzeitig immer schwächer wirken. Die Entkopplung des Belohnungssystems von der Wirklichkeit führt zur Vernachlässigung der realen Erfordernisse. Deswegen verstehen viele Süchtige erst in einem fortgeschrittenen Stadium ihrer „Karriere", dass sie die Droge, ohne die sie nicht mehr zu leben können glaubten, in Wirklichkeit an den Abgrund geführt hat. Wenn sie endlich Hilfe suchen, sind sie oft körperlich, seelisch und sozial „am Ende". Nichts geht mehr, im zentralen Belohnungssystem genauso wenig wie im wirklichen Leben.

Im fortgeschrittenen Stadium einer Suchterkrankung besteht die Intention des Konsumenten kaum mehr darin, einen Rauschzustand zu erreichen. Die Süchtigen wollen sich durch die Zufuhr von Substanzen vor allem „normal" fühlen. Diese Normalität aber ist durch die Überreizung des Belohnungsregelkreises und die Gegenregulation des Körpers (Habituation) auf lange Zeit gestört.

Suchtgedächtnis

Das Umdenken fällt schwer. Das liegt daran, dass extrem lustbetonte Erlebnisse einen besonders einfachen Zugang ins Langzeitgedächtnis finden: In freier Natur war es extrem wichtig, sich den Ort einer ergiebigen Nahrungsquelle zu merken. Auch das Verfahren, um an eine besonders leckere Speise zu gelangen, musste erinnert werden. Vermutlich deswegen hat das Belohnungszentrum auch direkte Verbindungen in eine Hirnstruktur namens Hippocampus. Der Hippocampus gilt als „Tor zum Gedächtnis". Es ist nur konsequent, den mächtigsten Schlüssel zu diesem Tor im Belohnungszentrum zu vermuten (mehr zu diesem Thema in Kap. 2.9 im Abschnitt „Stress und Gedächtnis").

Jeder kennt das Phänomen: Was Spaß bereitet, lernen wir leicht und gerne. Jeder Tiertrainer arbeitet mit Belohnungen, nicht mit Strafen. Vielleicht modernisiert diese aus dem Habituationsmodell abgeleitete Erkenntnis eines Tages selbst die in unseren Schulsystemen praktizierte Pädagogik ...

Da Drogen im Allgemeinen extreme Lustempfindung produzieren (deswegen werden sie ja verwendet), prägt ihre Anwendung das Gedächtnis des Konsumenten nachhaltig. Selbst wenn nach einer Entgiftung die akuten Entzugserscheinungen abgeklungen sind, wird der nunmehr abstinente Patient extrem von seinen Erinnerungen an die vermeintlich glücklichsten Stunden und Tage seines Drogenkonsums gepeinigt. Zu Beginn des Drogenmissbrauchs fühlte er sich lebendig und erfüllt wie nie zuvor in seinem Leben. Ohne Drogen erscheint ihm die Realität lange Zeit – bei entleerten Glücksbotenstoffspeichern und „verbrannten" Rezeptoren – grau und sinnlos, ebenso leer wie langweilig. Kein Wunder: Die in der Regel jahrelang überstrapazierten Strukturen im Gehirn müssen sich regenerieren, bis Lust und Befriedigung überhaupt wieder empfunden werden können. Hinzu kommen die beschädigten oder oft schon vor Beginn der Drogensucht zerrütteten sozialen Strukturen, die kaum Halt, Anerkennung und Erfolgserlebnisse vermitteln konnten. Erst mit der nur durch Abstinenz erreichbaren Erholung des Belohnungssystems kann der (Wieder-)Aufbau tragfähiger, zwischenmenschlicher Verbindungen die drogengetriggerten Inhalte des Suchtgedächtnisses langsam überschreiben.

Viele Süchtige scheitern an dieser Hürde. Die innere Unruhe, das Verlangen nach Glücksempfinden und Befriedigung (nach Dopamin und GABA!) ist so übermächtig, dass Rückfälle in der Suchttherapie eher die Regel als die Ausnahme darstellen. Das „wahre Leben" enthält viele Stolpersteine. Glücks- und Erfolgserlebnisse sind in der Wirklichkeit viel mühsamer zu erreichen als die gleichen oder gar intensivere Gefühle durch Verwendung chemischer Hilfsmittel. Viele Patienten müssen den Zyklus aus Zusammenbruch, Entgiftung und Rückfall viele Male durchlaufen, bis sie verstehen, dass ihr Lebensglück nicht an einer Substanz oder einer bestimmten Tätigkeit hängen kann. Oft ist es ein langer Weg, bis sie begreifen, dass das „kleine Glück" im wirklichen Leben sehr viel mehr Facetten besitzt und reicher beschenkt als das nur scheinbar „große" im Drogenrausch.

Zu dieser Erkenntnis gelangen Süchtige nur schwer. Die Illegalität des Drogenkonsums trägt hierzu bei. Weil die Beschaffung von Drogen oft mit erheblichem Aufwand von Zeit und Geld verbunden ist, werden Abhängige geradezu auf ihren Drogenmissbrauch hin „konditioniert". Denn durch die erzwungenen Konsumpausen entsteht erheblicher Suchtdruck, aus dem erst der erneute Konsum „befreit". Würde die Habituation nicht durch die Illegalität von Drogen außer Kraft gesetzt, wären die Süchtigen nicht den ganzen Tag damit beschäftigt, sich innerhalb der „Szene" wieder und wieder Geld für ihren „Stoff" zu organisieren. Durch eine Liberalisierung wären sie viel früher mit der Frage konfrontiert, was ihnen ihr Drogenmissbrauch eigentlich bringt. Für viele würde der regelmäßige Substanzmissbrauch schnell langweilig, wären da nicht die „notwendigen" Kontakte zur Szene, die vorgeblichen „Freundschaften" dort, die Aufregung durch die Beschaffungskriminalität, das Versteckspiel mit der Polizei ... Drogensucht ist eine Ganztagsbeschäftigung, die für Habituation genauso wenig Platz lässt wie zum Nachdenken über langfristige Ziele im Leben oder die Lösung der häufig eigentlich ursächlichen seelischen Probleme.

### Weiche und harte Drogen

Die Unterscheidung zwischen „weichen" und „harten" Drogen ist so willkürlich wie unscharf. Es gibt Konsumenten „harter" Drogen, die ihren Konsum über Jahre stabil halten und ihn letztlich sogar aufgeben können. Genauso existieren Abhängige sozial akzeptierter „weicher" Drogen, die trotz erlebter, schwerwiegender Folgen wie Herzinfarkt, Schlaganfall, chronische Atemwegserkrankung, Beinamputation, Nervenschäden, Abnahme der geistigen Leistungsfähigkeit oder Leberzirrhose doch nicht von ihrem Laster lassen können und an den Folgen ihrer Sucht sterben. Die Unsinnigkeit der Unterscheidung harte/weiche Drogen kommt auch in den Opferzahlen zum Ausdruck. „Weiche" Drogen sind schätzungsweise für mehr als zweihundertmal (!) so viele Todesfälle verantwortlich wie die sogenannten „harten": Laut Statistiken des Drogenbeauftragten der Bundesregierung war das Tabakrauchen in Deutschland 2012 für ungefähr 140 000 vorzeitige Todesfälle verantwortlich, Alkohol für ungefähr 70 000. Die Zahl der Todesfälle durch „harte" Drogen lag 2012 unter 1 000.

Selbstverständlich spielt die Eigendynamik im „Teufelskreis der Lust" bei der Entstehung von desaströs verlaufenden Süchten eine Rolle. Wobei hier weniger die Zuordnung der Substanz in die „weiche" oder „harte" Gruppe den Ausschlag gibt als das *Konsummuster* des Betroffenen. Wer „in sich ruht" und „ausgeglichen" ist, wird viel seltener zu Drogen greifen. Sollte er die seinem Konsum innewohnende Eigendynamik als schädlich und gefährlich erkennen, wird er auch eher wieder von seinen Drogen lassen können. Wer hingegen nach einer vernachlässigten oder traumatisch erlebten Kindheit durch die Anwendung von Drogen erstmals Glück und innere Ruhe verspürt, wird schnell in eine Abhängigkeit geraten, für die er nachfolgend nirgends eine attraktive Alternative erkennen kann. Besonders letztere Personen sind aufgrund der mit der Toleranzentwicklung „notwendigen" Dosissteigerung und der Tendenz, den Wirkverlust durch die Kombinationen aller erdenklichen Substanzen auszugleichen, erheblich gefährdet, einem tödlichen Verlauf zu erliegen.

Was nicht heißt, dass sich jemand sicher wähnen dürfte, den Verheißungen einer Droge nicht doch zu verfallen. Die Stimulation der Strukturen unseres Belohnungssystems durch künstlich zugeführte Substanzen ist unvergleichlich stärker als durch natürliche Botenstoffe wie Dopamin, Glutamat, Endorphine, Endocannabinoide oder GABA. Drogen üben ihre Wirkung tief im Unterbewusstsein aus – im Mittelhirn, entwicklungsgeschichtlich viele Millionen Jahre entfernt vom Sitz der „Ratio" in der Großhirnrinde. Daher entzieht sich ihre Wirkung dem Zugriff der Vernunft. Drogen lassen Bedürftigkeiten entstehen, für die sich kaum Worte finden, Gefühle, die einem rationalen Appell fast völlig unzugänglich sind. Das macht die Therapie von stoffgebundenen Süchten so schwierig.

Wer einmal angefangen hat, seinen Belohnungsregelkreis mit Substanzen zu manipulieren, wird der daraus entstehenden Eigendynamik oft kaum mehr Herr. Egal, an welcher Stelle er beginnt: Die übernatürlich starke Stimulation bewirkt über eine Entleerung der belohnenden Botenstoffspeicher und über die Down-Regulation der zugehörigen Rezeptoren eine zunehmende Abstumpfung des körpereigenen Belohnungssystems. Dadurch können natürliche Auslöser nachfolgend nicht mehr als beglückend und befriedigend empfunden werden. Der Sinn der normalen Lebensnotwendigkeiten verblasst gegenüber dem Effekt der Droge, die dem Betroffenen eine Lebensintensität und eine Befriedigung vorgaukelt, die er in seinem „normalen" Leben nie zu erreichen vermag.

Natürlich schwindet der Effekt jeder Droge mit der Zeit durch Habituation, sodass der Teufelskreis an Fahrt gewinnt. Er mündet in einen Zustand körperlicher, seelischer und sozialer Zerstörung, und es bleibt die Erinnerung an die vermeintlich allerbeste Zeit – den Beginn der Drogenkarriere, sicher gespeichert im Suchtgedächtnis.

## Die am häufigsten verwendeten Substanzen

Im Folgenden sollen der Vollständigkeit halber die Wirkungen der gebräuchlichsten Drogen besprochen werden, ohne dass ich mich dabei in Einzelheiten verlieren möchte. Im Rahmen dieses Buches geht es um das Wirk*prinzip* unseres Belohnungssystems. Für die an Drogenwirkungen besonders Interessierten sei an dieser Stelle auf die entsprechende Fachliteratur verwiesen.

### Alkohol

Vereinfacht ausgedrückt, beeinflusst Alkohol in niedrigen Dosierungen vor allem die Dopamin- und Glutamatwirkung am Belohnungszentrum. In höheren Dosierungen überwiegt ein GABA-artiger Effekt mit Tunnelblick, Schläfrigkeit bis hin zu Bewusstlosigkeit („Komasaufen").

### Zigaretten

Auch Nikotin bewirkt über eine Freisetzung von Dopamin die Stimulation des Belohnungszentrums. Dies wiederum bewirkt die Freisetzung von GABA, das neben der direkten Nikotinwirkung zum „beruhigenden" Effekt von Zigaretten beiträgt. Indem wir rauchen, bewirken wir also Lustgefühle (Dopamin) bei Tätigkeiten, die uns eigentlich weniger Spaß bereiten. Auf diese Weise verharren wir in Situationen, die wir ohne Stimulation durch Nikotin vielleicht verlassen würden.

Rezeptoren für Nikotin am Belohnungszentrum sind sicher nicht der einzige Angriffspunkt für die Sucht erzeugende Wirkung von Zigaretten, und Nikotin ist auch nicht der einzige psychotrope Wirkstoff im Tabakrauch. Die anderen Bestandteile stimulieren höchstwahrscheinlich weitere Belohnungsregelkreise im Gehirn, außerdem kommt es beim Rauchen auch zu einer Veränderung der Rezeptorzahl und -empfindlichkeit. Es sind neben der Habituation sehr viele weitere Mechanismen, die die Aufgabe des Rauchens so schwierig machen.

## THC

Tetrahydrocannabiol, der Hauptwirkstoff von Cannabis oder Haschisch, kann über eigene Cannabinoid-Rezeptoren und über Opioid-Rezeptoren ins Belohnungssystem eingreifen. Zusätzlich beeinflusst THC das Schmerz- und Zeitempfinden und wirkt entspannend. Dennoch wird seine Wirkung oft nicht als angenehm empfunden, weil der Rausch neben Übelkeit und Erbrechen auch Ängste auslösen kann. Die ebenfalls erlebbare Euphorie hingegen wird in Zeiten der „Abstinenz" häufig durch eine grundlegende Verunsicherung gekontert. Oft fühlen sich Konsumenten im Alltag schon durch banale Aufgaben überfordert; manche entwickeln soziale Phobien mit kaum erträglichem Unwohlsein bei gewöhnlichen Sozialkontakten oder in Menschenansammlungen. Typischerweise führen die Betroffenen diese Ängste *nicht* auf den Entzug zurück (die negative Nachschwankung eines vorangegangenen Drogengenusses durch die bekannten Effekte der Speicherentleerung und der Rezeptor-Down-Regulation), sondern darauf, dass sie die „richtige" Droge für sich noch nicht entdeckt hätten – oder die „richtige", „ultimative" Erkenntnis, die ein dauerhaftes Wohlbefinden garantierte. Häufig schließen sich Experimente mit anderen Substanzen an, die sich zu einer gefährlichen „Drogenkarriere" auswachsen können.

Der Konsum von THC an sich hingegen erscheint nicht gefährlicher als der von Tabak. Vielleicht gelingt dem ein oder anderen Konsumenten sogar eine Art von „Bewusstseinserweiterung". Denn im THC-Rausch lassen sich durchaus Qualitäten neu entdecken, wie sie in der betriebsamen Hektik des Tagesgeschäfts häufig verloren gegangen sind: die Schönheit eines Sonnenuntergangs, das Zirpen der Grillen, der Gesang der Vögel ... THC scheint eine intensivere Wahrnehmung sinnlicher Genüsse zu ermöglichen, wobei auch dieser Effekt sich mit der Zeit aufbraucht. Eine dauerhafte Stimulation belohnender Strukturen in unserem Gehirn ist unmöglich. Es gilt, die im THC-Rausch „entdeckten" Qualitäten ins nüchterne Leben hinüber zu retten und das Kiffen eines Tages – wie jeden Drogengebrauch – vollständig aufzugeben. Einem Großteil der Konsumenten scheint das zu gelingen. Sehr viele von ihnen beenden das Haschisch-Rauchen um das 40. Lebensjahr aus eigenem Antrieb.

## Kokain, Speed, Ecstasy, Methamphetamin, Ritalin

Alle diese unter dem Oberbegriff Amphetamine zusammengefassten Substanzen hemmen die Wiederaufnahme von Dopamin am Belohnungszentrum. Dies bedeutet, dass Lustimpulse länger und stärker empfunden werden. Die direkte Drogenwirkung, zusammen mit dem nachfolgend erhöhten Ausstoß von GABA durch das Belohnungszentrum selbst, vermittelt den Benutzern das Gefühl von Wachheit, Souveränität, Angstfreiheit und höchster Konzentration, wobei die Wachheit erzeugende Wirkung der Amphetamine den schlafinduzierenden Effekt von GABA überdeckt. Chemische Unterschiede der einzelnen Amphetamine können für Nuancen in der Wirkweise sorgen. Auch Amphetamine unterliegen einem Gewöhnungseffekt, der bei häufigem Gebrauch eine Dosissteigerung nötig macht, was auch für das als ADHS-Medikament eingesetzte Ritalin gilt (Wang et al. 2013).

## Barbiturate, Benzodiazepine, Z-Medikamente

Diese Medikamentengruppe imitiert den Effekt des natürlichen Botenstoffs GABA an den Zellen mit entsprechendem Rezeptor. GABA wird bei Stimulation des Belohnungszentrums von diesem selbst freigesetzt. Wenn wir das Dopamin-vermittelte Lustempfinden mit „Glücksgefühl" gleichsetzen, wäre GABA das biologische Korrelat zur „Befriedigung". Selbstverständlich spielen bei der Entstehung von Gefühlen weitere Botenstoffe eine Rolle. Verkürzt aber lässt sich behaupten: GABA ist die Endstrecke des „Glücks". Die Wirkungen von GABA-artigen Medikamenten sind gut bekannt. Sie lösen Ängste, machen müde und entspannen die Psyche wie die Körpermuskulatur. Entsprechend werden sie medizinisch gegen Ängste, Schlafstörungen und Muskelverspannungen eingesetzt. Ein Arzt, der unkritisch GABA-artig wirkende Medikamente verschreibt, wird viele treue Patienten gewinnen. Denn der Entzug dieser Pillen ist mühselig und langwierig, das abrupte Absetzen kann Unruhe und Ängste, Schlafstörungen und Albträume, Muskelverspannungen und Rückenschmerz, ja sogar epileptische Anfälle auslösen.

## Opiate

Opiate werden seit Jahrtausenden aus dem milchigen Saft der Pflanze *Papaver somniferum*, dem Schlafmohn, gewonnen. Der getrocknete Pflanzensaft heißt Opium. Durch einfache chemische Manipulation, z. B. das Aufkochen des Pflanzensaftes in Essigsäure, kann die Wirkung der ursprünglichen Substanz vervielfacht werden. Durch ähnliche Manipulationen lassen sich aus dem Saft des Schlafmohns verschiedene Medikamente und Drogen herstellen (z. B. das Hustenmittel Codein und die Droge Heroin). Medikamente und Drogen, die sich vom Opium ableiten, werden unter dem Begriff „Betäubungsmittel" zusammengefasst.

Die Wirkung von Opiaten wird über spezielle Rezeptoren vermittelt, an die natürlicherweise körpereigene Belohnungsbotenstoffe (Endorphine) binden. Einerseits beeinflussen Opiate das Schmerzempfinden, andererseits machen sie müde. Außerdem verursachen sie ein erhebliches Gefühl von Euphorie. Opiate üben ihre Wirkung am Belohnungszentrum aus, aber auch an nachgeschalteten Instanzen. Hinzu kommen zusätzliche Rezeptoren im Rückenmark oder in peripheren Strukturen wie Gelenken, die wahrscheinlich der Schmerzregulation dienen.

Kaum etwas im Erleben soll vergleichbar sein mit der ersten Injektion von Heroin. Drogenabhängige berichten von einem unvergleichlichen Glücksgefühl, dass intensiver sein soll als jeder Erfolg, jeder Sex und jede jemals erlebte Liebe zusammengenommen. In der Regel bewirkt dieses erste Erlebnis schon nach dem ersten Versuch den starken Wunsch nach Wiederholung. Selbstverständlich nimmt die Intensität des „Genusses" mit der Zeit (wie bei allen Drogen) ab. Hinzu tritt durch die Illegalität der Substanz die Schwierigkeit, an „sauberen Stoff" zu gelangen. So geraten die Konsumenten sehr schnell in den Strudel der Sucht. Ihr ganzes Leben erschöpft sich in der Suche nach der Substanz, die in ihrem Leben schnell den höchsten „Sinn" darstellt. Nur lässt sich dieser „Sinn", das bei den ersten Versuchen erlebte euphorische Gefühl, nicht halten und erst recht kaum mehr wiederholen. Im Gegenteil: Die „Erfüllung aller Träume" (im Rausch) wird gekontert durch erhebliche Entzugserscheinungen wie Angst, Unruhe, schlechte Stimmung, Aggressivität und körperliche Symptome wie Herzklopfen, Schweißausbrüche, Zittern, Frieren, Muskelkrämpfe oder Bauchschmerzen mit Durchfall.

Entgegen der dramatischen Darstellung in Büchern und Filmen ist der *körperliche Entzug* von Heroin aber *nicht* lebensbedrohlich. Er ist vergleichbar mit den Erscheinungen bei einem schwer verlaufenden grippalen Infekt. Wirklich lebensbedrohlich hingegen ist die unwillkürlich und schnell entstehende *psychische Abhängigkeit*. Denn für die Beschaffung des Stoffs fallen in der Regel die Hürden jeder Vorsicht. Infektionskrankheiten durch benutzte Nadeln gefährden die Konsumenten genauso wie dem „Stoff" beigemischte Streckmittel. Auch die Verfügbarkeit von plötzlich reinem Heroin kann Süchtige durch eine versehentliche Überdosierung töten. Hinzu kommen Risiken durch Beschaffungskriminalität und -prostitution.

Die suchttherapeutischen Erfahrungen zeigen, dass mit dem Abhängigen eine erhebliche psychische Veränderung vor sich gegangen ist: Für ihn (oder sie) zählen keine anderen Werte mehr als die Befriedigung der Sucht. Freundschaft, Ehrlichkeit, nicht einmal Liebe zum Partner, selbst die Liebe zu den eigenen Kindern – alles verblasst neben der strahlenden Drogensonne. Die innere Unruhe, der Drang nach Glückserleben und Befriedigung sind so übermächtig, dass der Süchtige in der Regel jede Lüge und jedes Risiko in Kauf nimmt, um endlich wieder einen Zustand von innerer Ausgeglichenheit zu erreichen, wenigstens für ein paar Stunden.

Ist der „Teufelskreis der Lust" einmal so heftig angestoßen wie durch Heroin, ist dem Abhängigen in aller Regel jedes Mittel recht, um seine Ängste und Unruhe zu beseitigen. Da Lustempfinden und Befriedigung aber schnell nachlassen, überwiegen bald psychovegetative Unruhe, Ängste, Schlafstörungen, Depressionen, Konzentrationsmangel oder körperliche Beschwerden. All diese Symptome münden letztlich in einer *unstillbaren Bedürftigkeit*. Die Unmöglichkeit jeder Befriedigung durch „normale" Auslöser lässt die Betroffenen in aller Regel zu weiteren Substanzen greifen. Beinahe alle Opiat-Abhängigen entwickeln eine Polytoxikomanie. Zusätzlich zum Gebrauch illegaler

Drogen trinken die Allermeisten noch Alkohol und rauchen. Am Ende schlucken und spritzen sie sich alles, was das Karussell ihrer angestachelten Lust irgendwie noch beruhigen kann – obwohl es jeder weitere Substanzgebrauch nur weiter beschleunigt. Besonders beliebt sind beruhigende Medikamente mit GABA-Wirkung. Aber auch Dopamin-artig wirkende Substanzen wie Kokain und das gegen ADHS schon Kindern verschriebene Ritalin erzielen auf dem Schwarzmarkt hohe Preise. Süchtige durchwühlen die Abfallcontainer von Krankenhäusern und Altenheimen, um an benutzte Opioid-Schmerzpflaster zu gelangen. Diese kochen sie aus, um sich das Extrakt intravenös zu spritzen. Für die Betroffenen treten auch Scham und Ekel hinter ihren Suchtdruck (Craving) zurück.

Auffälligerweise interessieren sich Drogenabhängige kaum für die in der restlichen Bevölkerung so beliebten Antidepressiva, die Serotonin-Wiederaufnahme-Hemmer. Ebenso wird mit Neuroleptika selten gedealt. Beides verwundert nicht: Denn diese beiden Medikamentengruppen beeinflussen nicht den Teufelskreis der Lust, wirken also weder direkt beglückend noch befriedigend.

## LSD

LysergSäureDiäthylamid ist eine Substanz, die nur schwach ins zentrale Belohnungssystem eingreift und daher auch kaum Suchtpotenzial besitzt. Sie bewirkt eine Veränderung der Erlebnisintensität, zusätzlich können Halluzinationen wie bei schizophrenen Psychosen auftreten, wobei sich der Konsument der Künstlichkeit seiner Fehlwahrnehmung (im Gegensatz zu den Psychose-Kranken) in der Regel aber bewusst bleibt.

Während sich aus der Auffassung des zerebralen Belohnungssystems als Regelkreis neue Aspekte für die Erforschung und Behandlung von Zivilisationskrankheiten ergeben, ließen sich aus dem Verständnis der Funktionsweise von LSD und verwandten Substanzen möglicherweise Ansätze zum Verständnis von psychotischen Erkrankungen gewinnen. Die diesbezügliche Forschung wird allerdings durch die Tatsache behindert, dass LSD und verwandte Substanzen – obwohl sie weder chemisch noch von der Wirkung her Ähnlichkeiten mit Opium aufweisen – ebenfalls unter das Betäubungsmittelgesetz (BTM) fallen. Sie dürfen nicht gehandelt werden, für Experimente existieren schwer zu überwindende bürokratische Hürden.

Da LSD normalerweise keine Abhängigkeit erzeugt und auch Überdosierungen – im Gegensatz zu anderen „weichen" und „harten" Drogen – in der Regel nicht tödlich enden, ist die Zuordnung des Mittels zu den Betäubungsmitteln sehr fragwürdig. Dass GABA-artig wirkende Medikamente dagegen von jedem Arzt auf einem normalen Rezept verordnet werden können, erscheint unter dem Gesichtspunkt der Suchtgefahr geradezu paradox.

**Fazit:** Der chemische Eingriff in den Belohnungsregelkreis nimmt nicht selten einen tödlichen Ausgang, was in fataler Weise an die zu Beginn des Buches erwähnten Laborratten erinnert, denen die Möglichkeit zur Eigenstimulation ihres Belohnungszentrums gegeben wurde. Denn die Verwendung des Belohnungsregelkreises als *Selbstzweck* zum Lustgewinn führt zur Vernachlässigung der lebensnotwendigen Tätigkeiten, für die er von der Natur eigentlich vorgesehen ist.

### Behandlung von stoffgebundenen Suchterkrankungen

Ob Nikotin, ob Alkohol, ob Kokain oder Heroin – die Behandlung von substanzgebundenen Süchten ist schwierig. Das liegt daran, dass diese Drogen den Belohnungsregelkreis im Gehirn ungleich stärker beeinflussen als alle körpereigenen Botenstoffe – weswegen sie ja konsumiert werden. So bleibt von allen guten Absichten im Ohr der Betroffenen oft nichts als Schall und Rauch. Denn Worte können die *Belohnungsintensität* von Drogen kaum jemals erreichen. Da die Vernunft die Begierde so wenig zu beeinflussen mag, ist für die Behandlung von Süchten das „Setting" von entscheidender Bedeutung.

Die moderne Literatur zur Suchtbehandlung betont daher vor allem die Rolle des Umfelds. Auslöse-Situationen, also Schlüsselreize, die das Reptiliengehirn zum reflexhaften „Zuschnappen" verführen, sollen gemieden werden. Genauso wichtig ist die Anbindung an eine Gruppe Gleichgesinnter. Einerseits hilft die Gruppendynamik, die selbst gesetzten Ziele einzuhalten. Andererseits können die vertraulichen Gespräche innerhalb der Gruppe dazu beitragen, seelische Konflikte zu lösen. Wie aktuelle Auseinandersetzungen können frühere Traumata den Flow von Botenstoffen im Belohnungssystem so sehr stören, dass der Betroffene keinen anderen Weg findet, als seine innere Spannung durch die Anwendung von Drogen in quasi „therapeutischer Absicht" zu lösen. Das tatsächliche Auflösen seelischer Konflikte kann wie das Erlernen von Bewältigungsstrategien den Konsum von Drogen überflüssig machen. Drittens trägt die Teilnahme an einer Gruppe dazu bei, das durch die Aufgabe des Drogenkonsums entstehende Vakuum zu füllen. Schließlich bestimmte zuvor die Beschaffung und der Konsum von Drogen einen Großteil des Tagesablaufs des Süchtigen – von der auch notwendigen Erholung vom Konsum noch abgesehen. Manche Autoren betonen zudem den positiven Einfluss von Spiritualität. Der Glaube an eine höhere Macht oder einen höheren Sinn kann sich aller Erfahrung nach positiv auf eine Drogenkarriere auswirken.

Dieses Buch kann und soll die reichlich vorhandene Ratgeber- und Fachliteratur nicht ersetzen. Leser mit Drogenproblemen sollten sich auf jeden Fall auch bei einer entsprechenden Institution beraten lassen (einem Suchtmediziner, einer Drogen- oder auch psychosozialen Beratungsstelle). Im Alleingang verstricken sich viele Betroffene in einem Teufelskreis aus Schuldgefühlen, Abstinenz, innerer Leere, Minderwertigkeitskomplexen, Entzugssymptomen, Getriebenheit und Rückfall. Es gibt zahlreiche Hilfsangebote, die man als Betroffener nutzen kann und sollte. Im Folgenden möchte ich mich deswegen auf die Konsequenzen beschränken, die sich für Süchte aus dem in diesem Buch vorgestellten Habituationsmodell ergeben.

Denn was auf der einen Seite so verheerend wirkt und in der Regel zu einer Dosissteigerung bis in den toxischen Bereich hinein führt – die Habituation – eröffnet auf der anderen Seite die Chance auf eine erfolgreiche Behandlung. In jeder Suchtkarriere gibt es einen Punkt, an dem die Nebenwirkungen und Kollateralschäden den erlebten „Erfolg" des Mittels übersteigen – bis letztlich gar nichts mehr geht. Das Belohnungszentrum verweigert sich weiterer Stimulation und stellt die Arbeit ein, Depression und oft unerträgliche Unruhe, psychovegetative Erregung, Erschöpfung und körperliche Entzugserscheinungen sind die Konsequenz. Schon mancher Raucher kennt diese Situation: Eigentlich verursacht jede weitere Zigarette nur noch Übelkeit – und doch steckt er sich die nächste Kippe an. Auch der Alkoholiker „weiß", dass ihm das nächste Glas eher schadet als nützt – er trinkt es trotzdem. Der Wunsch nach Stimulation des Belohnungszentrums, besser gesagt, nach „Lebensgefühl", nach (Selbst-)Sicherheit wird wie das Bedürfnis nach innerer Ruhe übermächtig. Dem Kokser blutet die Nase, aber ohne die nächste „Line" ist er ein Nichts, ein Versager, der sich selbst nicht mehr spürt. Paranoide Ängste quälen ihn, die Sehnsucht nach der drogenvermittelten Souveränität wird unwiderstehlich. Der Heroinabhänge im Entzug schwitzt, er leidet unter Herzrasen, Durchfall, Ganzkörperschmerz, nichts macht mehr Sinn für ihn – außer eben der nächste Schuss oder jede andere Droge, die an beliebiger Stelle den Teufelskreis seiner irregeleiteten Lust wenigstens für einen Moment zu bremsen vermag. Schlaftablettensüchtige können beim Weglassen ihrer GABA-Rezeptor-Stimulanzien gar nicht mehr schlafen, und wenn, werden sie von angsterregenden Albträumen gequält, aus denen sie schweißgebadet aufschrecken. Aber auch mit ihrem Medikament ist der Schlaf wenig erholsam, sodass sie ständig in Versuchung sind, die Dosis zu steigern.

## Akute Entgiftung

Auch aus dem Habituationsmodell ergibt sich, dass die typischen Entzugssymptome vorübergehender Natur sein müssen. Rezeptoren regenerieren, entleerte Speicher füllen sich wieder. Größere Schwierigkeiten als der akute Entzug bereitet die dauerhafte Abstinenz. Die Prägung des Suchtgedächtnisses durch Substanzen, die in den Teufelskreis der Lust eingreifen, ist so nachhaltig, dass sehr viele Patienten nach der akuten Entgiftung (einem drogenfreien Krankenhausaufenthalt von meist ein bis zwei Wochen) einen Rückfall erleiden. Auf sich allein gestellt, wird der Wunsch nach „Sinnerfüllung" und innerer Ruhe schnell wieder so übermächtig, dass manch einer schon am ersten oder zweiten Tag zu Hause erneut seiner Droge erliegt.

Die Anwendung von Drogen bewirkt *Lernvorgänge*. Ihr Effekt verursacht bei anfälligen Personen angenehme, das Weglassen schnell unangenehme Gefühle. Das Suchtgedächtnis lässt sich nicht einfach *löschen*. Bevor ein Mensch wirklich in sich ruhen und abstinent leben kann, muss das durch Drogen geprägte Suchtgedächtnis durch neue Erfahrungen *überschrieben* werden. Dieser Prozess erfordert nicht nur Zeit. Er muss auch mit neuen Inhalten strukturiert werden. Die bloße *Aufgabe* einer Tätigkeit liefert kein Material, das die Erinnerungen im Suchtgedächtnis ersetzen könnte. Deshalb muss sich jeder Entgiftung eine Langzeittherapie anschließen. Ohne Langzeittherapie bewirkt die akute Entgiftung in aller Regel keinen nachhaltigen Effekt.

## Langzeittherapie

Aber auch die Langzeittherapie hat ihre Tücken. Die Abbruchraten sind hoch. Das Habituationsmodell erklärt, warum.

Ein typischer Fall: Der Patient B. war nach Jahren des Heroingebrauchs in die Polytoxikomanie gerutscht, bis er letztlich seine Arbeit verlor. Auch seine Frau und selbst seine Kinder hatten ihn nicht mehr sehen wollen. Letztlich war er auf der Straße gelandet. Nach einer akuten Entgiftung berichtet er von seinen Perspektiven:

„Wenn ich das hier durchhalte, hat meine Frau gesagt, kann ich zurückkommen. Sie hat mit meinem Chef gesprochen. Der hat auch gesagt, er würde mich wieder einstellen, wenn ich clean bin. Die Hepatitis hab' ich mir ja schon vorher behandeln lassen, die ist weg, da braucht sie sich keine Sorgen zu machen. Und HIV hab' ich mir nicht eingefangen. Muss ja nicht alles mitnehmen. Naja, und die Kinder ... Die sagen, dass sie sich freuen, wenn ich wieder zu Hause wäre. Eigentlich könnte ich genau da weitermachen, wo ich aufgehört habe ..."

B. wurde sozusagen ein zweites Leben geschenkt. Wenn man seinem tonlosen Bericht lauscht, könnte man allerdings den Eindruck gewinnen, dass er soeben zu zwanzig Jahren Zwangsarbeit verurteilt wurde. Er scheint keine Freude zu empfinden über die überwundene Lebererkrankung, die Möglichkeit der Rückkehr zu seiner Frau und seinen Kindern und an seinen früheren Arbeitsplatz.

Der Grund hierfür ist, dass die körpereigenen Botenstoffe die Intensität ihrer chemischen Rivalen niemals erreichen. Alles, was B. aktuell empfindet, *muss* ihm blass erscheinen im Vergleich zur scheinbaren Lebensintensität zu Beginn seiner Abhängigkeit.

Dennoch sind seine Aussichten nicht schlecht – wenn er die Langzeittherapie durchhält und auch danach Drogen strikt meidet. Das Belohnungssystem im Gehirn besitzt die Fähigkeit zum Selbstabgleich. Mit der Dauer der Abstinenz steigert sich die Sensibilität für „normale" Reize. Eines Tages wird sich B. vermutlich wieder an seinen Kindern freuen können, seiner Frau und einem gelungenen Stück Arbeit. Neue Inhalte werden die Drogenerfahrungen im Suchtgedächtnis überschreiben. Letztlich kennt das Belohnungssystem kein „klein" und kein „groß" – alles ist relativ. Wer die Superlative meidet, lernt nach einiger Zeit auch die nur scheinbar kleinen Dinge wieder zu schätzen und findet hierin wahrscheinlich sogar eine größere Vielfalt und einen größeren Reichtum als in allen Überstimulationen dieser Welt.

## Drogen legalisieren?

Die Benutzung von Drogen hat eine lange Tradition in der Menschheitsgeschichte. Es scheint illusorisch (und ist vielleicht auch gar nicht wünschenswert), sie beispielsweise durch *Verbote* aus der Welt zu schaffen. Statt sie pauschal zu verteufeln, muss es viel mehr darum gehen, Kenntnisse und ggf. einen bewussten Umgang mit Drogen zu vermitteln. Jugendliche, die früh über die *unbewusst* vermittelte Eigendynamik von Drogen informiert werden, werden – wenn überhaupt – einen differenzierteren und kritischeren Einstieg erleben als jene, die nach langen Phasen von Verboten („Das ist nichts für Dich!") in ahnungsloser Eigenregie die ersten Experimente unternehmen.

Drogen gehören legalisiert. Diese Forderung erscheint an dieser Stelle paradox. Aber die bisherige Drogenpolitik ist auf der ganzen Linie gescheitert. Ob legal oder illegal, wer sich Drogen beschaffen will, findet überall Möglichkeiten dazu. Schlimmer noch: Durch die Illegalität „harter" Drogen beginnen viele Konsumenten zu dealen, um den eigenen Konsum zu finanzieren. *Das Verbot von Drogen bewirkt paradoxerweise ihre Verbreitung.* Eine Legalisierung sollte nicht bedeuten, dass Heroin demnächst im Supermarkt zu haben ist. Aber der Schwarzmarkt gehört ausgetrocknet. Und das lässt sich nur über eine *legale* Vergabe, z. B. über Suchtmediziner und geschulte Sozialarbeiter in speziellen Einrichtungen erreichen. Auf diese Weise ließe sich vermutlich die Zahl der Neukonsumenten ebenso reduzieren wie die Beschaffungskriminalität, die Beschaffungsprostitution, die Infektionskrankheiten (HIV, Hepatitis B/C), die Intoxikationen durch Streckmittel und die unbeabsichtigten, häufig tödlich verlaufenden Überdosierungen durch plötzlich reineren Stoff.

Selbstverständlich werden auch bei einer Legalisierung Probleme auftauchen. Aber diese werden sich neben dem gegenwärtigen Elend als deutlich geringer herausstellen. Die „Hauptleidtragende" einer Legalisierung wird die Pharmaindustrie sein, die an der derzeitigen Misere Milliarden verdient durch den Verkauf von Diagnose-Reagenzien, Medikamenten zur Behandlung von Folgekrankheiten und Substitutionsmitteln.

## Stoffungebundene Süchte

Bei den *stoffungebundenen* Süchten gelten, wie sollte es anders sein, *prinzipiell* die gleichen Mechanismen wie bei stoffgebundenen Süchten. Nur dass es sich bei den Auslösern der Sucht eben nicht um chemisch variierte oder vollständig synthetisch hergestellte, sondern um *natürliche* Botenstoffe handelt, die schwächer wirken als ihre pharmazeutischen Verwandten. Deshalb ist die Prognose von substanzungebundenen Süchten in der Regel günstiger als die der stoffgebundenen. Aber auch bei stoffungebundenen Süchten fällt den Betroffenen der Entzug oft sehr schwer. Wie Abhängige von Substanzen können sie Entzugssymptome entwickeln (psychovegetative Erregungszustände mit Herzrasen, Schweißausbrüchen und psychomotorischer Unruhe, Ängste, Schlaflosigkeit, Depressionen u. a.), und sie leiden oft auch nach überstandenem akuten Entzug unter den Erinnerungen an die frühere, tätigkeitsvermittelte „Glückseligkeit" und das damit verbundene intensive Lebensgefühl – auch wenn ihr tatsächliches Leben von außen betrachtet wenig attraktiv erschienen sein mag.

Im Zusammenhang mit Arbeitssucht, Spielsucht, Sexsucht wird kaum jemals von „Polytoxikomanie" gesprochen. Doch auch substanzungebunde Süchte zeigen die Tendenz, den „Genuss" der süchtig machenden Tätigkeit durch Kombination mit Wirkverstärkern wie Koffein, Nikotin und Alkohol zu intensivieren. Auch die sonstigen Folgen sind die gleichen wie die jeder Manipulation am Belohnungssystem: Beschleunigung, Reizintensivierung, Unfähigkeit zur Abstinenz, Inkaufnahme schädlicher Nebenwirkungen bis hin zur Nutzung auch harter Drogen.

## Starke Drogen, schwache Drogen

Wie erwähnt, gibt es im „Teufelskreis der Lust" aufgrund des Phänomens der Habituation (Gewöhnung) auf Dauer kein „groß" oder „klein", kein „stark" oder „schwach". Auch der stärkste Auslöser verliert bei regelmäßiger Anwendung seinen Effekt – genau wie nach langer Abstinenz eigentlich schwache Auslöser starke Effekte bewirken können. So glaubt der Spielsüchtige, dass ihn nur der Gewinn des Jackpots von seinen Sorgen befreien und ihn in ein glückliches Leben führen kann. Aber nie ist der Gewinn hoch genug. Wenn einmal eine größere Summe gewonnen wird, reicht sie doch wieder nicht aus, um alle Träume zu erfüllen. Genau wie der Junkie niemals den Zustand der endgültigen Glückseligkeit erreicht, verstrickt sich der Spieler in die Jagd nach dem ultimativen Gewinn.

Das, was sich Süchtige wünschen – in einem dauerhaften Glückszustand „anzukommen", in einer endgültigen „Erkenntnis" oder „Wahrheit", einem absoluten Zustand der „Erfüllung", einer immerwährenden Zufriedenheit – *kann* es aus neurophysiologischer Sicht nicht geben. Da Glücksgefühle, das Gefühl von „Sinn" und „Erfüllung", selbst das Gefühl einer „Erkenntnis" und das wohlige Gefühl von innerer Ruhe, Entspannung und Geborgenheit durch künstliche oder natürliche Botenstoffe hervorgerufen werden, *muss* ein solcher Zustand *immer* vorübergehen. Unser Belohnungssystem gewöhnt sich an *jede* Form der Dauerstimulation und blendet sie aus. Die ursprüngliche Wirkung erschöpft sich. Deswegen ist die Sinnsuche wie die Suche nach Erkenntnis im Grunde ein niemals endender Prozess. Im Buddhismus heißt es: Der Weg ist das Ziel. Wer Drogen benutzt, um „anzukommen", „Erfüllung" zu finden, *muss* scheitern. Letztlich überwiegen die Nebenwirkungen, auch im Fall von substanzungebundenen Süchten: In der Regel verursachen sie – genau wie substanzgebundene Süchte – desolate seelische und soziale Konsequenzen, denen ernsthafte körperliche Schäden folgen.

Die Chance auf Heilung eröffnet sich demjenigen, der erkennt, dass das „kleine" Glücksgefühl genauso befriedigen kann wie das „ultimative". Wer versteht, dass extreme Stimulation eben nicht zu dauerhafter Zufriedenheit führt, sondern vor allem den Wunsch nach Wiederholung und Steigerung triggert, wer begreift, dass jedes „Mehr" an Lust unweigerlich bezahlt wird mit nachfolgend größerer Bedürftigkeit, der sieht, dass es letztlich nur um eines gehen kann: Im Hier und Jetzt anzukommen, um mit den gegebenen Voraussetzungen Glück zu empfinden und bei allen Hochs und Tiefs insgesamt Zufriedenheit zu erreichen.

Dies ist für viele ein weiter Weg. Allerdings existiert auch keine sinnvolle Alternative, was am folgenden Beispiel deutlich werden mag.

## Burnout

Als Exempel für substanzungebundene Süchte sei hier eine Erkrankung genannt, über deren Existenz und Zuordnung in der Fachwelt immer noch gestritten wird. Die einen halten es für eine Erschöpfungsdepression, die anderen für eine Modediagnose. Aus dem Habituationsmodell ergeben sich klare Hinweise auf die Entstehung eines *Burnouts*, den Ursprung seiner Symptome genauso wie für den Ansatz einer rationalen Therapie. Alle substanzungebundenen *Süchte* – in die sich das Burnout nach dem Habituationsmodell einordnen lässt – funktionieren nach dem gleichen Muster. Es erübrigt sich daher an dieser Stelle Spielsucht, Sexsucht oder auch den manchmal ungesunden Hang zu Risikosportarten gesondert zu besprechen.

Wie die substanzgebundenen Süchte, beginnt auch das Burnout mit *anfänglichen Erfolgserlebnissen*. „Wer nie gebrannt hat, kann auch nicht ausbrennen!" sinniert ein gängiges Klischee. Warum entwickelt sich aus anfänglicher Begeisterung eine Krankheit mit Ängsten, Schlafstörungen und Depressionen, die letztlich im vollständigen körperlich-seelisch-sozialen Zusammenbruch endet?

Wer Spaß bei der Arbeit hat, bringt sich ein. Er ist aber auch verleitet, notwendige Erholungsphasen zu vernachlässigen. Wie bei substanzgebundenen Süchten reagieren die Menschen unterschiedlich auf diese Situation. Wie nicht jeder drogenabhängig wird, entwickeln viele Menschen auch kein Burnout. Die allermeisten spüren ihre Grenzen und wissen, wann sie eine Pause einlegen müssen. Nicht so der typische Burnout-Patient. Er (oder sie) gibt alles für den Erfolg in seinem Job.

Naturgemäß lassen sich die anfänglichen Erfolge nicht halten. Erstens steigen mit der Zeit die Anforderungen. Zweitens werden die Erfolgserlebnisse auch subjektiv kleiner, da man sie selbst – wie alle anderen – schon erwartet. Aus der Glücksforschung ist bekannt, dass vor allem *überraschende* Erlebnisse den Nucleus accumbens stimulieren, was bedeutet, dass absehbare Erfolge weniger intensiv empfunden werden als die ersten, unerwarteten. Die Folge: Der Betroffene verstärkt seinen Einsatz, macht Überstunden und verzichtet auf notwendige Erholungspausen, um wie früher vor sich selbst und anderen zu strahlen. Typischerweise bewirkt das zusätzliche Engagement auf Dauer weder Glück noch Zufriedenheit. Mit der Zeit werden alle Zusatzarbeiten, alle Flexibilität, alle Überstunden als selbstverständlich angesehen – auch die Umgebung habituiert sich an den zu Beginn wahrscheinlich noch als außergewöhnlich empfundenen Elan. Die Konsequenz: Die Ausschüttung von belohnenden Botenstoffen wird spärlicher. Und der zukünftige Patient setzt alles daran, das frühere Maß der Anerkennung, des Glücksgefühls, der Befriedigung, das ihm seine Arbeit vermittelte, wieder zu erreichen.

Also streicht er sein Mittagessen. Ein paar schnelle Kohlenhydrate zwischen zwei Telefonaten müssen reichen. Durch die Überstunden bleibt abends weder Zeit noch Motivation für den üblichen Feierabendsport. Stattdessen entspannt man sich doch lieber vor dem Fernseher und trinkt sich mit dem verdienten Feierabendbier oder einer halben Flasche Rotwein die nötige Bettschwere an.

Denn auch der Schlaf ist schlecht geworden. Kein Wunder bei dem Druck! In letzter Zeit passieren häufig Fehler. Verständlich, dass man da kaum mehr durchschlafen kann.⁴ Wenn wenigstens die Partnerschaft noch harmonisch wäre! Aber die hat sich auch ungünstig entwickelt. Die Lust auf Sex ist zu einer Erinnerung verblasst, statt Zärtlichkeit gibt es jetzt ständig Streit. Um Freunde zu treffen, fehlt nun wirklich die Zeit. Schließlich muss ich morgen fit sein, einigermaßen wenigstens, um irgendwie durch den Tag zu kommen. Ach, das ganze Leben … Es macht keinen Spaß mehr …

Wer in diesem Zustand seinen Arzt aufsucht – wegen Schlafstörungen, wegen Rückenschmerzen, vielleicht aus Angst vor einem Hirntumor, weil man sich nichts mehr merken kann und ständig vermeidbare Fehler passieren – wird von diesem vielleicht hören, das man an einem Serotonin-Mangel leide und ein entsprechendes Medikament schlucken soll. Vielleicht erhält man auch ein Schmerzmittel verschrieben und ein Rezept für Krankengymnastik. Wenn der Doktor die wahren Ursachen des Geschehens erahnt, wird er vielleicht einen längeren Urlaub empfehlen oder eine Krankschreibung ausstellen wollen. Aber Ersteres ist gerade ungünstig – der Patient ist am Arbeitsplatz unverzichtbar, gerade nach den Fehlern in den letzten Monaten muss er beweisen, dass er es besser kann – und eine Krankschreibung ist prinzipiell unmöglich. Arbeitsunfähig! Über mehrere Wochen vielleicht auch noch! Daheim gibt es eh nur Streit – sofern der Partner nicht schon das Weite gesucht hat. Außerdem fällt dem typischen Burnoutler zu

---

4 Typisch für den psychovegetativen Erregungszustand sind nicht Ein-, sondern Durchschlafstörungen. Das Einschlafen bereitet in der Regel wenig Probleme, da die Betroffenen vollkommen erschöpft sind. Doch ihr Schlaf bleibt oberflächlich und wird durch häufiges Erwachen unterbrochen. Herzjagen, Schweißausbrüche, Ängste und Gedankenkreisen verschlimmern die Problematik. Alle diese Erscheinungen lassen sich aus einem Mangel an GABA erklären.

Hause sofort die Decke auf dem Kopf. Also schluckt er die verordneten Pillen und schafft weiter, bis tatsächlich *gar nichts* mehr geht. Das Fass zum Überlaufen bringt meist eine Kritik am Arbeitsplatz. Jetzt hat man schon alles gegeben, alles und noch mehr – und dann ein solcher Dank! Völlig erschöpft, zitternd und weinend sitzt der typische Patient letztlich doch wieder beim Hausarzt: Das (die Kritik) habe er nun wirklich nicht verdient!

Was ist geschehen? Die anfänglichen Erfolge „fixten" den Betroffenen an. Doch der Spaß bei der Arbeit verflüchtigte sich über die Jahre vollständig. Länger erhalten blieb das Bemühen, die anfänglichen Erfolge zu wiederholen, möglichst sogar zu übertreffen. Das *Suchtgedächtnis* verführte den Betroffenen, alles zu geben, um abermals in den Genuss vergleichbarer Mengen seines „Lusthormons" Dopamin zu gelangen und die tiefe Befriedigung durch GABA zu erfahren. Doch die Dopaminvorräte sind verbraucht; das Geschäft duldet keine Erholungspause. So schwindet die Freude an der Arbeit. Nur der Leistungswille bleibt erhalten, oder vielleicht besser ausgedrückt, das Bedürfnis, durch Leistung Befriedigung zu finden. Doch mit leeren Speichern macht nichts mehr Sinn. Ohne GABA fehlt die Konzentration. Außerdem wird der Schlaf oberflächlich, zerstückelt, kaum mehr erholsam. Und der Rücken beginnt zu schmerzen. Angst tritt hinzu, den Anforderungen nicht länger gewachsen zu sein. Das Engagement wird nochmals verstärkt, die letzten Reserven werden mobilisiert. Doch die Stimmung bleibt gereizt, der Druck wächst. Fehler häufen sich, die eigene Souveränität (Dopamin) schwindet wie die Gelassenheit (GABA). Der Teufelskreis gewinnt an Fahrt.

Die Ablehnung der eigentlich unumgänglichen Krankschreibung ist dabei typisch für die Betroffenen. Denn bei einer Auszeit verlören sie ihre letzte Hoffnung, das Steuer in letzter Sekunde vielleicht herumzureißen, den nötigen

Erfolg, die ersehnte Anerkennung doch noch zu erreichen. Dies würde mit einer Krankschreibung gänzlich unmöglich. Der neurophysiologische Hintergrund dieser Haltung: Schon die Beschäftigung mit einem Lust besetzten Thema (Erfolg am Arbeitsplatz) führt zu einer Freisetzung von Dopamin – lange bevor der ersehnte Erfolg überhaupt eingetreten ist. Sollte ein Patient im Burnout jetzt zu Hause bleiben, schwindet das letzte bisschen Dopamin, das ihn irgendwie noch über Wasser hält. Ohne Stimulation durch Dopamin und andere Botenstoffe setzt das Belohnungszentrum auch kein GABA mehr frei. Die Situation eskaliert: Die innere Unruhe, die Schlafstörungen, die Ängste, die Rückenschmerzen, das Gefühl der Sinnlosigkeit, die Depressionen, die Selbstvorwürfe – alle diese Quälgeister explodieren geradezu, wenn der Patient resigniert zu Hause sitzt. Die Depression in dieser Situation ist unausweichlich; es kann sogar zu Selbstmordgedanken kommen, die eine Klinikeinweisung erforderlich machen.

In der Klinik werden üblicherweise Medikamente gegeben, die die Symptome lindern. Hinzu kommt, dass „Burnout" zumindest in Reha-Kliniken mittlerweile eine halbwegs anerkannte Krankheit ist, obwohl auch dort die Vorstellung, um was es sich dabei handelt, immer noch verschwommen und widersprüchlich erscheint. Dennoch stellt sich während des Klinikaufenthalts langsam – oft erst nach Monaten – eine Besserung ein. Diese wird typischerweise den verabreichten Medikamenten zugeschrieben, wofür harte Daten allerdings fehlen oder nur von zweifelhafter Seite verfügbar sind. Was wirkt, sind vermutlich kaum die Medikamente, sondern in erster Linie die Ruhe und das Verständnis, das dem Betroffenen vonseiten des Klinikpersonals und den Mitpatienten entgegengebracht wird. Durch die Akzeptanz seines Zustandes als unverschuldete Krankheit kann sich der Patient erlauben, sein zuvor als unanfechtbar empfundenes Lebenskonzept ohne

Schuldgefühle zu überdenken. Währenddessen können sich seine Transmitterspeicher füllen und die zugehörigen Rezeptoren erholen.

Durch das in diesem Buch vorgestellte Konzept gelingt es mir in aller Regel, meine Burnout-Patienten erstens davon zu überzeugen, dass sie *nicht* an einem Serotonin-Mangel leiden, sondern allein an den Folgen einer suchtartigen Entwicklung, was sie in aller Regel sehr gut nachvollziehen können. Zweitens kann ich sie auf die *Verschlechterung* ihrer Symptome vorbereiten, sollten sie der notwendigen Krankschreibung tatsächlich zustimmen. Meist können sie die zu erwartende Symptomverschlechterung ertragen, wenn sie deren Hintergründe verstanden haben und gewiss sein dürfen, dass sich ihre Beschwerden nach einiger Zeit der „Abstinenz" wieder bessern werden. Und drittens ergibt sich aus dem Habituationsmodell, welche Fehler sie in Zukunft umgehen können, um einen Rückfall zu vermeiden.

Selbstverständlich ist die Problematik vielschichtig. In der Regel muss mit dem Patienten auch erarbeitet werden, woher sein überhöhter Leistungsanspruch an sich selber stammt. Meist ist hierfür die Konstellation des Elternhauses verantwortlich, in dem „Leistung" mit „Liebe" verbunden oder gar verwechselt wurde. Es gilt für die Betroffenen zu begreifen, dass sie leben dürfen und eine „Existenzberechtigung" besitzen, ganz ohne dass sie etwas „leisten", ohne dass sie „besser" sein müssten als die Kollegen, die Familienangehörigen, die Freunde oder Bekannten. Burnout-Patienten sind leistungsbereit und leistungsfähig. Um dauerhaft gesund zu bleiben, müssen sie aber lernen, die Grenzen ihrer Belastbarkeit zu respektieren und Strategien entwickeln, sich selbst nicht länger (wie sie es ein Leben lang gewohnt waren) nur über das Erbringen von „Leistung" zu definieren. Und sich *trotzdem* lebendig zu fühlen und überhaupt zu spüren.

## Wie vermeide ich Burnout?

Es ist hier nicht der Raum, die Strategien zur Überwindung des Burnouts ausführlich zu besprechen. Hierzu existiert reichlich Literatur, in der Vermeidungs- und Bewältigungsverfahren ausführlich besprochen werden. Daher das Wichtigste in Stichworten:

- **Frühwarnzeichen** beachten: Wenn die Arbeit keinen Spaß mehr macht, ist dies ein Zeichen für den Wirkverlust von Dopamin. Entweder man ist wirklich erschöpft und braucht eine Pause, oder andere Faktoren verhindern die Freude an der Arbeit – z. B. mangelnde Wertschätzung, schiefe Hierarchien, unklare Zuständigkeiten, Mobbing. Alle diese Zustände sollten benannt und bereinigt werden. Ist dies nicht möglich, sollte eher an einen Arbeitsplatzwechsel gedacht werden als sich sinnlos an falscher Stelle aufzureiben.
- **Seelische Symptome** wie Schlafstörungen, Konzentrationsstörungen, Depressionen ernst nehmen: Sie sind Folge eines Ungleichgewichts im Belohnungsregelkreis. Im Zweifel bei einem Psychotherapeuten professionelle Hilfe suchen!
- **Körperliche Symptome** wie Rückenschmerzen, Kopfschmerzen, Infektanfälligkeit richtig deuten: Auch ihnen liegt gewöhnlich *keine* organische Krankheit zugrunde. Sie deuten an, dass die Grenzen der Belastbarkeit erreicht sind und eine *Pause* nötig ist!
- **Soziale Symptome** wie Streit, Ungeduld, Lautwerden, die Häufung von Fehlern und Partnerschaftskonflikte sind ebenfalls Zeichen für eine Dysbalance im Belohnungssystem und damit Frühwarnzeichen.
- „**Substanzgebundene Symptome**": Ungesundes Essverhalten, vermehrter oder bereits unbekömmlicher Koffeinkonsum, Nikotin- oder Alkoholabusus sind ebenfalls Ausdruck einer Dysbalance im Belohnungssystem.

Wenn Sie die hier geschilderten Zeichen richtig deuten, können Sie **Konsequenzen** ziehen:
- Wenn die Arbeit keinen Spaß mehr macht: Sorgen Sie für eine **Auszeit**. Machen Sie Urlaub, lassen Sie sich krankschreiben – oder wechseln Sie die Stelle!
- Lernen Sie, „**Nein**" zu sagen, ohne ein schlechtes Gewissen zu haben! Sorgen Sie dafür, dass Sie nicht überbelastet werden. Kein Mensch kann viele Dinge auf einmal erledigen, ohne dass Fehler passieren. Lehnen Sie Arbeiten ab, wenn absehbar ist, dass Sie sie nicht in Ruhe erledigen können.
- Machen Sie **keine Überstunden**, oder wenn doch, bestehen Sie auf zeitnahen Ausgleich!
- **Grenzen Sie sich ab!** Die Interessen Ihres Arbeitgebers oder Ihrer Kunden sind zwar *auch* Ihre Interessen, aber nicht ausschließlich. Sie wollen schließlich gesund und leistungsfähig bleiben. Wer sich „verheizen" lässt, erfährt schnell keine Wertschätzung mehr. Wenn Sie unausgeglichen, ungeduldig und schlecht gelaunt sind, passieren genau die Fehler, für die Sie hinterher kritisiert werden.
- Sprechen Sie Unstimmigkeiten im Arbeitsumfeld an! **Klären** Sie zweifelhafte Aussagen! Sorgen Sie dafür, dass Sie am Arbeitsplatz sein können, wie Sie sind: authentisch!
- Sorgen Sie für **Ausgleich**! Ihr Beruf ist nicht alles. Um sich motiviert, tatkräftig, konzentriert, geduldig, kreativ und durchsetzungsfähig zu erhalten, brauchen Sie Phasen der Regeneration. Wenn Sie sich in Ihrer Freizeit langweilen, ist dies ein Hinweis darauf, dass Sie ausgleichende Interessen zu lange vernachlässigt haben. Wobei „Langeweile" gar nichts Schlechtes sein muss; denn in solchen Momenten füllen sich die entleerten Belohnungsbotenstoffspeicher, und die entsprechenden Rezeptoren erholen sich. Es sei denn, die Betroffenen entwerten diese Phasen der Entspannung durch die – krankheitsverursachenden! – überhöhten Ansprüche an

sich selbst. In diesem Fall bewirken Auszeiten natürlich keine wirkliche Erholung.

Wenn Sie diese Vorschläge tatsächlich umsetzen, geschieht etwas, das Sie vor der Krise nicht für möglich gehalten hätten:
- Die Arbeit macht wieder Spaß!
- Allein die *Möglichkeit*, sich gegebenenfalls krankschreiben zu lassen, bewirkt eine deutliche Entspannung. Die Arbeit wird wieder freiwillig und gerne verrichtet.
- Konflikte am Arbeitsplatz werden zeitnah geklärt, es besteht genügend „nervlicher Puffer" (GABA), Konflikte sachlich auszutragen.
- Energie, die zuvor für ungewollte Anpassung verbraucht wurde, kann in den Arbeitsprozess einfließen.
- Körperliche Symptome wie Rückenschmerzen, Kopfschmerzen etc. verschwinden.
- Seelische Symptome wie Erschöpfung, Gereiztheit, Schlafstörungen verschwinden.
- Falsches Essverhalten und andere Kompensationsstrategien können aufgegeben werden.
- Wer seine Grenzen erkennt und respektiert, steigt in der sozialen Hierarchie *auf*, nicht ab – entgegen jeder ursprünglichen Befürchtung!
- Kollegen wie Vorgesetzte tolerieren die Verwandlung (gelegentlich mit anfänglicher Kritik) und unterstützen sie sogar.
- Die Produktivität steigt. Denn „volle Speicher" sorgen für Gesundheit, Elan und Achtsamkeit bei der Arbeit.

Interessanterweise gelingen diese positiven Veränderungen nicht *trotz* der ungewohnten Abgrenzung, des „Nein"-Sagens, des Ansprechens und Lösens von Konflikten und des Bestehens auf ein Privatleben, sondern genau *deswegen*. Leistungsfähig bleibt nur, wer für den Flow in seinem

Belohnungsregelkreis sorgt. Nur der wird anerkannt. Die anderen verzetteln sich in Nebensächlichkeiten, Animositäten und Streitereien, sind weniger leistungsfähig, weniger belastbar, weniger kreativ, schlechter gelaunt und häufiger krank. Wer „bei sich" ist, wer „in sich" ruht, wer sich „im Flow" befindet, der hat mühelos Erfolg. Und: Er nimmt es nicht so schwer, wenn ihm etwas misslingt. Denn er weiß, dass sein Wohlbefinden viel weniger abhängig ist von äußerem Erfolg als von der Übereinstimmung mit sich selbst.

## 2.9 Stress: eine Theorie zu seiner Entstehung

Stress verursacht im Körper eine Vielzahl von Reaktionen. Besonders gut erforscht ist die Freisetzung von Cortisol durch Stress. Hier spielt die sog. HPA-Achse (hypothalamic-pituitary-adrenocortical axis, deutsch: Hypothalamus-Hypophysen-Nebennierenrinden-Achse) die entscheidende Rolle: Angestoßen wird die Kaskade der beteiligten Hormone durch die vermehrte Ausschüttung eines Botenstoffs namens CRF (Corticotropin-Releasing-Factor) im Hypothalamus. CRF bewirkt in der Hypophyse die Ausschüttung von ACTH (Adrenocorticotropes Hormon), das wiederum die Nebennierenrinde zur Ausschüttung von Cortisol veranlasst.

Die Kette der beteiligten Hormone ist mittlerweile also vollständig identifiziert. Jedoch lässt auch das HPA-Modell eine entscheidende Frage offen: Auf welche Weise stößt ein äußerer, durch Interaktion mit der Umwelt entstehender „Stress" die erste Stufe der HPA-Achse an, die Ausschüttung von CRF?

Zuerst dachte ich, dass mit dem Habituationsmodell auch diese Frage einfach zu beantworten wäre. Das Belohnungszentrum besitzt auch Fasern zum Hypothalamus. Könnte es also sein, dass „*Stress*" einen „Lustverlust" bewirkt, das Belohnungszentrum daher seinen Botenstoff GABA nicht länger an den Hypothalamus senden würde – und dieser durch den Wegfall der „GABA-Bremse" mit der Produktion der ersten Stufe der Stress-Kaskade, des Botenstoffes CRF beginnen würde?

Bei der Klärung dieser Frage half mir einer der Altvorderen der Hirnforschung, Guy Mittleman von der Universität in Memphis, Tennessee. In einer persönlichen Mitteilung schrieb er, dass seine Forschergruppe bei der tierexperimentellen Zerstörung des Belohnungszentrums *keinen* Anstieg von Cortisol gemessen habe. Ein Anstieg von Cortisol fand sich aber sehr wohl nach der Ausschaltung einer benachbarten Hirnstruktur, einem Teil des sog. Striatums (dem Nucleus caudatus).

Diese Information sprach eindeutig gegen meine ursprüngliche Hypothese, dass „Lustverlust" zur Ausschüttung von CRF, ACTH und letztlich Cortisol führen würde. Die Zusammenhänge erwiesen sich als komplexer, dafür aber umso aufschlussreicher.

Der Nucleus accumbens ist der vorderste Teil eines gestreift aussehenden Gehirnbereichs namens Striatum. Aus anderen Versuchen ist bekannt, dass Belohnungen vor allem dann das Belohnungszentrum reizen, wenn sie *überraschend* erfolgen. Sind Belohnungen absehbar, verlieren sie an Reiz; sie gerinnen zur Routine. Diese Form der Gewöhnung geht mit einer Verlagerung der mit der Belohnung erregten Hirnstruktur einher: Erwartete Reize stimulieren nicht länger das Belohnungszentrum, sondern weiter hinten gelegene Abschnitte des Striatums. Der gleiche Effekt lässt sich auch beim Drogenmissbrauch beobachten: Stimuliert die Droge zunächst das Belohnungszentrum, verlagert sich ihr Effekt bei mehrfachem Gebrauch ins rückwärtig gelegene Striatum (Belin u. Everitt 2008; Everitt et al. 2008). Der nachfolgende Lustverlust macht eine Dosissteigerung nötig. Und hier kommen wir zum entscheidenden Punkt – einer neuen Hypothese, die nicht nur Ansätze zur Erforschung des Cortisolanstiegs durch Stress, sondern auch Ansatzpunkte zum Verständnis einer Reihe weiterer Erkrankungen wie Schizophrenie, Borderline-Störungen, Essstörungen und vielleicht auch Formen des Autismus liefern könnte.

Wie der Nucleus accumbens verwendet auch das Striatum den beruhigenden Botenstoff GABA als Transmitter. Erfolgen Belohnungen nicht in der erwarteten Weise, hat dies zur Folge, dass das Striatum nicht länger erregt wird. Hierdurch entfällt seine dämpfende Wirkung auf andere Hirnteile – unter anderem auf die CRF-produzierenden Neuronen im Hypothalamus (Herman u. Cullinan 1997). Das Brechen von Gewohnheiten, jede Abweichung von der eingeschliffenen Routine führt damit zum Anstoßen der HPA-Achse – ob im Sinne von Eustress (positiv empfundenem Stress) oder im Sinne von Dysstress (negativ empfundenen Stress). Dem Habituationsmodell gemäß sollte also an dieser Stelle das Bindeglied zwischen äußerem Stress und der Ausschüttung des klassischen Stress-Hormons Cortisol zu suchen und vielleicht auch zu finden sein. Zukünftige Experimente werden Klarheit schaffen.

## Stress und Gedächtnis

Der Hippocampus gilt als „Tor zum Gedächtnis". Menschen mit schweren Schäden in diesem Hirnbereich können sich nichts mehr merken. Im Extremfall können sie eine neue Information nur noch wenige Sekunden erinnern, eben genau solange, wie neuronale Schaltkreise eine Wahrnehmung präsent halten. Da mit der Zerstörung des Hippocampus der Eingang zum Langzeitgedächtnis abhandenkommt, schwindet das Erinnerungsvermögen. Jede gedankliche Repräsentation verblasst, sobald sie nicht mehr im „Arbeitsspeicher" gehalten wird.

Das Belohnungszentrum sendet Impulse an viele Hirnregionen – auch an den Hippocampus. Diese Verbindung zur „Pforte des Gedächtnisses" hat einen Sinn: Extrem lustbesetzte Erlebnisse – wie die Entdeckung einer reichen Nahrungsquelle – müssen erinnert werden, um sie auch zukünftig nutzen zu können. Der Hippocampus scheint vor allem eine *Filterfunktion* wahrzunehmen: Er selektiert alle Eindrücke und Erlebnisse nach dem Kriterium der Lust: Was Lust verschafft, bewirkt die Freisetzung von Dopamin am Nucleus accumbens, der daraufhin GABA freisetzt. GABA *hemmt* den Filter im Hippocampus, sodass Lust besetzte Erlebnisse Eingang ins Langzeitgedächtnis finden. Wir erinnern uns an dieser Stelle, dass „Lustempfindung" eben kein Selbstzweck ist, sondern eine Einrichtung der Natur, die unser Überleben sichert. Aus diesem Grund sind die in der Natur lebenserhaltenen Tätigkeiten lustbesetzt.

Die Auffassung des Hippocampus als „Tor zum Gedächtnis", das durch „Lust" geöffnet wird, erklärt, warum wir unter Stress „vergesslich" werden und uns nichts mehr merken können. Sie erklärt auch, warum Depressive oder Kinder und Jugendliche mit ADHS oder ADS an Gedächtnisstörungen leiden: Wird das Belohnungszentrum nicht mehr gereizt, fehlt der GABA-Schlüssel zum Hippocampus. Wir sollten immer für Ausgleich sorgen und Pausen einlegen, in denen sich unsere Speicher wieder füllen. Damit das Lernen wie auch die Arbeit Spaß („Lust"!) bereiten und effektiv bleiben – und wir dabei glücklich und gesund.

## 2.10 Exkurs: Schizophrenie

Die *Verlagerung der Erregung* weg vom Nucleus accumbens hin zum Striatum erscheint mir für bislang kaum verstandene Syndrome eine derart wichtige Rolle zu spielen, dass ich sie mit einem eigenen Namen bedacht habe.

**Striatalisierung.** Es ist bekannt, dass „schlechte sozioökonomische Bedingungen" die Anfälligkeit für psychische Krankheiten erhöhen. Wenn ein Kind keine zuverlässige Bindung erfährt, kaum Abläufe zur sicheren Rou-tine werden und es Situationen ständig neu interpretieren muss, liegt es nur allzu nahe, dass der Prozess der „Striatalisierung" hierbei gestört wird. Eine „schwierige Kindheit" könnte daher die Anfälligkeit für psychische Erkrankungen über eine Störung der „Striatalisierung" erklären.

Auch wenn dies ein wenig über das eigentliche Anliegen dieses Buches hinaus führt, möchte ich an dieser Stelle auf eine Hypothese zur Entstehung von Schizophrenie hinweisen, die sich aus dem bisher Gesagten ergibt. Wird der Prozess der „Striatalisierung" gestört, würde dem Erkrankten keine neue Erfahrung jemals zur Routine gerinnen. Jede Wahrnehmung, jeder Gedanke, jeder Augenblick bliebe mit Bedeutung aufgeladen; die Welt wäre voller Wunder, jede Wahrnehmung ein Zauber, den sich der Betroffene kaum erklären kann. Er rettet sich, indem er künstliche Zusammenhänge schafft, Dinge in Beziehung setzt, die für Gesunde nichts miteinander zu tun haben. In dem sich gleichzeitig auflösenden alten (an die Realität gebundenen) und neu bildenden Beziehungsgeflecht (dem „Wahngebäude") entstehen neue Assoziationen, die durch ihre Bedeutsamkeit Erklärungskraft gewinnen und für wahr genommen werden. Erinnerungen werden als Bilder, Wortfetzen, Sätze, Musikstücke neu erlebt und in ihrer Intensität für real befunden, bis sie letztlich in den leeren Raum hinein projiziert werden, was der Umwelt dann als „Halluzination" erscheint.

Gegen Halluzinationen helfen weder Dopamin-artig noch GABA-artig wirkende Medikamente. Einzig *Neuroleptika* können „dem Spuk" ein Ende bereiten. Neuroleptika dämpfen die Wirkung von Dopamin. Durch ihre Blockade der aktivierenden Dopamin-Wirkung beenden sie das neuronale „Gewitter", das das Gehirn wie das Leben der Betroffenen durcheinander gebracht hat. Neuroleptika verringern allerdings nur die Plus-Symptomatik. Sie wirken nicht gegen die Defizite, die Schizophrenie im Verlauf häufig mit sich bringt: Eine Schizophrenie „brennt aus" mit den Jahren. Das anfängliche Durcheinander aus Halluzinationen und Bedeutung weicht zunehmender Gleichgültigkeit. Die Erkrankten verlieren ihre früheren Interessen, und sie erleiden eine Verarmung an Initiative und Schwingungsfähigkeit. Letztlich bleibt nur ihr in sich stabiles „Wahngebäude" erhalten: Nervale Schaltkreise, die „Erfolg" (in diesem Fall besser „Stimmigkeit") vermitteln (kohärente Nervenzellentladungen), führen zur Freisetzung von NGF (*nerve growth factor*), der einen Ausbau dieser „funktionierenden" Assoziationen bewirkt und damit deren Stabilität. Die nicht „stimmigen" Verbindungen hingegen degenerieren („Use it, or lose it!"). Derartige Verläufe sind allerdings vor allem aus der Vor-Neuroleptika-Ära bekannt. Die moderne Medizin bzw. Pharmakologie hat an dieser Stelle einen großartigen Fortschritt in der Behandlung der Kranken ermöglicht.

Zweifelsohne hat die Schizophrenie eine erbliche Komponente. Sind beide Eltern erkrankt, beträgt das Risiko für jedes ihrer Kinder rund 50 %, ebenfalls schizophren zu werden. Aus dem durch die „*Striatalisierungs-Hypothese*" erweiterten Habituationsmodell lässt sich aber auch der Einfluss sozialer Faktoren begründen: Ein Mangel an sicherer Bindung („Containment"), Störungen der Entwicklung auf jeder Stufe be- oder verhindern die „Striatalisierung", die Verlagerung der belohnenden Dopamin-Ausschüttung vom Nucleus accumbens ins rückwärtig gelegene Striatum. Wenn kein zuverlässig die Bedürfnisse stillendes Umfeld vorherrscht, entsteht für die Kinder keine „Routine". Alles bleibt unzuverlässig, jedes Ereignis kann sich in der unberechenbaren Welt als wichtig erweisen und muss einzeln und immer wieder neu bewertet werden. Diese von außen verursachte Störung der „Striatalisierung" könnte erklären, auf welche Weise eine „schwierige" Kindheit mit unsicheren Bindungen als Risikofaktor für die Entstehung von Schizophrenie wirkt. Aus dem gleichen Grund kommen schizophrene Psychosen gehäuft in Lebenskrisen und bei gravierenden Veränderungen im sozialen Umfeld zum Ausbruch: Die lebenslang erlernte Routine wird zerstört. Die Krankheit bricht aus, wenn eine Anpassung an neue Verhältnisse erlernt werden muss.

Die zur Behandlung eingesetzten Neuroleptika blockieren im Striatum die *hemmend* wirkenden Dopamin-D2-Rezeptoren. Hierdurch erlangen die *aktivierend* wirkenden Dopamin-D1-Rezeptoren gegenüber den D2-Rezeptoren das Übergewicht. Auf diese Weise gleichen Neuroleptika die ursächliche Störung der „Striatalisierung" zumindest teilweise aus: Im Striatum freigesetztes Dopamin kann die dortigen Strukturen wieder erregen; das zum Leben notwendige Gefühl von Vertrautheit und Routine kehrt zurück.

Abschließend möchte ich nochmals darauf hinweisen, dass es sich bei diesem Exkurs zur Schizophrenie nicht um gesichertes Wissen handelt, sondern lediglich um theoretische Schlussfolgerungen, die sich aus dem um das Phänomen der „Striatalisierung" erweiterten Habituationsmodell ergeben. Für Ergänzungen oder Hinweise auf widersprechende Befunde wäre ich dem eventuell mitlesenden Fachpublikum dankbar!

## 2.11 Krankheit oder Warnsignal?

Überstimulation tut auf Dauer niemandem wirklich gut, auch wenn sie sich zu Anfang fantastisch angefühlt haben mag. Bei genauerer Betrachtung arbeitet unser Belohnungssystem in zwei Richtungen: Einerseits bewirkt es bei *ausbleibender Stimulation* psychomotorische und psychovegetative Unruhe, Sorgen und Ängste. Die gleichen Symptome finden sich aber auch bei *Überstimulation*. Beide Reaktionen dienen dem Überleben. Die eine, um das Individuum vor Mangel zu bewahren, die andere, um es vor den schädlichen Folgend des Überflusses zu beschützen.

Daher sind Ängste, Schlafstörungen, Depressionen, ADHS, somatoforme Störungen und Süchte viel eher als *Warnsignale* denn als Krankheiten zu verstehen. Wie Warnlämpchen im Armaturenbrett eines Autos demonstrieren sie uns die negativen Folgen des „Zuviels". Seelische und psychosomatische Symptome spiegeln dabei allerdings nur *einen* Aspekt der Überstimulation. Die zweite Folge der „Zuvielisation" (oder auch „Zuvielitis", wie Eckart von Hirschhausen den gleichen Sachverhalt bezeichnet) sind *organisch fassbare* körperliche Erscheinungen.

# 3 Körperliche Folgen: Die typischen Zivilisationskrankheiten

Die Eigendynamik des „Teufelskreises der Lust" bewirkt, dass ein „Zuviel" an Stimulation bei vielen Menschen die Begehrlichkeit nach „noch mehr" bewirkt. Die durch die Errungenschaften der Zivilisation möglich gewordene permanente Überstimulation bringt das auf die beschränkten natürlichen Ressourcen abgestimmte Gleichgewicht im Belohnungsregelkreis durcheinander. Die einen entwickeln eine Angststörung, die anderen schlafen schlecht, wieder andere werden depressiv oder entwickeln „unerklärliche" körperliche Beschwerden. Sehr viele Menschen versuchen, durch eine ständige Steigerung der Stimulation ihren Wohlfühl-Regelkreis wieder in ein Gleichgewicht zu bringen, notfalls mithilfe von Medikamenten oder Drogen. Was *vor* der Entwicklung offensichtlicher Krankheiten oder Süchte beinahe immer hilft, um noch Lustempfinden und nachfolgend das Gefühl von innerer Ruhe und Ausgeglichenheit zu bewirken, ist die Aufnahme von Kalorien. Essen befriedigt Lüste, Essen beruhigt. Auch wenn es im Übermaß wiederum eine Eigendynamik entwickelt und viele Nachteile mit sich bringt.

Jeder zweite Amerikaner ist übergewichtig, bei den Deutschen sieht es fast ebenso schlimm aus. Weltweit nimmt der Anteil der Übergewichtigen an der Bevölkerung seit 1980 stetig zu (Ng et al. 2014). Folgende Krankheiten resultieren aus übermäßiger Kalorienzufuhr:
- Übergewicht mit vorzeitigem Gelenkverschleiß
- erhöhte Blutfettspiegel (Hypercholesterinämie, Hypertriglyceridämie)
- erhöhte Harnsäurewerte (kann zu Gicht führen)
- erhöhte Zuckerwerte (Diabetes mellitus Typ 2)
- Bluthochdruck (arterielle Hypertonie)

Hinzu tritt eine erst durch die Zivilisation möglich gewordene Bewegungsarmut. Wie die zuvor besprochenen psychischen und psychosomatischen Erscheinungen sind auch diese objektiv messbaren Risikofaktoren prinzipiell noch umkehrbar. In den meisten Fällen können erhöhte Blutfettwerte genau wie ein Zuviel an Harnsäure oder ein zu hoher Blutdruck effektiv durch eine Umstellung der Lebensgewohnheiten beseitigt werden. Sogar eine beginnende Zuckerkrankheit (Diabetes mellitus Typ 2) kann durch ausgewogene Ernährung und ausreichende Bewegung wieder vollständig verschwinden. Unterbleibt aber ein Umdenken, führen die an dieser Stelle besprochenen Risikofaktoren mit der Zeit zu tatsächlichen und dann irreversiblen Organschäden. Eine der wichtigsten Folgekrankheiten ist die vorzeitige Verkalkung der Arterien, die wiederum weitere ernsthafte Krankheiten verursacht wie:
- Herzinfarkt
- Schlaganfall
- arterielle Verschlusskrankheit

„Kardiovaskuläre Ursachen" führen in Deutschland und anderen Ländern die Statistik der Todesursachen an. Sie sind außerdem verantwortlich für zahllose Untersuchungen, Medikamentenverschreibungen und Krankenhausaufenthalte. Sie gelten als typische *„Zivilisationskrankheiten"*.

Auch der Zusammenhang von Zivilisation und *Krebserkrankungen* wird diskutiert. Es gibt Hinweise, dass Übergewicht das Risiko erhöht, an bestimmten bösartigen Neubildungen zu versterben (Bhaskaran et al. 2014). Es ist meines Erachtens diesbezüglich aber noch zu früh für eine abschließende Beurteilung. Zumal bei allen negativen Erscheinungen auch nicht vergessen werden sollte, dass ohne die Errungenschaften der Zivilisation die wenigsten Menschen das Alter erreichen würden, in dem die meisten organischen, der Zivilisation angelasteten Erkrankungen

Bedeutung erlangen. Die weitaus meisten Menschen wären bereits als Säugling oder in jungen Jahren an Mangelernährung oder einer der zahlreichen, heute äußerst effektiv behandelbaren Krankheiten verstorben.

Von ebenfalls großer subjektiver wie volkswirtschaftlicher Bedeutung hingegen ist die *Überzeugung, krank zu sein* oder sich vor möglicherweise krank machenden Zivilisationseinflüssen schützen zu müssen. Die Gefährdung der seelischen und körperlichen Gesundheit durch die „zivilisierte" Lebensweise ist zwar Thema dieses Buches. Die unzähligen Beschwerden, die durch Mobilfunkstrahlung, Laktose und etliche andere Intoleranzen verursacht sein sollen, dürften dennoch lediglich einem diffusen Unwohlsein zuzuschreiben sein, das – wie viele körperliche und seelische Beschwerden sowie zahlreiche tatsächlich organisch fassbare Krankheiten – aus der Überstimulation der Belohnungsmechanismen resultiert. Verantwortlich für die schier unendliche Zahl an unspezifischen Beschwerden wie Schwindel, „Unwohlsein", Leistungsschwäche, Motivationslosigkeit bis hin zu wenig erholsamem Schlaf und tausenderlei Symptomen mehr dürften letztlich nicht die beschuldigten Strahlen und Substanzen sein, sondern der aufgrund von Überstimulation eintretende Wirkverlust von belohnenden Transmittern – zusammen mit dem letztlichen Schwund an GABA. Entfällt die beruhigende Wirkung von GABA, werden Beschwerden, die ein beschäftigter, ausgeglichener Mensch mit einem Schulterzucken abgetan hätte, plötzlich „überschwellig". Der „Homo zivilisatus" rennt zum Arzt und lässt ein Universum von apparativen und labortechnischen Untersuchungen über sich ergehen, das aber die eigentliche Ursache seiner Beschwerden *prinzipiell* gar nicht erkennen kann. Was den typischen Mediziner allerdings in den meisten Fällen nicht daran hindert, am Ende eine „Diagnose" zu stellen und eine Behandlung vorzuschlagen. Oder am besten gleich mehrere.

In aller Regel schluckt der typische Patient Medikamente, die seine Beschwerden vielleicht eine Zeit lang erträglich machen, sie auf Dauer aber nicht beseitigen. Statt zu heilen, treten beim Patienten immer neue Symptome auf, für die die „Schulmedizin" zwar keine wirklich plausible Erklärung findet – wohl aber immer neue Medikamente.

Schütten wir das Kind nicht mit dem Bade aus: Die moderne Medizin ist unglaublich leistungsfähig. Nur ist sie bis heute nahezu blind für die *Ursache* der häufigsten Symptome, die sie bekämpft. Folglich entstehen aus anfänglich reversiblen, *„funktionellen"* Beschwerden im Verlauf tatsächliche *organische* Krankheiten – mit erheblichen Folgen für den Einzelnen wie für die ganze Gesellschaft. Spätestens an *dieser* Stelle gewinnt die konventionelle Medizin tatsächlich ihre Existenzberechtigung – auch wenn sie zur Entstehung der Krankheiten durch die Unterdrückung von Warnsignalen im Vorfeld selbst beigetragen hat.

## 3.1 Ernährung und das Belohnungssystem

Die Ernährung hat in der zivilisierten Welt ihre ursprüngliche Funktion, den Menschen mit einer ausreichenden Menge an Nährstoffen zu versorgen, längst hinter sich gelassen. Essen dient heute vornehmlich dem *Genuss*, schafft aber auch soziale Gemeinsamkeit („Gehen wir zu McDonald's!") oder Abgrenzung („So etwas würde ich nie essen!"). Schnelle Verfügbarkeit, Gewürze, Farbstoffe und Geschmacksverstärker steuern das ihre dazu bei, dem „Teufelskreis der Lust" immer mehr Schwung zu verleihen.

Selbstverständlich ist eine Umkehr möglich; sie könnte schon beim Frühstück beginnen. Statt das Genuss-, Aktivierungs- und damit auch das Bedürftigkeitsniveau für den ganzen Tag schon morgens mit Wachmachern und schnell verfügbaren Kohlenhydraten anzuheizen (Kaffee mit Zucker, weißes Brötchen, Marmelade, Nougatcreme), ließe sich der Kalorien- und Flüssigkeitsbedarf auch mit „neutralen" Nahrungsmitteln stillen. Selbstverständlich sind diese Nahrungsmittel nicht „neutral" – nach Jahren der Überstimulation haben wir lediglich verlernt, ihren Geschmack zu schätzen. Weitgehend in ihrer natürlichen Form belassen, taugen sie nicht, den „Teufelskreis der Lust" zu befeuern. Dabei hat schon Wasser einen Eigengeschmack; unser Gaumen kann Getreidesorten voneinander unterscheiden. Nur sind wir an Nuancen nicht mehr gewöhnt. Unsere Geschmacksrezeptoren sind wie unser Belohnungssystem längst auf übergroße Stimuli eingestellt; auf jede Normalisierung reagieren sie wie ein Außendienstler auf ein kleineres Firmenfahrzeug: *not amused*.

Doch schmerzt das *Downsizing* nur in der Phase des akuten Entzugs. Unser Belohnungssystem ist an *Objektivität* nicht wirklich interessiert. Zwar ist es anfällig für Vergleiche, weswegen Diäten leichter eingehalten werden, wenn mit ihnen ein elaboriertes Bewusstsein assoziiert wird („Ayurveda"). Der Verzicht auf „schnelle Genüsse" (hoch aufbereitete Nahrungsmittel, Fertigprodukte, Zusatzstoffe) wird aber durch eine Re-Sensibilisierung für Nuancen schnell ausgeglichen. Obwohl selbstverständlich eine Rückfallgefahr bleibt. Das „Suchtteufelchen" (um hier den „Nikotinteufel" von Alan Carr, dem Autor von Büchern wie „Endlich Nichtraucher", auf einen allgemeingültigen Namen zu taufen) schrumpft zwar mit der Dauer der Abstinenz, ganz verschwindet es aber nie. Und jeder Rückfall lässt es wieder erstarken.

Voraussetzung, die Entscheidung zu weniger Kalorien und gesünderer Ernährungsweise überhaupt treffen zu können, ist eine Ausgeglichenheit im Belohnungsregelkreis. Wenn dem ungehinderten Fluss von Botenstoffen ständig irritierende Gedanken, Erinnerungen oder objektive äußere Störungen dazwischenfunken, greift der Mensch zu allen erdenklichen Mitteln, irgendwie doch noch seinen Bedarf an Dopamin und vor allem GABA zu decken, im einfachsten Fall also zu Kalorien.

Dieser Mechanismus erklärt das Ergebnis einer Studie, die zeigen konnte, dass Dünnerwerden besonders schwer fällt, wenn man von außen in herabsetzender Weise daran erinnert wird, dass man ja eigentlich abnehmen wollte (Gudzune et al. 2014). Ein ähnliches Resultat ergab eine Untersuchung des Zusammenhangs zwischen empfundener Scham und Abstinenzverhalten von Alkoholikern: Entgegen der Erwartung korrelierten die körperlichen Zeichen der Beschämung (wie eingezogener Brustkorb oder hängende Schultern) *positiv* mit der Rückfallgefahr. Je höher die Scham, desto eher griffen die entgifteten Alkoholiker in der Studie wieder zum „Trost" aus der Flasche (Randles u. Tracy 2013).

Eine gut gemeinte „Unterstützung" kann also leicht als Kritik, als Angriff missverstanden werden. Damit stört sie den inneren Frieden des Betroffenen, den „Flow" in seinem Belohnungsregelkreis. Das zum Wohlbefinden nötige GABA wird durch zusätzliches Essen oder durch andere fragwürdige Genüsse generiert. Der *Wille* zum Abnehmen kann wie der Wille zur Abstinenz nicht von außen erzeugt werden. Er muss – wie bei den in Kapitel 2.8 besprochenen Suchterkrankungen – im Individuum selbst entstehen.

Selbstverständlich ließen sich noch viele weitere Seiten mit dem Thema Ernährung füllen. Vegetarier, Veganer, Rohköstler, Makrobiotiker und andere Vorkämpfer einer möglicherweise gesünderen Ernährung mögen mir bitte verzeihen, dass ich alle interessierten Leser an dieser Stelle auf die reichlich vorhandene weiterführende Literatur verweise. Es geht in diesem Buch um das Belohnungssystem in unserem Gehirn. Und das nimmt sogar Einfluss auf gesellschaftliche Entwicklungen, wie wir im folgenden Kapitel sehen werden.

# 4 Gesellschaftliche Folgen

Wie der Einzelne im Streben nach Lust schädliche seelische und körperliche Folgen in Kauf nimmt, riskieren die „zivilisierten" Gesellschaften rund um den Globus ihre eigenen Lebensgrundlagen, um im weltweiten Wettbewerb einen möglichst hohen Platz auf der Leiter des wirtschaftlichen Erfolgs, gemessen am Bruttosozialprodukt oder wenigstens an der Pro-Kopf-Wirtschaftsleistung, zu ergattern. Sie tun dies, obwohl das Bruttosozialprodukt über die *Lebensqualität* der betroffenen Menschen überhaupt *nichts* aussagt und erst recht nichts über die *Nachhaltigkeit* ihres Lebensstils. So wird die Strategie des endlosen Wachstums von Politkern und Politikerinnen gerne als „alternativlos" bezeichnet, obwohl viel eher das Gegenteil richtig zu sein scheint: Wir riskieren die Basis unserer Existenz, wenn kein Umdenken einsetzt. Wir ruinieren unseren Globus, und – welch Hohn – wir haben nicht einmal wirklichen Spaß dabei: Die einen leiden seelisch am Überfluss, die anderen körperlich, viele leiden auf beide Weisen. Und das soziale Miteinander mündet oft im Kampf um eine scheinbare Überlegenheit, von der niemand wirklich profitiert (außer, wenn auch ebenfalls nur vordergründig, die Verkäufer sinnbefreiter, aber statussichernder Konsumgüter). Kein Zweifel, die westliche Welt *krankt* am Überfluss ähnlich wie andere Weltregionen am Mangel. Und dennoch fällt das Umdenken schwer. Woran liegt das?

## 4.1 Die Colanisation der Welt

Ich habe einen Nachbarn, dessen Vorfahren aus einem der ärmsten Länder der Welt, aus Eritrea, stammen. Er ist in Deutschland aufgewachsen. Als junger Mann wollte er seine Wurzeln kennenlernen und reiste in die Heimat seiner Vorfahren. Das Dorf, in dem seine Eltern geboren wurden, gab es noch immer. Sogar die Rundhütten seiner Ursprungsfamilie standen noch. Er wurde freundlich empfangen und von allen Seiten bestaunt. In der besten Absicht verteilte er seine im Jeep mitgebrachten, eisgekühlten Getränkedosen an die Jugendlichen – mit einem mulmigen Gefühl in der Magengegend, wie er mir später berichtete. Intuitiv war ihm klar, dass er den so beschenkten Dorfbewohnern nichts wirklich Gutes tat. Denn sein Geschenk würde über den freudigen Augenblick hinaus wirken – und zwar negativ.

Betrachten wir zunächst einmal die Situation: Mein Nachbar kommt mit einem für die Bewohner unerschwinglichen Fahrzeug ins Dorf gerollt. In seiner modernen Kleidung, mit seinen Trekking-Schuhen, seinem Rucksack, seinen ganzen unbegreiflichen Accessoires muss er auf sie gewirkt haben wie ein Wesen aus einer fernen Welt, unendlich reich, unendlich fortgeschritten, unendlich überlegen. Und dann verteilt er ein Getränk, das in der Gluthitze Afrikas überirdisch süß und prickelnd, frisch und belebend schmecken muss, dazu noch verpackt in futuristischen Dosen, jedem einheimischen Gefäß an Eleganz und Komfort unvergleichlich.

Ein einziges Mal im Leben dürfen die Dorfbewohner teilhaben an diesem Glanz, ein einziges Mal spüren, wie ein Leben auch aussehen kann. Es ist wahrscheinlich, dass ihnen nach diesem Ereignis ein Gefühl der Rückständigkeit bleibt, zumal sie an die Wunder, die sie umgeben, ja längst habituiert sind und sie kaum mehr zu schätzen wissen. Hinzu treten vielerorts lebensbedrohliche kriegerische Auseinandersetzungen und ein nicht minder bedrohlicher Mangel an sauberem Wasser und ausreichender Nahrung. Die überfüllten Flüchtlingsboote im Mittelmeer spiegeln die realen Nöte der Menschen und auch ihre zumindest teilweise illusionären Erwartungen. Selbstverständlich sind sie vom Schlaglicht der Zivilisation geblendet und versuchen, für sich und ihre Nächsten einen ähnlichen Standard, ähnliche Möglichkeiten, eine scheinbar bessere Zukunft zu erreichen. Von den *Kosten* der Zivilisation, ihren Nachteilen, besitzen sie hingegen nicht einmal eine vage Vorstellung. Wer es tatsächlich schafft, in Europa Fuß zu fassen, begreift – schnell habituiert an den westlichen Standard von Sicherheit, ausreichender Versorgung mit Nahrungsmitteln und sauberem Wasser –, dass aus der Nähe betrachtet nicht alles Gold ist, was aus der Ferne glänzt.

Die Entwicklung ist nicht aufzuhalten. Die unterentwickelten Länder werden sich den Wunsch kaum nehmen lassen, möglichst schnell zum westlichen Standard aufzuschließen. Vielleicht werden einige die offensichtlichsten Fehler vermeiden (s. Kap. 4.3, „Bruttonationalglück – Bhutan"). Aber warum sollten sie sich eines Fortschritts enthalten, der ihnen doch von allen Seiten als Weg ins Paradies verkauft wird?

Die Bewohner der westlichen Welt könnten es besser wissen. Auch bei uns sieht die breite Masse noch keine Alternative zu grenzenlosem Wachstum und Konsum. Nur eine kleine Avantgarde entdeckt für sich bislang neue Qualitäten in Downsizing, Entschleunigung und freiwilligem Verzicht. Hoffen wir auf eine schnelle Verbreitung des entsprechenden Gedankenguts![5]

---

5 Ein wenig Schleichwerbung sei erlaubt: Verschenken Sie dieses Buch an alle Ihre Verwandten und Bekannten! Sein Autor möchte gründlich entschleunigen!

## 4.2 Lebenssinn, Glück und Zufriedenheit

Über diese drei Begriffe wird seit Jahrtausenden spekuliert – und dies durchaus kontrovers. Philosophisch betrachtet existiert wohl kaum eine Möglichkeit einer allgemeingültigen Definition. „Wat dem eenen sin Uhl, is dem annern sin Nachtigall!" könnte man resignieren. Die Neurophysiologie hingegen weist einen Ausweg: Da die Stimulation des Belohnungszentrums mit angenehmen Gefühlen einhergeht und in subjektiv glücklichen Momenten auftritt, ließe sich, wenn auch verkürzt, der Zustand, in dem das Belohnungszentrum auf natürliche Weise stimuliert wird, als „Glück" bezeichnen. Mit „Zufriedenheit" ließe sich die Wirkung von GABA beschreiben, denn die Stimulation von GABA-Rezeptoren bewirkt genau diesen Zustand, der uns ruhig werden lässt, angstfrei, wohlig müde und entspannt. Selbstverständlich spielt eine lange Reihe weiterer Botenstoffe eine Rolle bei der Entstehung von Glücksgefühlen und Zufriedenheit. Zum *prinzipiellen* Verständnis sind diese aber an dieser Stelle zu vernachlässigen.

Es mag ernüchtern und auch ein wenig befremden, Seelenzustände, über die mit religiöser Vehemenz und philosophischem Ehrgeiz gestritten wird, dem Effekt von simplen Botenstoffen zuzuschreiben. Doch welche Alternative haben wir? Wollen wir nicht in metaphysische Zusammenhänge flüchten, in „Erklärungen", die *rational* eben nicht nachvollziehbar sind, darum immer *subjektiv* bleiben müssen und sich deswegen jedem Versuch der Objektivierung entziehen, müssen wir uns auf das beschränken, was wir durch Experimente nachvollziehen können. Was, wie wir sehen, heutzutage durch die Fortschritte der Neurowissenschaften bereits eine ganze Menge ist.

Dass auch der metaphysische Ansatz durchaus eine Rechtfertigung besitzt, möchte ich keineswegs bestreiten. Im Gegenteil: Bei genauer Betrachtung ist auch jede Ratio eine Abstraktion der Wirklichkeit und damit bereits Metaphysik. Ratio und Metaphysik unterscheiden sich demnach nicht qualitativ. Sie besitzen lediglich andere Zuständigkeiten: Die Ratio bezieht sich auf kleine, experimentell nachvollziehbare Zusammenhänge, während die Metaphysik komplexe Phänomene zu fassen versucht, die sich einer eindeutigen, logischen Darstellung entziehen. Jedes einzelne Wort ist eine Abstraktion und nicht das Ding an sich – und damit Metaphysik. Eine genaue Analyse dieser Problematik würde allerdings den Rahmen dieses Buches sprengen.

Aktuell sollten wir uns auf das zu konzentrieren, was sich durch die Ergebnisse der Hirnforschung gut nachvollziehen lässt. Denn: Es gibt gute Gründe dafür, die Funktionen unseres Belohnungssystems als *Endstrecke unseres Lebenssinnes* zu betrachten – selbst wenn mancher hinter dem, was wir begreifen können, immer noch das Wirken einer göttlichen Hand erahnen mag.

Den *Sinn des Lebens* können wir *objektiv* nicht erfassen; in Anbetracht der unendlichen Weite des Weltalls und der Ewigkeit sind wir nicht einmal in der Lage, den möglichen *Sinn eines Sinnes* objektiv zu beschreiben. In ein paar Milliarden Jahren wird sich die Sonne in einen roten Riesen verwandeln und die innersten Planeten, Merkur und Venus, werden verdampfen. Die Erde wird zu einem glühenden Lavaball; alles Leben auf unserem Planeten wird mit Gewissheit erlöschen. Jeder Gedanke, auch jeder Gedanke an einen Gott, wird dann vernichtet sein.

So wenig der Mensch in der Lage ist, Gott zu erkennen und rational zu beschreiben, so wenig vermag er den Sinn des Lebens zu erfassen. Wir dürfen *glauben*, doch *wissen* werden wir nie. Wenn wir auf die Anmaßung verzichten, dem Leben einen „höheren Sinn" zuzuschreiben, bleibt uns nichts als nüchtern festzustellen: Jeder höhere Sinn, auch jede philosophisch-metaphysische Sinnzuschreibung, bleibt notwendigerweise subjektiv und damit Spekulation. Das Leben ist *Selbstzweck*. Sein einzig *erkennbarer* Sinn – wenn wir denn auf einer Sinnzuschreibung bestehen wollen – wäre sein Erhalt.

Das Belohnungssystem in unserem Kopf hingegen ist kein Selbstzweck. Denn es dient genau diesem einen Ziel: dem Erhalt des Lebens. Innerhalb dessen, was wir wissen – nämlich sehr viele Fakten über den Ursprung des Lebens wie über das, was zu seiner Bewahrung notwendig ist – besitzt das zerebrale Belohnungssystem die Funktion, dem Individuum und seiner Art das *Überleben* zu sichern. Uns Menschen vermittelt es hierzu das *Gefühl* von Sinnhaftigkeit, auch wenn wir diesen Sinn letztendlich *rational* nicht erfassen können. Wir fühlen Hunger, wir fühlen Durst, wir fühlen Lust, Liebe, Lüsternheit, wir fühlen auch Verantwortung, Mitgefühl – und all das fühlt sich wahr an. Dass wir die gleichen Gefühle mit Drogen und Elektroden im Belohnungszentrum simulieren können (die Betroffenen verwechseln die auslösenden Substanzen und Stromstöße tatsächlich mit ihrem Lebenssinn!), ergibt den klaren Hinweis, dass es sich bei Lust, Befriedigung und dem Gefühl eines Lebenssinns eben *nicht* um objektive oder gar göttliche Maßstäbe handelt. Gefühle sind Funktionen unseres Gehirns, die unser Überleben sichern sollen.

Lust und Befriedigung, zwischen diesen beiden Polen bewegt sich unser Leben. Sie definieren, was wir als Lebenssinn *empfinden*. Sollte tatsächlich ein Gott existieren, ist der menschliche Geist mit großer Wahrscheinlichkeit nicht in der Lage, ihn zu erfassen. Wenn es aber tatsächlich einen Gott gibt – und das sage ich als erklärter Agnostiker, als Atheist vielleicht – dann war *er* es, der sich die Mechanismen im zerebralen Belohnungssystem ausgedacht hat. Wir werden sehen, warum.

## 4.3 Der Unterschied im „westlichen" und „fernöstlichen" Denken

Ziele im Leben zu haben, erscheint im „westlichen" Denken als wichtig. Das ganze westliche Leben ist auf „Ziele" ausgerichtet („Mein Haus, mein Auto, meine Familie ..."). Unsere Lebenserfahrung scheint dieses Konzept zu bestätigen: Es fühlt sich gut an, Ziele zu erreichen. Schließlich werden am „Ziel" Belohnungsbotenstoffe ausgeschüttet, die uns „glücklich" und „zufrieden" machen. Dass dieses Glück und diese Zufriedenheit kein Dauerzustand sein können, ergibt sich aus den einfachsten physiologischen Zusammenhängen: Jede dauerhafte Rezeptorstimulation verliert ihre Wirkung. Ein tatsächlicher Mangel oder die Habituation bereitet jeder Zufriedenheit irgendwann ein Ende.

Das fernöstliche Denken verfolgt eine andere Strategie. „Wenn Du glaubst, das Erreichen eines Ziels würde Dir zur Glückseligkeit verhelfen – setz' Dich erst einmal hin und meditiere!" ließe sich die buddhistische Sichtweise zusammenfassen. „Wenn Du lange genug meditiert hast, wirst Du verstehen, dass ohnedies alles ‚eins' ist, die Unendlichkeit des Weltalls wie die Ewigkeit der Zeit. Wenn Du dies – durch Meditation – verstanden hast, dann erhebe Dich und schau, ob Dir das, was Dir als Ziel so wichtig erschien, immer noch erstrebenswert erscheint. Wenn ja, begib Dich auf den Weg, es zu erreichen. Wenn Du merkst, dass Du gierig wirst, bedürftig, sodass Du rennen willst, mehr erreichen, schneller ankommen, dann sage ich Dir: Setz Dich wieder hin und meditiere! Denn nicht das Erreichen eines Ziels wird Dich glücklich machen. Der Weg ist das Ziel!"

Im Habituationsmodell lässt sich der Unterschied beider Einstellungen recht einfach erklären: Während die westliche Lebensphilosophie auf eine „stoßweise" Freisetzung von belohnenden Botenstoffen setzt, bevorzugt die fernöstliche eine kontinuierliche. Wer regelmäßig meditiert – und das womöglich mit einem spirituellen Hintergrund – mag sich durch diese recht trockene Sichtweise eventuell brüskiert fühlen. Aber neurophysiologisch lässt sich einer der Haupteffekte der Meditation darauf zurückführen, dass sich beim tagelangen Sitzen die Belohnungsbotenstoffspeicher füllen und die entsprechenden Rezeptoren regenerieren. Nach wenigen Tagen „laufen die Speicher über", und es wird spontan und ohne Anlass Dopamin und Glutamat freigesetzt, Glückshormone, die am Lustzentrum auf hochsensible Rezeptoren treffen. Hierunter wird das Belohnungszentrum selbst aktiv; es setzt seinen angstlösenden, entspannenden Transmitter GABA frei, was der Meditierende als befreiend, möglicherweise gar als „Erleuchtung" empfindet. Denn er erlebt ein Glück, das sich unabhängig von äußeren Einflüssen, unabhängig vom Erreichen von Zielen und Erfolgserlebnissen einstellt.

Wer diesen Zustand erlebt, sieht die Welt mit anderen Augen. Er weiß, dass sein früheres angestrengtes Rennen zu keinem dauerhaften Glück, zu keiner nachhaltigen Befriedigung führen konnte. Er begreift, dass seine Lebenszufriedenheit eben nicht abhängig ist von äußerer Anerkennung, sondern – so verbrämt es der Buddhismus – von der „Einheit mit dem Universum und der Ewigkeit". Was, neurophysiologisch ausgedrückt, nichts anderes ist, als der Effekt von überquellenden Belohnungsbotenstoffspeichern und hochsensiblen Rezeptoren.

Leider ist dem westlich geprägten Menschen diese Einsicht nicht leicht zu vermitteln. „Jetzt meditiere ich schon drei Mal die Woche für jeweils zwanzig Minuten", höre ich Patienten in der Sprechstunde schimpfen, „und ich bin immer noch nicht ausgeglichen, glücklich und zufrieden!" Vor dem Hintergrund des Habituationsmodells wird deutlich, warum ein solcher – auf westliche Weise missverstandener – Zugang zur Meditation nicht zum Erfolg führen kann. Meditation ist keine Pille, die man einwirft, um unmittelbar darauf Glück und Zufriedenheit zu erfahren. Solche Pillen gibt es; aber nicht ohne Grund sind entsprechende Substanzen als Betäubungsmittel verboten. Meditation wirkt paradox: Durch bewussten Lustverzicht werde ich für leise Reize wieder sensibel. Kleinigkeiten können meine Aufmerksamkeit erregen (Dopamin) und fesseln (GABA). Die Buddhisten nennen diesen Zustand **Achtsamkeit**. Achtsamkeit lässt sich nicht durch Konsum erreichen, sondern ausschließlich durch Verzicht auf überdimensionierte und pausenlos zugeführte Lustauslöser.

Selbstverständlich besteht auch für Buddhisten das Leben nicht aus permanenten Highlights. Auch überquellende Belohnungsbotenstoffspeicher können Rezeptoren nicht dauerhaft stimulieren. Deswegen betrachtet der Buddhismus das Leben auch als „Leiden". Im Gegensatz zum nimmersatten „Westler" haben Buddhisten allerdings erkannt, dass im freiwilligen Verzicht ein größerer Genuss liegt als im Versuch der permanenten Stimulation unserer Belohnungsstrukturen. Oder wenigstens das geringere Leiden.

Buddhisten kommen also nicht umhin, ihre belohnenden Botenstoffe ebenfalls schubweise (und nicht völlig gleichmäßig) freizusetzen. Nur verzichten sie auf überproportionale Auslöser und verhindern dadurch ein „Aufschaukeln" ihres Belohnungssystems, was im Westen die Ursache für *sämtliche* Zivilisationskrankheiten vom ADHS bis hin zur Zuckerkrankheit darstellen dürfte.

An dieser Stelle wird deutlich, warum mir das Belohnungssystem „wie von göttlicher Hand" geschaffen erscheint. Es ist so „konstruiert" (hat sich im Laufe der Jahrmillionen langen Evolution so herausgebildet), dass es das Individuum nicht nur vor Unterversorgung bewahrt, sondern auch vor den schädlichen Folgen der Überversorgung. Und: Es lässt sich aus seiner Kenntnis mühelos ableiten, dass wir Menschen mit weniger genauso glücklich sein können wie mit dem angeblich alternativlosen Mehr und Mehr. Glücklicher sogar. Denn durch einen freiwilligen Verzicht können wir uns vor Zivilisationskrankheiten genauso schützen wir vor dem Kollaps unserer Ökosysteme. Und das ohne jede Einbuße an Lebensqualität, mutmaßlich sogar mit erheblichem Gewinn!

---

**Exkurs**

**Weitere Erklärungen für die Effekte von Meditation**

Volle Speicher und sensible Rezeptoren sind sicher nur eines von mehreren Geheimnissen, die sich hinter den Effekten regelmäßiger und ausdauernder Meditation verbergen. Die Vorgänge in unserem Gehirn sind vielfältig, und sie greifen auf komplexe Weise ineinander.

Für das Erreichen der „Erleuchtung" scheinen „synchrone Nervenzellentladungen" ebenfalls eine Rolle zu spielen. Nervenzellen, die miteinander in Einklang stehen, „feuern" gleichzeitig; diese synchronen Entladungen stimulieren das Belohnungszentrum. Wenn uns vielerlei Gedanken gleichzeitig beschäftigen, wird das Belohnungszentrum nicht erregt. Bei der Meditation geht es also auch darum, überflüssige oder einander „widersprechende" Gedanken loszuwerden, um eins zu werden mit sich selbst, der „Unendlichkeit" und „Ewigkeit", wie es Buddhisten ausdrücken würden. Neurowissenschaftlich betrachtet dürfte es darum gehen, „störende" Einflüsse aus dem Belohnungsregelkreis zu eliminieren. Da wir geprägt sind von unseren Erfahrungen und Erinnerungen, geht es bei der „Einswerdung" vor allem darum, das augenblickliche Denken von störenden Erinnerungen, die immer auch störende Gedanken verursachen, zu befreien.

Hierzu gehört die Erfahrung, dass Gedanken und Gefühle nicht unbedingt einer objektiven Wahrheit entsprechen, sondern eben „kommen und gehen". Wer diese Erfahrung in der Meditation zulassen kann – und in Anbetracht einer oft unbewussten (!), vielleicht traumatisch erlebten Erinnerung – die Meditation nicht abbricht und davonläuft, kann erleben, wie

Gefühle aufsteigen, ihre körperlich spürbare Wirkung entfalten – und wieder verschwinden. Ängste kommen und gehen, Schmerzen, Freude, Hunger; nichts ist wirklich objektiv – alles erscheint und verschwindet. Diese Erfahrung bewirkt (wie die Erfahrung, dass Glücksgefühle eben nicht von äußeren Erlebnissen abhängig sein müssen, sondern viel eher mit „vollen Speichern" und „sensiblen Rezeptoren" zusammenhängen) eine innere Gelassenheit. Wer regelmäßig meditiert, nimmt sich selbst, seine Begehrlichkeiten, seine Ängste weniger wichtig.

Buddhisten „wissen", dass der Tod keineswegs das Ende des Seins bedeutet, sondern nur einen Übergang in das große Eine, die Unendlichkeit, die Ewigkeit, das Ganze. Neurowissenschaftler „wissen", dass synchrone Nervenzellentladungen mit angenehmen Gefühlen einhergehen. Psychotherapeuten wissen, dass traumatische Erlebnisse nicht einfach abgehakt und verdrängt werden sollten, sondern bearbeitet und in die Persönlichkeit integriert werden müssen. Denn sonst beeinflussen sie unbewusst das gesamte Erleben und Leben der Betroffenen – angefangen bei der Wahrnehmung, der Sprechweise, der Gestik und Mimik über die Körperhaltung bis hin zu ihrem gesamten Denken und Handeln. Wer die Ruhe der Meditation also nicht erträgt, sollte sich Gedanken machen, ob er wirklich eins ist mit sich selbst, seinen Mittelpunkt gefunden hat, in sich ruht und tatsächlich glücklich und zufrieden lebt.

Wer ständig „unter Strom steht", ständig agieren muss, um sich lebendig zu fühlen oder sich überhaupt zu spüren, für den ist die Wahrscheinlichkeit hoch, dass der „Flow" in seinem Belohnungskreislauf an einer Stelle gestört ist. Möglicherweise könnte er von einer Bearbeitung erlebter Defizite oder Traumata in jedem Lebensbereich profitieren. Denn eigentlich ist der normale und gesunde Zustand eines Individuums – ob Mensch oder Tier – ein Zustand der Entspannung, ein gleichmäßiges Fließen der Lebensenergie.

## Flow

Bereits 1965 beschrieb „der Ungar mit dem unaussprechlichen Namen", der Psychologe Mihaly Csikszentmihalyi[6], das Phänomen des „Flow". Flow kann bei jedem Menschen bei einer gut eingeübten Tätigkeit auftreten (z. B. Skifahren, Musizieren, Computerspiel). Csikszentmihalyi beschreibt folgende Charakteristika der Flow-Empfindung (zit. nach Klasen et al. 2012):
1. Ausgeglichenheit zwischen Anforderung der Aufgabe und persönlichen Fertigkeiten
2. Konzentration (Fokussierung) auf die Tätigkeit
3. direkte Rückmeldung der Handlungsresultate, klare Ziele
4. Kontrolle über die Aktivität
5. Das Ziel der Handlung ist Selbstzweck (Autotelie)
6. Selbstvergessenheit
7. Zeitvergessenheit
8. Aufmerksamkeit nur für die Aktivität

Flow ist ein mentaler Zustand, in dem ein Mensch in einer Tätigkeit „völlig aufgeht", die Zeit vergisst und auch alles um sich herum, sogar die Wahrnehmung der eigenen Person. Der Zustand des Flows kann *nicht absichtlich hergestellt* werden; lediglich die Voraussetzungen für sein Eintreten sind bewusst zu schaffen.

Flow tritt ein bei Beschäftigungen, die ein hohes Maß an Konzentration erfordern, ohne dabei zu über- oder unterfordern. Die Anforderungen hierbei entsprechen genau dem, was der Betreffende in der Situation leisten kann und

---

6 Csikszentmihalyis Vater ist Ungar, er selbst wurde 1934 im heutigen Kroatien geboren. Nebenbei bemerkt: Sein Name klingt korrekt ausgesprochen wie der englische Satz „Chicks sent me high".

will. Für das Erleben eines Flows ist eine unmittelbare Rückmeldung erforderlich (z. B. bei Geschicklichkeitsspielen, beim Musizieren, beim Handwerken, beim Sport oder auch beim Sex). Ebenso ist Ungestörtheit wichtig.

Der Zustand des Flows ist beglückend und kann über Stunden anhalten. Anschließend fühlt man sich meist wohlig erschöpft.

Das Phänomen Flow lässt sich sehr gut in das einordnen, was wir über die Vorgänge in unserem Gehirn wissen: Wenn eine Tätigkeit über zahlreiche kleine Erfolgserlebnisse eine nahezu kontinuierliche Ausschüttung von Dopamin und anderen Transmittern bewirkt und so das Belohnungszentrum stimuliert, sendet der Nucleus accumbens seinerseits – ebenfalls recht konstant – geringe Mengen an GABA aus. Der konstante Fluss von GABA gestaltet die Tätigkeit befriedigend, aber nicht ermüdend; GABA ermöglicht so die *Fokussierung der Aufmerksamkeit* auf eben diese Tätigkeit. Da kein einzelnes großes Erfolgserlebnis die Speicher entleert, sondern die Reihe von kleinen, angenehmen Herausforderungen und Erfolgserlebnissen eine nahezu *kontinuierliche* Freisetzung von belohnenden Botenstoffen bewirkt, gestaltet sich die entsprechende Tätigkeit über einen längeren Zeitraum „lustvoll" (Dopamin) und „befriedigend" (GABA). Die Folge ist **Flow**.

Flow wurde mit Erscheinungen verglichen, die man auch bei Praktizierenden des Zen-Buddhismus beobachten kann: Hirnregionen, die für die Wahrnehmung der eigenen Person wichtig sind, werden während des Flow-Erlebens „abgeschaltet" (Goldberg et al. 2006). In fMRT-Untersuchungen wurde nachgewiesen, dass während des Flow-Erlebnisses die Belohnungsstrukturen im Gehirn stark aktiviert sind und Regionen im Scheitelhirn (wie bei tiefer Versenkung in Meditation oder Gebet, beim Flow allerdings im rechten *und* linken Hirn) gedämpft werden (Klasen et al. 2012). Regionen im rechten Schläfen- und Scheitelhirn sind bedeutsam für die Orientierung in Zeit und Raum. Derzeit existiert meines Wissens noch keine Untersuchung, deren Design die zerebralen Effekte von Meditation, Gebet und Flow direkt miteinander vergleicht. Der *Beweis*, dass den Effekten von Meditation, Gebet und Flow tatsächlich die gleichen neuronalen Erregungsmuster zugrunde liegen, steht also noch aus.

Buddhisten und Anhänger anderer Religionen berichten, dass das Praktizieren der Meditation bzw. die Gebete und der Glaube ihr *gesamtes* Leben beeinflussen – nicht nur den Augenblick der Versenkung. Ein Grundgedanke der Meditation ist es, das Verhaftetsein an Inhalte der materiellen Welt loszulassen. Im buddhistischen Sinn bildet ohnedies *alles* eine kosmische Einheit; unsere irdischen Begierden hindern uns daran, das Wesentliche zu erkennen und zu leben. Die Erleuchtung besteht letztlich in einer vollständigen „Selbstvergessenheit". Ähnlich relativiert die christliche Religion unser irdisches Sein: Letztlich geht es nicht um irdischen Erfolg, sondern um ein gottgefälliges Leben; die letzte Erfüllung erfährt man erst nach dem Tod mit dem Einzug ins Himmelreich.

Selbstvergessenheit, Schicksalsergebenheit, das Vergehen der Zeit „wie im Flug", das „Aufwachen" aus einer Tätigkeit, ja aus ganzen Lebensabschnitten, sind aber keine Erscheinungen, die allein durch Meditation oder Glaubensfestigkeit zu erreichen wären. Im Grunde kennt jeder derlei Zustände. Offenbar ist weder die Verschmelzung mit dem Universum noch die Einswerdung mit Gott Voraussetzung für das Gefühl glücklicher Innerlichkeit und Sinnerfüllung. Allem Anschein nach handelt es sich bei diesen Erlebnissen um *neurophysiologische Vorgänge* – kohärente Nervenzellentladungen, Effekte von Neurotransmittern und Hormonen, die insbesondere die Aktivität von Zeit- und Raumgefühl vermittelnden Hirnregionen verringern – in einem Wort zusammengefasst: *Flow*. Genauere neurophysiologische Untersuchungen werden den wirklichen Sachverhalt zu Tage fördern.

## Der Sinn von Exzessen

Es lässt sich meines Erachtens keine *prinzipielle* Überlegenheit des ausgeglichenen (fernöstlichen) über den zu Exzessen tendierenden (westlichen) Lebensstil schlussfolgern. Beide Mentalitäten besitzen ihre Vor- und Nachteile, subjektiv wie in größeren, gesellschaftlichen Zusammenhängen. Es ist kein Wunder, dass ausgerechnet die zu Exzessen tendierenden Amerikaner als erste zum Mond geflogen sind, die Wahrheit der Meditation hingegen schon vor vielen Jahrtausenden im fernen Osten entdeckt wurde.

Möglicherweise sind auch die bevorzugten Drogen beider Kulturkreise (Alkohol im Westen, Opium im fernen Osten) mitverantwortlich für die jeweilige Entwicklung. Vielleicht aber ist der Gebrauch von unterschiedlichen Drogen auch nur Ausdruck der vorbestehenden Mentalität.

Letztlich hat die Natur zwei unterschiedliche Konzepte hervorgebracht, beide mit ihren jeweiligen Vor- und Nachteilen. Die westliche Zivilisation hat das Leben für viele Menschen erheblich vereinfacht. Ob „wir Westler" dadurch nachhaltig glücklicher geworden sind, darf schon aus neurophysiologischen Gründen bezweifelt werden. Letztlich dürfte das „Glückserleben" beider Kulturen um eine ähnliche Linie undulieren: Auf der einen Seite mit extremen Hochgefühlen, die durch Ängste, Depressionen und weitere Zivilisationserkrankungen gekontert werden, auf der anderen Seite mit häufigeren „Flow"-Zuständen, Selbstvergessenheit statt übertriebener Selbstbeobachtung und geringeren psycho-somato-sozialen Problemen. Als letztlich entscheidendes Kriterium dürfte die *Nachhaltigkeit* des jeweiligen Konzepts anzusehen sein. Die Überflussgesellschaften nach westlichem Muster haben auf der einen Seite viele Krankheiten besiegt und die Ernährung einer großen Menge an Menschen möglich gemacht. Auf der anderen Seite gefährden gerade diese Erfolge das Überleben der gesamten Menschheit. Die Frage bleibt, ob der Erkenntnisgewinn schneller verläuft als das drohende ökologische Desaster. Und zwar auf beiden Seiten: Auch der ferne Osten erweist sich – wie der Rest der Welt – als extrem anfällig für die Verlockungen der westlichen Versprechungen.

Die Eigendynamik unseres Belohnungssystem, das sich ja auch in der Eigendynamik unserer Wirtschaftssysteme niederschlägt, bedroht nicht „nur" den Fortbestand der Menschheit. Je mehr wir uns an die Annehmlichkeiten gewöhnt haben, desto stärker dringen uns die Kosten unseres zivilisatorischen Fortschritts ins Bewusstsein. Vielleicht liegt *ein* Sinn von Exzessen darin, dass wir aus ihnen lernen, dass sie letztendlich gar nichts bringen und dass wir auf sie mit *Gewinn* verzichten können. Eines Tages jedenfalls. Oder individuell ab einem höheren Lebensalter. Wenn wir uns ausgetobt haben, die „Hörner abgestoßen", alle Jugendsünden hinter uns gelassen haben. Wenn wir bereit sind, wirklich „erwachsen" zu werden.

Ein Mensch, der dies früh verstanden hat, war der junge König von Bhutan.

## „Bruttonationalglück" – Bhutan

Als erste und bisher einzige Nation der Erde hat das am südlichen Himalaya gelegene Bhutan, ein dünn besiedeltes Land von ähnlicher Größe wie die Schweiz, das „Glück" seiner Bewohner zum *Staatsziel* erhoben. Zwar ist in der amerikanischen Verfassung von 1776 das „Streben nach Glück" bereits als unveräußerliches Grundrecht aufgeführt; doch bezieht sich das Streben nach Glück hier noch auf das Individuum. Die Idee, dass es die Aufgabe des Staates sein solle, seinen Einwohnern kollektiv die Möglichkeit eines glücklichen Lebens zu eröffnen, kam dem damals erst 22-jährigen König von Bhutan 1979 angeblich während eines Zeitungsinterviews. Auf die Frage nach dem Bruttonational*produkt* seines Landes antwortete er sinngemäß, dass für sein Land das „Bruttonational*glück*" (Gross National Happiness) von höherer Bedeutung sei.

Bhutan war damals wie heute eines der ärmsten Länder der Welt. Internationale Berater rieten, durch Industrialisierung den Lebensstandard der Bevölkerung zu heben. Dem König, der seinen Horizont durch Studien an ausländischen Eliteuniversitäten erweitert hatte, erschien der westliche Weg zweifelhaft. Zu eng sah er die wirtschaftliche Entwicklung in den Industrienationen verknüpft mit Umweltzerstörung, sozialer Ungleichheit und dem Verlust an traditionellen und spirituellen Werten.

Um seine Untertanen zu beglücken, setzte er auf den Ausbau des Gesundheits- und Bildungssystems. Mit beeindruckendem Erfolg: Das Gesundheitssystem ist in Bhutan bis heute für alle Bewohner kostenlos; die durchschnittliche Lebenserwartung stieg von vormals 40 auf inzwischen ungefähr 65 Jahre. Nahezu alle Kinder des Landes besuchen heute eine Schule; die Alphabetisierungsrate beträgt heute immerhin 60%. Im Gegensatz zu den Nachbarstaaten, in denen die Urwälder einer rücksichtslosen Industrialisierung zum Opfer fielen, ist Bhutan bis heute zu 70% bewaldet. Der Happy-Planet-Index listet das Land bei akzeptabler Lebensqualität und mittlerer Lebensdauer im weltweiten Vergleich auf dem 17. Platz. Zum Vergleich: Deutschland liegt auf Platz 81, die USA belegen Platz 150 (s. Kap. 4.4). Zahlreiche arme afrikanische Staaten mit ähnlich desolaten wirtschaftlichen Voraussetzungen wie Bhutan bevölkern hingegen die hintersten Ränge des Rankings.

Für die Ermittlung des Bruttonationalglücks wird in Bhutan eine *Staatskommission für das Bruttonationalglück* eingesetzt. Diese versucht mithilfe wissenschaftlicher Methoden die Auswirkungen staatlicher Entscheidungen auf die Lebensqualität der Bhutaner abzuschätzen. Umfangreiche Checklisten sollen hierbei gewährleisten, dass möglichst viele Aspekte berücksichtigt werden. Projekte, die positiven Einfluss auf die Gesundheit, die Umwelt, die Tradition und vieles mehr ausüben, erhalten höheren Stellenwert als beispielsweise Investitionen, die vielleicht das Staatseinkommen mehren, aber schädliche Konsequenzen für den Artenreichtum des Regenwaldes mit sich bringen. Selbst der Einfluss auf ein *würdiges Sterben* der Einwohner des Landes findet Berücksichtigung im Fragenkatalog der Kommission.

Doch darf man sich auch Bhutan nicht als Paradies auf Erden vorstellen: Die Beglückung des Volkes bringt auch Zwänge und Einschränkungen der individuellen Freiheit mit sich. So ist das Zigarettenrauchen in der Öffentlichkeit in Bhutan verboten. Der Besitz größerer Mengen Tabak kann mit mehrjährigen Gefängnisstrafen geahndet werden. Fernsehen wurde erst 1999 erlaubt, das Telefonieren mittels Handy 2003. Zu offiziellen Anlässen und in staatlichen Gebäuden muss die Nationaltracht angelegt werden. Bei Neubauten muss die architektonische Tradition gewahrt bleiben. Touristen dürfen sich nicht frei und ohne Begleitung im Land bewegen. Das Erklettern von Bergen ist verboten, da sie als Sitz der Götter gelten.

Und: Bhutan war bis 2008 keine Demokratie. Der Wandel geschah – wohl ebenfalls ein weltweiter Einzelfall – durch die Überlegung des Königs, dass ein weniger weiser Herrscher auf seinem Thron dem Volk erheblichen Schaden zufügen könnte. Deswegen zwang er seine Untertanen zu Wahlen, aus denen allerdings – welch Wunder – die königstreue Partei als Sieger hervorging.

Es ist schwierig, die Lebensrealität Bhutans aus der Ferne zu beurteilen. Viele Eigenheiten erscheinen aus westlicher Sicht kaum verständlich. Sie erklären sich am ehesten durch die über tausendjährige buddhistische Tradition des Landes (vgl. Pfaff 2011).

## 4.4 Der Happy-Planet-Index

Generationen von Philosophen und Theologen haben sich um eine allgemein gültige Antwort auf die Frage nach dem Sinn des Lebens bemüht. Während die antiken Philosophen versuchten, objektive Glücksmaßstäbe zu entwickeln, um daraus konkrete Verhaltensregeln abzuleiten, hat sich in der Neuzeit der subjektive Begriff des „Empfindungsglücks" entwickelt (Horn 1998, S. 108 f.). Denn objektive Kriterien, die in jedem Menschen ein Glücksempfinden auslösen, lassen sich nicht identifizieren. Genauso zeigen aber auch Glücksindices, dass Lebensstandard nicht gleichzusetzen ist mit Lebensqualität oder gar Glück. Der von der *New Economy Foundation* erstellte **Happy-Planet-Index (HPI)** vergleicht die *Lebenszufriedenheit* von Menschen in verschiedenen Gegenden der Welt. In Zusammenhang gesetzt mit der durchschnittlichen *Lebenserwartung* und der *Nachhaltigkeit* des Wirtschaftens („Umweltverbrauch") ergibt sich daraus ein Ranking für die einzelnen Länder (www.happyplanetindex.org).

Die im Happy-Planet-Index formulierten Werte – subjektive Lebenszufriedenheit in Verbindung mit einem langen Leben, das auch die Interessen der Nachwelt berücksichtigt – dürften dem im Vorwort dieses Buches formulierten Anspruch „richtig leben" relativ nahe kommen.

Die Ergebnisse des Happy-Planet-Index füllen viele Seiten. Wie nahe sich die westlichen Staaten am „richtigen Leben" befinden, soll die Platzierung einzelner Länder im

HPI illustrieren. Den höchsten Wert erreichte 2006 ausgerechnet der durch die Klimaerwärmung vom Untergang bedrohte Inselstaat Vanuatu, gefolgt von einer Reihe von lateinamerikanischen Ländern. Wie erwähnt fand sich Deutschland auf Platz 81 wieder, die USA landeten aufgrund ihres hohen Ressourcenverbrauchs auf Platz 150 – von 178 untersuchten Ländern.[7] Betrachtet man die Lebenserwartung und die Lebenszufriedenheit der US-Amerikaner allerdings losgelöst von der ökologischen Nachhaltigkeit, so liegen sie im weltweiten Vergleich immerhin auf Platz 10, jedenfalls zu Beginn des 3. Jahrtausends.

Interessant ist die umgekehrte Betrachtungsweise: So existiert nach den Daten des HPI kein einziges Land, in dem alle drei Parameter (empfundenes Lebensglück, Lebenserwartung und Ressourcenverbrauch) im unbedenklichen „hellgrünen" Bereich gemessen werden. Einzig einige mittelamerikanische Staaten erreichen ein mattes Oliv (zwei Bereiche grün, einer im mittleren Bereich). Ansonsten erscheint für einen großen Teil der Welt die positive Verknüpfung von Glück und Lebenserwartung mit dem Ressourcenverbrauch charakteristisch.

Ist das Bruttosozialprodukt letztlich also doch das Maß aller Dinge? Dies halten die Autoren des Happy-Planet-Index für einen Irrtum. Jede Gesellschaft sei einem Mythos, einer Identität stiftenden Legende, verhaftet. Das Bruttosozialprodukt, das für frühere Gesellschaften *keine* Bedeutung besessen habe, sei erst nach dem Zweiten Weltkrieg zur „sinnstiftenden Ikone" stilisiert worden, die – zum Selbstzweck verklärt – heute eine destruktive Wirkung zu entfalten drohe. Die Studiendaten belegen zudem, dass sich die Lebenszufriedenheit nur solange parallel zum Durch-

---

[7] http://www.laenderdaten.de/indizes/happy_planet_index.aspx, Stand: 07.01.2013.

schnittseinkommen entwickelt, bis die Grundbedürfnisse befriedigt sind. Oberhalb eines Grundeinkommens von monatlich nicht einmal 1 000 US-Dollar ist auch durch die Vervielfachung der zur Verfügung stehenden Geldmittel kein nennenswerter Zuwachs an „happy life years" mehr zu gewinnen. Unter dem Gesichtspunkt der Nachhaltigkeit dominieren jenseits der Befriedigung von Grundbedürfnissen die negativen Effekte, was sich im HPI-Ranking entsprechend niederschlägt.

Die Befunde des HPI scheinen die Hypothese, dass jedem Einzelnen eben nur seine eigenen Glücksbotenstoffe zur Verfügung stehen – und kein Glück darüber hinaus – zu bestätigen. Wenn „immer mehr" ganz offensichtlich letztlich überwiegend Negatives bewirkt: Was brauchen wir dann wirklich?

## 4.5  Was brauchen wir wirklich?

### Frau Mujahi

Ein anschauliches Beispiel für Glück in der Bedürfnislosigkeit liefert die Berliner Zeitung in einem Reisebericht aus Indien:

„Europäische Forschungsreisende der jüngeren Zeit sahen, rochen und fühlten das Elend Bangladeschs und kamen zu dem Schluss: ‚Das ist kein Leben.' Aber fragen wir die dürre kleine Frau im zerrissenen Sari, die bei Sonnenuntergang in den Ruinen des uralten buddhistischen Klosters von Paharpur im Nordwesten Bangladeschs hockt. [...] ‚Mir geht es gut, ich esse zweimal am Tag.' Zweimal, das ist in der Tat nicht schlecht. Und sie lacht so, dass der Blick auf ihre Zahnstummel vollständig frei ist. Weder Frau Mujahi noch ihr 23-jähriger Sohn Musun haben je ferngesehen, sie wissen nicht, welches Glück Weichspüler für Frotteetücher verheißen oder welches Gefühl von Freiheit eine bestimmte Automarke vermittelt.

Wenn sie Geld hätte, würde Frau Mujahi den Sohn verheiraten oder seine Nachtblindheit behandeln lassen. Aber unglücklich? Nein, nein. ‚Very, very happy' sei sie, selbstverständlich, sie lebe ja, und zwar in einer Familie und ‚unter dem großen wunderbaren Himmel'."

> Berliner Zeitung vom 28.11.2000, S. 11: „In Bangladesch sollen die zufriedensten Menschen der Welt leben – Eine Überprüfung"

Keine Frage, Frau Mujahi, die „dürre, kleine Frau im zerrissenen Sari" hat ihr Leben den ihr zur Verfügung stehenden Möglichkeiten angepasst.

## Andrea Petkovic: Genug ist nicht genug

Ein Beispiel dafür, dass das Erreichen von materiellen wie ideellen Zielen keine Erlösung verspricht, lieferte in wunderbarer Offenheit die Tennisspielerin Andrea Petkovic in einem Interview des ZEIT-Magazins:

> „Als ich in der Weltrangliste an 150. Stelle lag, habe ich davon geträumt, in die Top Zwanzig vorzustoßen. Ich dachte, dann wird alles gut, der Druck löst sich, ich verdiene genug Geld und kann entspannt aufspielen. Das war ein Irrtum. Als ich es in die Top Ten geschafft hatte, erlebte ich einen kurzen Glücksmoment, vielleicht zehn Sekunden, danach stieg wieder der Druck, den Erfolg bestätigen zu müssen und noch mehr zu erreichen."

> Andrea Petkovic im Interview mit dem ZEIT-Magazin vom 07.01.2012: „Ich träume oft davon, ein Rockstar zu sein"

Frau Petkovic war – wie sie selber sagt – nicht in der Lage, ihren Erfolg (Platz 10 in der Weltrangliste) länger als 10 Sekunden zu genießen. Gemäß der Voraussage des Habituationsmodells blieb sie eine Getriebene, die die seelischen und körperlichen Anzeichen, die sie auf die Notwendigkeit von Trainingspausen hinweisen wollten, zu Gunsten eines immer noch größeren Erfolgs ignorierte. Anfang 2012 und noch einmal Anfang 2013 zog sie sich Verletzungen zu, die sie jeweils zu einer längeren Abstinenz vom Leistungssport zwangen. Vielleicht hätte sich auch für sie ein Weniger an Disziplin und ein Mehr an Lebensfreude positiv ausgewirkt – möglicherweise sogar zum Vorteil ihrer sportlichen Karriere.

## Wirtschaftswachstum, Verteilungsgerechtigkeit und Lebensqualität

Dass die objektiven Zusammenhänge weniger bedeutsam sind als die subjektive Wahrnehmung, bestätigt der mit Wirtschaftsnobelpreis bedachte amerikanische Psychologe Daniel Kahnemann. Zufrieden mit sich sei der Mensch nur, wenn er mehr erreiche als andere:

> „Die Gründe dafür sind biologisch, sie liegen in unserer Natur. Wir können es schon bei Affen sehen: Wenn ein Affe weniger bekommt als ein anderer, kann er ziemlich sauer werden. Das ist auch ein Grund, warum Reichtum und Wohlstand nicht unbedingt zufriedener machen."
>
> Philipp Wolf: „Glück durch Geld ist eine Illusion", Interview mit Daniel Kahneman, Süddeutsche Zeitung, 31.10.2006

Womit auch er wiederum nur einen Teil der Wahrheit beschreibt. Die britischen Epidemiologen Kate Pickett und Richard Wilkinson untersuchten Daten zu den Zusammenhängen zwischen Wirtschaftswachstum, Verteilungs-(un)gerechtigkeit und Lebensqualität in unterschiedlichen marktwirtschaftlichen Industriestaaten. Ihr Befund widerspricht der neoliberalen These, dass ein „Mehr" immer auch ein „Besser" bedeuten muss. In Staaten mit geringerer *sozialer Verteilungsgerechtigkeit* (wie die USA, England oder Portugal) leiden die Menschen vermehrt unter sozialem Stress, können einander weniger vertrauen und leiden häufiger an psychischen Störungen oder Drogensucht. Auch die Schulleistungen der Kinder sind geringer. Sogar die Säuglingssterblichkeit ist höher als in Ländern mit größerer sozialer Gleichheit (wie z. B. in den skandinavischen Ländern). Selbst die Lebenserwartung aller Einkommensschichten leidet unter sozialer Ungleichheit (Pickett u. Wilkinson 2010). Eine frühere Studie, bezogen auf Großstädte in den USA, fand vergleichbare Resultate: *Alle*, auch die finanziell Privilegierten, leiden unter den Folgen *sozialer Ungleichheit* (Lynch et al. 1998). Wer sich die Stacheldraht bewehrten Ghettos der Reichen z. B. in Sao Paolo anschaut, ahnt, dass ein derart isoliertes, permanent bedrohtes Leben nicht unbedingt Glücksempfindungen und eine nachhaltig gesunde Entspannung fördert.

## Mehr ist nicht genug

Die „dürre, kleine Frau im zerrissenen Sari" im Beispiel der Berliner Zeitung hat wenig Vergleichsmöglichkeiten. Vermutlich besitzt sie heute immer noch keinen Fernseher, und westliche Besucher mögen ihr erscheinen wie Aliens aus einer fremden, unzugänglichen Welt.

Es bleibt die Frage, ob Frau Mujahi durch den Besitz eines Fernsehers ein glücklicheres Leben führen würde. Vermutlich würde sie sich riesig freuen, wenn man ihr einen Fernsehapparat schenkte (vorausgesetzt, sie besäße einen Stromanschluss in ihrer Hütte). Vielleicht mag sie der indische Gleichmut, der Gier zu besiegen trachtet, vor dem Unglück des Vergleichens bewahren. Auf Dauer aber werden sich ihre Nachfahren den Versprechungen des westlichen Lebensstils kaum entziehen können. Bereits heute zeichnet sich ab, dass sich mit steigendem Einkommen – in Indien wie in anderen Schwellenländern – die Ernährungsgewohnheiten ändern. Teure und verarbeitete Nahrungsmittel werden in Indien immer beliebter; der Konsum von Fleisch, Milchprodukten und Zucker steigt. Die Werbung für nicht traditionelle Nahrungsmittel ist allgegenwärtig.

Selbst der Verzehr von Rindfleisch nimmt zu – im Hinduismus eigentlich ein absolutes Tabu, das von der Werbung langsam aufgebrochen wird (Proell 2008). Auch Inder können sich der Verführungskraft von Fastfood an vielen Straßenecken offensichtlich nur schwer entziehen.

Einmal angestoßen, gewinnt der Teufelskreis aus Genuss und Bequemlichkeit an Dynamik. Wir haben uns an unseren Lebensstandard gewöhnt. Es reicht nicht mehr aus, jeden Tag *überhaupt* zu essen zu haben. Nahrungsaufnahme dient nicht länger der Befriedigung eines Grundbedürfnisses. Sie ist zu einer Tätigkeit mutiert, die in mehreren Dimensionen dem Lustgewinn frönt: Sie stimuliert unsere Sinnlichkeit, sie fördert die Geselligkeit, sie ist ein Zeitvertreib, und sie bietet unserem eitlen, konkurrenzorientierten Bewusstsein ein Aushängeschild. Die eigentlich nachgeordneten Faktoren der Ernährung können derart in den Vordergrund treten, dass die Betroffenen gesundheitliche Folgeschäden in Kauf nehmen, um ihre vieldimensionale Genuss-Sucht zu befriedigen.

Die Tendenz, Gewöhnung und damit Lustverarmung zu vermeiden, erstreckt sich auf alle Lebensbereiche. Sobald wir anfangen, eine Sache als gegeben und normal zu empfinden, steigern wir die „Dosis". So hat sich beispielsweise die Fläche des Wohnraums, den jedes Individuum in Deutschland in den alten Bundesländern im Zeitraum von 1960 bis 2002 für sich beansprucht, beinahe verdreifacht (Stieß 2003). Dieser Trend bestätigt sich für Gesamtdeutschland auch nach der Wiedervereinigung: Der Zuwachs an Wohnfläche pro Person in den Jahren von 1989 bis 2006 betrug 15 % (Focus 2007).

Der Drang nach „immer mehr" lässt sich auch an den neu zugelassenen PKW ablesen: Deren durchschnittliche Kilowattzahl z. B. hat sich im Zeitraum von 1995 bis 2011 nahezu geradlinig von 95 auf 134 KW erhöht, wie eine Studie der Universität Duisburg herausfand (B&D-

Forecast-Studie 2011). Im Grunde kann es jeder an sich und seinem Umfeld selbst ablesen: Ob die Popcornportion beim Kinobesuch, die Getränkebechergröße, die Diagonale des eigenen Flachbildschirms oder die Leistung des Laptops oder Smartphones: Alles wird größer, weiter, schneller, höher – und damit vielleicht nur scheinbar auch immer besser.

Der Hang zu immer mehr wohnt dem Menschen inne. Ob Komfort, ob Geld, Sex, Macht, ob Genuss, Gesundheit oder Lebenszeit, von allem, was sich gut anfühlt, wollen wir mehr – selbst wenn es uns auf Dauer schadet und ein wirklicher Genuss beim ständigen „immer mehr" auf der Strecke bleibt. An jedes „sehr viel" haben wir uns schnell gewöhnt. Wir bekommen *prinzipiell* nie genug.

## Glück und Lebenszufriedenheit subjektiv und objektiv

Aus neurowissenschaftlicher Sicht können wir heute schon das Glücks- und Zufriedenheitsempfinden von Mensch oder Tier messen. Wir müssen noch einige Ungenauigkeiten und Abstriche in Kauf nehmen, aber das „Aufleuchten" des Belohnungszentrums oder die direkte Messung der Dopaminausschüttung am Belohnungszentrum (im Tierversuch bereits möglich) geben schon Anhalt dafür, ob und wie stark ein Individuum „Glück" empfindet – oder zumindest „Lust". Denkbar wäre auch die Messung der GABA-Freisetzung als Maß der durch „Glück" bzw. „Lust" empfundenen Zufriedenheit. Nur sendet das Belohnungszentrum seinen Hauptbotenstoff GABA eben in viele verschiedene Hirnbereiche, sodass sich die Zielstrukturen viel schlechter sichtbar machen lassen als die in einem Zentrum zusammengefassten Nervenzellen des Lustempfindens. Außerdem wirkt GABA *beruhigend* auf seine Zielzellen, sodass diese einen *verringerten Stoffwechsel* zeigen, wodurch sich der

GABA-Effekt dem Nachweis in der funktionellen Magnetresonanztomografie bis heute entzieht.

Fast jeder Mensch hat aber ein Gespür für den Glückshaushalt seines Gegenübers. Das Leuchten seiner Augen, seine Mimik, seine Körperhaltung, seine Sprechweise, seine Lebhaftigkeit geben Auskunft über den „Füllstand" der Belohnungsbotenstoffspeicher und die Sensibilität seiner Rezeptoren.

Ärzte sehen – wenn sie darin geübt sind – vor allem auch die *Kennzeichen leerer Belohnungsspeicher*: Die erschöpften Patienten sind unruhig, ihr Blick schweift umher. Beim Augenschluss zittern die Lider, auch die Zunge zittert beim Herausstrecken. Typischerweise saugen viele erschöpfte Patienten ihre Zunge am Gaumen fest, wodurch am Rand der zitternden Zunge sehr oft deutliche Abdrücke der Zähne zu sehen sind („Girlandenzunge"). Vielleicht handelt es sich hierbei um die Reaktivierung eines archaischen Saugreflexes als Ausdruck einer vermehrten Bedürftigkeit. Es erscheint unter diesem Aspekt wenig verwunderlich, dass viele gestresste Menschen ihren Stress unbewusst durch die Aufnahme „schlechter" Nahrungs- und Genussmittel kompensieren wollen („schnelle" Kohlenhydrate, starker Kaffee, Nikotin, Drogen, „orale Ersatzbefriedigung").

Auch die Hände und Finger des gestressten Homo zivilisatus zittern beim Vorstrecken, sein Rücken ist verspannt. Typischerweise klagen diese Patienten nicht nur über Schmerzen, Schlaf- und Konzentrationsstörungen; sie fühlen sich häufig auch gereizt und ungeduldig. Meist bestehen gleichzeitig mit den Problemen am Arbeitsplatz auch Konflikte in den privaten Beziehungen. Und: Beinahe schon als krankheitsspezifisches Charakteristikum verlangen die Patienten vom Arzt ein Mittel, das ihre Unruhe, ihre innere Anspannung, ihre Rücken- und Kopfschmerzen, ihre Antriebslosigkeit, die Schlaflosigkeit, die Konzentrationsstörungen und am besten auch die Probleme am Arbeitsplatz und zu Hause beseitigt. „Damit ich wieder schlafen kann. Damit ich wieder Leistung bringe! Damit ich mich wieder wohl fühle! Damit ich wieder einen Sinn im Leben sehe!"

Es liegt auf der Hand: Der subjektive Impuls, der Wunsch nach einer „Pille, die alles wieder ins Lot bringt", entspringt dem „Wohlfühlparadoxon". Der Patient wünscht sich gerade im „Zuviel" ein „noch Mehr", um weiter mithalten zu können. Dass weder jenes „Mehr" noch irgendein Medikament zu einer auch nur mittelfristigen Besserung führt, ist schwer vermittelbar, aber leider nicht minder wahr. Selbstverständlich entstehen die gleichen Symptome auch durch ein „Zuwenig" an Lust und Befriedigung, beispielsweise durch schlechte Lebensbedingungen, frühere Traumata oder neurotische Fehlhaltungen. Die Endstrecke ist für beide Ursachen dieselbe: Der Wunsch nach Lustempfinden und Zufriedenheit, nach Dopamin und GABA.

Die Reflexe aus dem Alltag wiederholen sich in der Sprechstunde: Das geeignete Mittel soll es richten. Nur zu gerne verschreibt ein Mediziner die bereits erwähnten Serotonin-Wiederaufnahme-Hemmer (oder neuerdings auch Serotonin-Wiederaufnahme-Förderer), irgendetwas halt, damit der Patient zurückfindet genau in das Leben, das ihn krank gemacht hat. Denn die Zeit, die wahren Hintergründe der Symptome zu erkunden, lässt ihm unser Gesundheitssystem ja nicht. Das Gesundheitssystem unterliegt den gleichen Mechanismen, die in der „zivilisierten" Welt scheinbar jeden und alles antreiben. Patienten sollen möglichst schnell wieder „gesund" werden, möglichst schnell wieder zurückkehren an ihren Arbeitsplatz, möglichst schnell wieder rennen wie vor dem Zusammenbruch.

Im Sprechzimmer sollen die Kranken möglichst zügig den Stuhl räumen für den Nächsten, bitte! Rückenschmerz, Kopfschmerz, Reizdarm, Erschöpfung, Depression – die

Praxen sind voll mit derartigen Krankheiten. Kein Wunder – denn die wahren Ursachen der Beschwerden werden ja kaum jemals angegangen, und oberflächliche Diagnostik und rein symptomunterdrückende Therapien *fördern* die Entstehung von immer neuen psycho-somato-sozialen Störungsbildern.

Es ist schwierig, den Betroffenen den Wunsch nach „irgendetwas, das hilft" abzuschlagen. Zumal die Schubladen voll sind mit Medikamenten, die wirklich gut gegen Schmerzen, Verspannungen, Verdauungsprobleme und Schlafstörungen wirken, zu Beginn jedenfalls. Dass das erste Medikament sehr häufig schnell ein zweites nach sich zieht, weiß der Patient ja nicht. Vom Kollegen, einem „echt klasse Arzt", hat er ja bereits mehrfach Pillen erhalten, die „super geholfen" haben. *Der* weiß immer, was zu tun ist. Zu Anfang jedenfalls.

---

Ein alltägliches Beispiel aus der Praxis mag es verdeutlichen: Ein Patient klagt über Sodbrennen. Der erfahrene Arzt sieht auf den ersten Blick: Der Mann ist gestresst. Er schöpft zwar aus dem Vollen, zahlt aber einen Preis dafür. Beruflich erfolgreich, bekämpft er das Gefühl der Überlastung vor allem abends mit Kalorien und Alkohol. Sein Bauch ist zu dick, Cholesterinspiegel und Blutdruck liegen in bedenklicher Höhe, er raucht. Da eine grundsätzliche Lebensänderung nicht in Frage kommt – „Ich kann ja nicht einfach alles hinwerfen!" – erhält er einen Säureblocker für den Magen und die lapidare Empfehlung, nach 17 Uhr nichts mehr zu essen. Alkohol und Nikotin soll er gänzlich meiden. Völlig zu Recht murmelt der Patient beim Hinausgehen: „Wenn das so einfach wäre!" Er schnappt sich sein Rezept, schluckt die Pillen, beseitigt die Magenbeschwerden – und macht weiter wie zuvor.

Selbstverständlich braucht er in der Folge ein Mittel gegen seinen hohen Blutdruck. Zwischenzeitlich erhält er vom Psychiater – damit er seine Leistung weiter erbringen kann und auch endlich wieder besser schläft – ein beruhigendes Antidepressivum („Serotonin-Mangel!"). Als Nebenwirkung des Antidepressivums nimmt er allerdings weiter an Gewicht zu, worauf im Beipackzettel auch ausdrücklich hingewiesen wurde. Nach dem ersten Gichtanfall bekommt er außerdem ein Mittel gegen erhöhte Harnsäure verschrieben, nach dem ersten Herzinfarkt zusätzlich ASS, einen β-Rezeptoren-Blocker und einen Cholesterin-Senker, bevor er, völlig ausgebrannt, körperlich, seelisch und sozial am Ende, in Frührente geht. Irgendetwas ist für diesen Menschen falsch gelaufen. Nur was? Im Grunde hätten ihm bereits das Zuviel an Kalorien, der regelmäßige Alkoholkonsum und vielleicht auch seine Unzufriedenheit am Arbeitsplatz und im privaten Umfeld Anlass zum Nachdenken geben sollen: Lebt er, wie es seinen Anlagen, seinen Neigungen entspricht? Spätestens bei den ersten organischen Beschwerden – in seinem Fall Sodbrennen – hätte eine gründliche Inventur das Ruder vielleicht herumgerissen.

Im Rahmen der üblichen Schulmedizin allerdings bleibt für eine solche Vorgehensweise kaum Raum. Sämtliche Beschwerden werden als „organisch bedingt" eingestuft. Im Fallbeispiel fand sich als „Ursache" für das Sodbrennen dann auch eine sogenannte „Magenhernie". Hierbei begünstigt eine Schwäche des Mageneingangsmuskels den Rückfluss sauren Mageninhalts in die Speiseröhre. Dass der Patient trotz Magenhernie in weniger stressigen Zeiten *keine* Beschwerden hatte, führte nicht zu einem Hinterfragen der Diagnose. Auch die Folgeerkrankungen wurden als *schicksalhaft* hingenommen. Jede einzelne Erscheinung wurde mit potenten Medikamenten behandelt. Die Frage nach der wirklichen Ursache aller Beschwerden hingegen wurde nicht ein einziges Mal gestellt.

So entstand aus der anfänglich rein an Symptomunterdrückung ausgerichteten Therapie erheblicher Schaden, individuell wie volkswirtschaftlich. In der Summe bringt eine derartige Medizin unsere Sozialsysteme an die Grenzen ihrer Leistungsfähigkeit. Politik und Krankenkassen ziehen hieraus ihre Schlüsse: Die vorhandenen Ressourcen sollen noch „effektiver" eingesetzt werden, Behandlungen dürfen nur noch „Evidence-based", d. h. auf der Grundlage großer, meist Pharma-gesponserter Studien durchgeführt werden. Auf diese Weise geraten Ärzte wie Therapeuten und vor allem ihre gutgläubigen Patienten in eine Maschinerie, die entgegen ihren Versprechungen kaum Gesundheit, sondern immer mehr Krankheit schafft. Ein Nutzen entsteht bei allem Aufwand in erster Linie an ganz anderer Stelle.

## Kalorien und Lebenserwartung

Zahlreiche Tiere wurden untersucht, von der Fruchtfliege bis zum Rhesusaffen: Bei der überwiegenden Anzahl der Arten wurde ein positiver Effekt einer reduzierten Kalorienaufnahme auf die Lebenserwartung gefunden. Fruchtfliegen lebten unter Kalorienrestriktion zwei- bis dreimal länger als bei freier Nahrungsverfügbarkeit, Mäuse immerhin noch 30–50 %. Auch bei den dem Menschen ähnlicheren Rhesusaffen scheint eine kalorienreduzierte Diät die typischen Alterskrankheiten wie Diabetes oder auch Tumorerkrankungen erheblich zu verringern. Ob sich diese Ergebnisse tatsächlich auf den Homo sapiens übertragen lassen, ist gegenwärtig noch unklar. Sollte dem so sein, könnten wir unsere Lebenserwartung durch entsprechenden Verzicht und auch sonst gesunde Lebensführung künftig vielleicht auf 110 Jahre ausdehnen (Übersicht in Schleim 2012).

„Was ist denn das für ein Leben", war mein erster Gedanke, als ich von diesen Versuchen las. „Kann es sinnvoll sein, ständig Kohldampf zu schieben für ein paar Lebensjahre mehr – und die auch noch jenseits der 80?" Das

Habituationsmodell ermöglicht auch auf diese Frage eine Antwort.

Erstens: Versuche, in denen das „Lustzentrum" sichtbar gemacht werden soll, werden stets mit *hungrigen* Tieren durchgeführt. Daraus lässt sich schließen, dass ein Weniger an Kalorien keineswegs mit weniger, sondern mit mehr Lust einhergeht – nur eben seltener. Der Verzicht auf das Zuviel an Kalorien würde also keine Lusteinbußen bedeuten, sondern das Lusterleben allenfalls bündeln. Der Profit läge in der Vermeidung von Folgekrankheiten der Überernährung, was sich letztlich in einem „Netto-Mehr" an Lebensjahren, in denen Genuss möglich ist, bezahlt machen würde.

Zweitens: Das Weglassen von hochkalorischen, hoch aufbereiteten Nahrungsmitteln mag zunächst wie ein Verlust erscheinen. Da aber naturbelassene Nahrungsmittel den Belohnungsregelkreis weniger strapazieren, dürfte der Genuss beim Essen schnell wieder das ursprüngliche Maß erreichen. Im Dunkeln kann auch eine Kerze blenden. Unsere Belohnungsmechanismen kennen auf die Dauer kein „groß" und „klein", kein „hell" und kein „dunkel". Sie gewöhnen sich an alles, sofern es das Leben an sich ermöglicht.

Drittens: Nicht nur der Buddhismus, auch Männer wie Aristoteles (in seiner „Nikomachischen Ethik") oder Religionen empfehlen ein Leben in „Maß und Mitte", ein Leben ohne Exzesse und Extreme als optimal für Befindlichkeit, Leistungsfähigkeit und Lebensglück. Wenn „volle Speicher" und „sensible Rezeptoren" Lebenslust, Autonomie und Achtsamkeit bewirken, erscheint der Verzicht auf starke Stimulation der Belohnungsstrukturen (und die Vermeidung der mit ihnen verbundenen Eigendynamik) als befriedigender Lebensentwurf – selbst wenn wir die vermutlich zu gewinnenden Lebensjahre bei unserer Kalkulation außen vor lassen.

## Die Maslow-Pyramide

Würden wir irgendwo in der Wildnis ausgesetzt, wäre unser erstes Bedürfnis vermutlich Sicherheit. Wenn wir einen geeigneten Rückzugsort gefunden hätten, würde sich ein weiteres Bedürfnis melden: Hunger oder Durst. Als nächstes würden wir wahrscheinlich nach Schicksalsgenossen oder Gleichgesinnten suchen. Hätten wir unsere sozialen Strukturen installiert, käme die weitere Erforschung unserer Umwelt an die Reihe. Irgendwann würden wir auch beginnen, uns selbst und unsere Behausung zu schmücken, um letztlich auch „höheren", individuellen Bedürfnissen nachzugehen. Zu guter Letzt gelangten wir – wie alle unsere höher entwickelten Vorfahren – auch zur Frage aller Fragen: Was für einen höheren Sinn hat all unser Tun und Lassen?

Vielleicht hat sich in Ihnen bei der Schilderung der Bedürfnisreihenfolge im Text bereits Widerspruch geregt. In der Tat ist die stufenweise Darstellung der Bedürfnisse in der Maslow'schen Pyramide missverständlich (Abb. 9). Die Reihenfolge der einzelnen Stufen erscheint insbesondere bei den unteren Stufen willkürlich. Zudem verleitet die Pyramidendarstellung zu der Annahme, dass die jeweils höhere Stufe erst nach Befriedigung der darunter liegenden erreicht werden könnte. Den tatsächlichen Zusammenhängen besser gerecht wird daher die Darstellung in Abbildung 10.

Aber auch hier erscheint sowohl die Reihenfolge als auch die Gewichtung der Bedürfnisse willkürlich. Jeder kennt Menschen mit geringen sozialen Neigungen bei gleichzeitig starkem Drang nach Selbstverwirklichung. Zudem weiß jeder, dass sich eine Appetenz zumindest phasenweise durch die Sättigung einer anderen stillen lässt. Immerhin verdeutlicht Abbildung 10 die Koexistenz verschiedener Begehrlichkeiten auf verschiedenen Entwicklungsstufen.

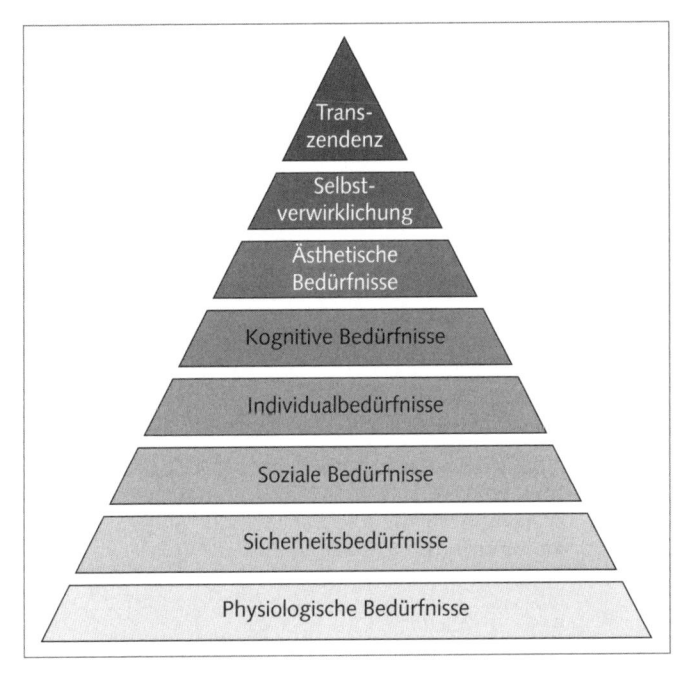

Abb. 9   Erweiterte Bedürfnishierarchie nach Abraham Maslow (1971).

Pyramide von unten nach oben:
- Physiologische Bedürfnisse
- Sicherheitsbedürfnisse
- Soziale Bedürfnisse
- Individualbedürfnisse
- Kognitive Bedürfnisse
- Ästhetische Bedürfnisse
- Selbstverwirklichung
- Transzendenz

Witzig erscheint die wohl intuitiv vorgenommene Bewertung der Bedürfnisintensität: Ausgerechnet die für das Überleben unwichtigsten Anstöße erreichen hier den größten Ausschlag. Dies könnte einen Hinweis darauf liefern, dass „höhere" Bedürfnisse immer schwieriger zu befriedigen sind – und deswegen (bei ansonsten gesättigten Ansprüchen) immer dringlicher empfunden werden.

Was aus diesem (soziologischen) Modell nicht hervorgeht, ist die Triebfeder der individuellen Entwicklung: Aus neurophysiologischer Sicht dürfte es sich auf allen Stufen letztlich um das Streben nach Befriedigung und innerer

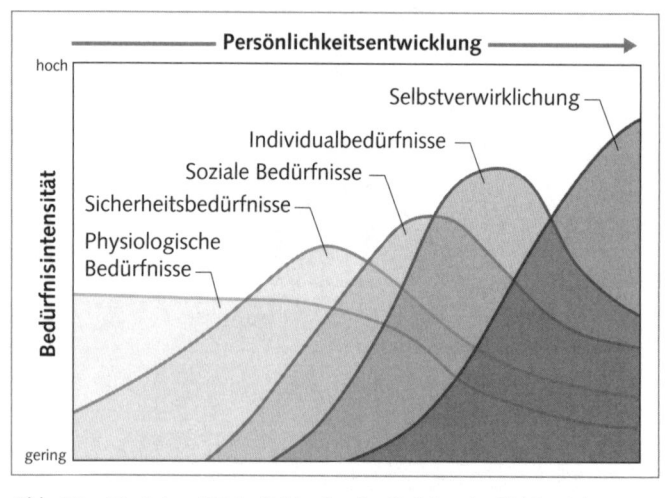

Abb. 10 Die Intensität individueller Bedürfnisse in Abhängigkeit von der Persönlichkeitsentwicklung (nach Krech et al. 1962).

Harmonie handeln – sprich, um die Ausschüttung von GABA.

In der Tat zeigt die individuelle Entwicklung eines Menschen, dass er bestimmte Phasen durchläuft, die im Normalfall irgendwann abgeschlossen sind. Stehen beim Säugling rein körperliche Bedürfnisse im Vordergrund, werden soziale Bedürfnisse (Kontakt, Lächeln) nach wenigen Monaten ebenfalls bedeutsam. Auch das Autonomiestreben macht sich früh bemerkbar (wie alle Eltern in den ersten Lebensjahren feststellen können). Ebenfalls früh ist das Erwachen intellektueller Bedürfnisse zu beobachten; die typischen „Warum"-Fragen kleiner Kinder beziehen sich nach und nach auf immer komplexere Sachverhalte.

Gemeinsam ist all diesen Bedürfnissen, dass sie „entdeckt" und dann, in ihrer jeweiligen „Hochphase", ausgearbeitet werden, bis sie ins Standardrepertoire von Wahrnehmung und Verhalten eingegangen und damit „abgearbeitet" sind. Bei Kindern ist dieser Ablauf besonders eindrücklich und deutlich zu beobachten, er gilt aber auch für Erwachsene, die sich neue körperliche, intellektuelle oder spirituelle Dimensionen erschließen. Hat sich der „Reiz des Neuen" verbraucht, hat sich der Organismus an die neuen Fertigkeiten gewöhnt (sind die neurohumoralen Mechanismen an den neuen Zustand adaptiert), werden die erworbenen Kapazitäten zur Selbstverständlichkeit. Das Streben nach der nächsten Entwicklungsstufe lässt sich auch mit der Gewöhnung an die vorhandenen Standards erklären.

Für den zivilisierten, industrialisierten Menschen ist heute ein großes Maß an individueller Sicherheit und Freiheit Standard. Er verfügt im Normalfall über die Möglichkeit, sein Leben zu einem großen Teil selbstbestimmt zu verbringen und seine Interessen und Neigungen zumindest teilweise zu verwirklichen. Er ist an *alle* Stufen der ursprünglichen Maslow-Pyramide (ohne Transzendenz) habituiert. Materielle Sicherheit und die Möglichkeiten zur Selbstverwirklichung befriedigen nur noch bedingt; Ziellosigkeit und Sinnleere sind die häufig zu beobachtende Folge.

Eine Zeit lang (deren allgemeines Ende noch nicht absehbar ist) suchen Individuen wie ganze Gesellschaften Halt und Befriedigung darin, die Erlebnisintensität auf den oberen Stufen der Pyramide zu steigern. Doch entkommt niemand – ob individuell oder global – den Effekten der Habituation. Weder die Steigerung der Erlebnisdichte noch die Kombination von Reizen oder der Einsatz von Wirkverstärkern vermag die Gewöhnung an noch so hohe Standards aufzuhalten. Zeitweise kann in dieser Situation des Überflusses der Vergleich mit Konkurrenten oder jenen, die es weniger gut haben als man selbst, über die tatsächliche Sinnleere hinwegtäuschen. Wer aber sich selbst gegenüber ehrlich ist, wird längst die Erfahrung gemacht haben, dass ein „Sieg" über einen Mitbewerber, der „Beweis" einer eigenen vermeintlichen Überlegenheit kein dauerhaftes Glück verspricht. Auch der letzte Meter, mit denen ein Herr Abramowitsch den Titel „Eigentümer der längsten Megayacht der Welt" eroberte, dürfte ihm die Frage nach seiner Bestimmung, seinem wirklichen Lebenssinn kaum endgültig beantwortet haben.

„Was brauchen wir wirklich?" war die Eingangsfrage dieses Kapitels. Halten wir fest, dass letztlich weder Besitz noch Macht die Sinnfrage lösen. Um im Tenor dieses Buches zu bleiben: Einen *objektiven* Sinn wird der Mensch genauso wenig beweisen (oder widerlegen) können wie die Existenz eines Gottes. Sinn wird immer *subjektiv* empfunden; er ergibt sich aus dem Effekt von Hormonen und Neurotransmittern. Verschärft ließe sich formulieren: *Sinn ist nichts weiter als ein Effekt von Botenstoffen.* Die eigentliche Frage müsste demnach lauten: Welche Form der Existenz sichert dem Individuum wie dem Kollektiv das Optimum an Glücksbotenstoffen?

Die Antwort ergibt sich aus dem bisher Gesagten: Da sich die absolute Menge an Glücksbotenstoffen nicht vermehren lässt bzw. jeder Versuch einer Vermehrung durch Habituation wieder aufgebraucht wird, kann die Antwort auf die Frage nach dem erreichbaren Optimum nur „*Nachhaltigkeit*" lauten. Wer möglichst viel Glück erleben will, sollte mit seinen Ressourcen schonend umgehen, individuell wie global. *Exzesse* mögen intensive Erlebnisse für den Augenblick gestatten. Langfristig dürften die individuell negativen seelischen und körperlichen Folgen wie die globalen ökologischen Konsequenzen das durch Exzesse erlebbare Maß an Glück jedoch ausschließlich schmälern. Nicht ohne Grund wurde der ökologische Fußabdruck von Gesellschaften, neben der durchschnittlichen Lebenserwartung und der subjektiven Lebenszufriedenheit, als einer von drei Parametern in den Happy-Planet-Index aufgenommen; nicht umsonst beklagen Non-Government-Organisationen die ungerechte Verteilung von Wohlstand, Bildung und Gesundheit auf unserem Planeten; und zu Recht befürchten Umweltschutzverbände, dass unser heutiger Lebensstandard die Existenzgrundlage künftiger Generationen ruiniert.

Das neurophysiologisch begründete Habituationsmodell macht auf naturwissenschaftlicher Grundlage verständlich, dass die endlose Steigerung des Lebensstandards keine wirkliche Vermehrung der Lebensqualität erzeugt: Gerade auf den oberen Niveaus der Maslow-Pyramide entstehen mit der Sättigung der Bedürfnisse Ziellosigkeit und Sinnleere, die sich immer schwerer bekämpfen lassen. Gleichzeitig treten gerade hier auch die Kosten der ungebremsten Steigerung des Lebensstandards (wie berufliche Belastung, Stress, psychische und physische Erkrankungen, ungerechte Ressourcenverteilung, Umweltverbrauch, negativer Einfluss auf die Lebensqualität und Lebenserwartung aller Schichten usw.) immer deutlicher zutage. Das Schema, nach dem wir unser ganzes Leben lang funktioniert haben – Ziele setzen, Ziele erreichen – erweist sich als fragwürdig. Wozu sollen wir leben, wenn alle Notwendigkeiten bereits gesättigt sind und nicht einmal die erreichbaren Extravaganzen noch Befriedigung versprechen?

Der satte, der übersättigte Mensch erscheint frei, befreit sogar von allen Trieben, die ihn motivierten bis zu jenem Punkt, an dem er letztlich keinen Sinn mehr empfinden kann in jenem Streben, dass ihn reich gemacht hat und mächtig. Auf dem Gipfel seines Erfolgs bleibt er bedürftig – nach Befriedigung, Richtung und Sinn. Nur was verleiht dem – beinahe – allmächtigen Menschen Richtung und Sinn, wenn es ihm schon kaum noch gelingt, Befriedigung zu empfinden? Abraham Maslow hat kurz vor seinem Tod seine ursprüngliche Bedürfnispyramide um eine weitere Stufe erweitert, die der *Transzendenz*. Als naturwissenschaftlich denkende Menschen kann uns diese Antwort aber nicht nachhaltig befriedigen; denn wir wissen nichts über die möglichen metaphysischen Zusammenhänge unserer Existenz. Allenfalls dürfen wir *glauben*. Aber mit einem Glauben gibt sich der kritisch fragende Zeitgeist nicht mehr zufrieden. Im Rahmen des Möglichen wollen wir *wissen*. Welche Antwort gibt das Habituationsmodell auf die Frage nach dem letzten, dem höchsten Sinn?

Nach der Grundannahme dieses Buches, dass kein äußerlicher Erfolg oder Genuss erforderlich ist, um innere Ruhe, Sinnerfüllung und Gelassenheit zu erreichen, könnte sich der moderne Mensch hinsetzen und bis an sein Lebensende nichts tun außer zu meditieren. Irgendwann würden seine Speicherzellen überquellen und Glücksbotenstoffe freisetzen, die auf (während der langen Phase der Abstinenz von äußeren Reizen und Genüssen) sehr sensible Rezeptoren träfen – Glück, Ausgeglichenheit und Ruhe wären ihm gewiss. Ganz so einfach ist es leider nicht. Gott sei Dank.

## Familie, Freunde, Anerkennung – soziale Kontakte als Lebenssinn?

Der häufigste Einwand gegen die Auffassung, dass Glücksempfinden nach der Befriedigung von Grundbedürfnissen (Nahrung, Schutz, Autonomie) kaum abhängig ist von äußerlichen Faktoren, bezieht sich auf das Bedürfnis nach sozialer Interaktion. Ein Mensch brauche Austausch, am besten nahe Freunde, bei denen er Halt findet, emotionale Anbindung und Rückversicherung.

Dieses Argument ist gleichzeitig richtig und falsch. Selbstverständlich ist der Mensch ein *soziales* Wesen. Allein gelassen, wird er als Kind krank und stirbt (Hospitalismus); Erwachsene ohne soziale Kontakte drohen psychisch zu dekompensieren und ebenfalls schwer zu erkranken. Unsere sozialen Bedürfnisse sind derartig ausgeprägt, dass Isolation als Folter eingesetzt werden kann.

Umgekehrt aber ist es so, dass jemand, der „soziale Kontakte" als *primären* Sinn und Lebenszweck definiert, diesen Kontakten oft hilflos hinterher läuft. Soziale Interaktion ist eben kein Selbstzweck: Ohne innere Unabhängigkeit, ohne Autonomie, ohne „Selbstgenügsamkeit" auf beiden Seiten (die mitteilenswerte individuelle Erfahrung erst ermöglicht) wird sich kein befriedigender zwischenmenschlicher Austausch entwickeln. Mit den sozialen Kontakten verhält es sich ähnlich wie mit allem anderen, was das Belohnungszentrum stimuliert: Sie sind sinnvoll und notwendig zum Überleben. Als Selbstzweck verfolgt, wirken sie hingegen schädlich für das Individuum *und* die Gemeinschaft.

## Sinn und Selbstzweck

Was für soziale Interaktion gilt, betrifft auch alle anderen Dimensionen menschlicher Bedürftigkeiten: Selbstverständlich müssen wir essen und trinken, brauchen Sex, Familie, Freunde und Anerkennung, um „Sinn" zu empfinden. Aber all dies wird – ausreichende Verfügbarkeit vorausgesetzt – als *Selbstzweck* keine nachhaltige Befriedigung bewirken.

Was also brauchen wir wirklich – jenseits der Befriedigung von Grundbedürfnissen? Was liegt hinter jedem Selbstzweck? Letztlich strebt der Mensch stets nach „Höherem", weil ihn das „Niedere" auf Dauer nicht befriedigt. Für den Genussmenschen wird das „Höhere" in fortwährender Verfeinerung seiner sinnlichen Empfindung bestehen. Um es mit einem französischen Gourmet auszudrücken:

„Die Entdeckung eines neuen Gerichtes macht die Menschheit glücklicher als die Entdeckung eines neuen Sterns."

Jean Anthelme Brillat-Savarin (1826)

Der Hirnforscher Wolf Singer hingegen sieht in der Neugier einen evolutionären Vorteil. Auf den Menschen bezogen empfindet er geradezu eine Verpflichtung, „das Wißbare zu wissen [...], also neugierig zu bleiben." (Singer 2002, S. 181). Der Psychologe Abraham Maslow erweiterte, wie bereits erwähnt, gegen Ende seines Lebens die nach ihm benannte Bedürfnishierarchie um eine letzte Stufe, die Transzendenz.

Wie wir es auch drehen und wenden: Eine *objektive Notwendigkeit* für all unser Wünschen und Streben, unser Forschen und unsere Kreativität lässt sich aus den genannten Zitaten genauso wenig belegen wie die Existenzberechtigung des Universums oder der Sinn des Lebens oder gar der potenzielle Sinn eines solchen Sinns. Es muss offen bleiben, ob die permanente Verfeinerung aller denkbaren Genüsse, das stetige Voranschreiten naturwissenschaftlicher Erkenntnis oder das Spüren einer dauerhaften Verbundenheit mit einer metaphysischen Wahrheit – ob real oder als reines Geistesprodukt – sich nicht auch irgendwann via Habituation verbrauchen würde, um ganz neuen – oder auch alten, überwunden geglaubten – Bedürfnissen zu weichen. Was uns Lust bereitet und uns Befriedigung verschafft, ist kein Selbstzweck. Es ist ein Regelkreis, der unsere innere Homöostase und unser Überleben im natürlichen Umfeld garantieren soll. Unsere Gelüste, aber auch unsere Aversionen, unsere psychischen, psychosomatischen und somatischen Leiden steuern unser Verhalten auf ebenso unbewusste wie elegante Weise zu dem, was wir wirklich brauchen – in jene Richtung, die unser Überleben bis heute am besten garantiert hat. Dass unser Belohnungssystem im hochtechnisierten Umfeld phasenweise die Orientierung verliert, erscheint verständlich. Die Bedingungen, unter denen es sich entwickelt hat und „geeicht" wurde, waren gänzlich andere. Umso erstaunlicher ist es, dass das Belohnungssystem offenbar selbst für Zeiten scheinbar unbegrenzter Vorräte Sicherungen vorgesehen hat: „Immer mehr von allem" wird eben nicht als „immer besser" empfunden. Übersättigung, Dekadenzerscheinungen, Sinnverlust bis hin zu Depressionen, körperliche Schmerzen und chronische Leiden – von der Leberverfettung bis hin zum Herzinfarkt – sind die Methoden unseres Belohnungssystems, uns unsere Fixierung auf die falschen Werte *spüren* zu lassen – wenn wir sie schon nicht *verstehen* wollen.

Was wir wirklich brauchen, ist ein Leben, das unseren „Messinstrumenten", den Zellen, die uns Lust und Befriedigung, Glücksgefühle und Sinn vermitteln, die Pausen zugesteht, die sie zum Funktionieren benötigen. Ein Maßhalten, das unser Organismus zum guten Leben genauso benötigt wie unsere Gesellschaft und unser Ökosystem. Wenn unsere Messinstrumente uns langfristig „Wohlgefühl" vermitteln, bedeutet dies, dass wir vermutlich in Übereinstimmung mit unserem Körper, unserem Geist, unseren Mitmenschen und unserer Umwelt leben. Fühlen wir uns hingegen unwohl, können wir das als Hinweis deuten, dass wir hinsichtlich unserer persönlichen Entwicklung, unserer sozialen Beziehungen sowie unseres ökologischen Verhaltens Optimierungspotenzial besitzen. „Immer mehr von allem" beantwortet mit Sicherheit *nicht* die Frage nach dem, was wir wirklich brauchen, was an der simplen Tatsache ablesbar ist, dass das Übermaß nicht glücklich macht, sondern unzufrieden und krank.

Ob die Metaphysik Auskunft über unsere wahren Bedürfnisse gibt, bleibt spekulativ. Sicher existiert ein Bedürfnis nach einem „höheren" Sinn (Transzendenz), wenn auch dieses Bedürfnis nicht bei allen Menschen gleich ausgebildet ist und sich insgesamt im Rückzug zu befinden scheint. Unter neurophysiologischen Gesichtspunkten ergeben Begriffe wie „Metaphysik" oder „Transzendenz" durchaus Sinn. Möglicherweise öffnet uns die Bereitschaft, spirituelle Werte zu akzeptieren, die Augen für Notwendigkeiten, die unser

Überleben garantieren – unabhängig davon, ob der dahinter vermutete „höhere Sinn" eine reale Entsprechung besitzt oder nicht. Unsere sogenannte Ratio ist im Vergleich zur Gesamtheit dessen, was unser Leben und Fühlen ausmacht, sicher nur eine Erbse auf einem Kürbis. Und wie bereits erwähnt, bestehen streng genommen zwischen Ratio und Metaphysik keine qualitativen Unterschiede, sondern lediglich verschiedene Zuständigkeiten: Rationales Denken funktioniert sehr gut bei einfachen, überschaubaren Zusammenhängen, komplexe Systeme lassen sich damit aber schwerlich fassen. Wenn wir dem scheinbar Irrationalen einen Stellenwert zubilligen, verlangsamt dies möglicherweise unsere technisch-zivilisatorische Entwicklung. Unser Wohlbefinden hingegen könnte von diesem Schritt ebenso profitieren wie unsere Chance, auf unserem Planeten zu überleben.

## 4.6 Die Freiheit des Willens

Nachdem wir über unsere menschlichen „Bedürfnisse" gesprochen haben, möchte ich zunächst noch einladen zu Gedankenspielen über die „Freiheit des menschlichen Willens" – natürlich betrachtet unter dem Aspekt von Glücksbotenstoffen und dem Mechanismus der Habituation. Denn wenn alle Bedürfnisse befriedigt sind, müsste der Wille dann nicht frei sein?

Wie wir gesehen haben, ist die Empfindung von „Glück" und „Befriedigung" an keine für alle Menschen gleichermaßen gültigen Voraussetzungen gebunden, auch wenn neurophysiologisch betrachtet die Endstrecke für alle menschlichen und tierischen Lebewesen die gleiche ist: die Ausschüttung von Dopamin und GABA und weiteren belohnenden und beruhigenden Transmittern. Auch dürfte klar geworden sein, dass Glück und Befriedigung keinen Dauerzustand darstellen können, da sich die Effekte aller beteiligten Botenstoffe mit der Zeit erschöpfen. Diese Erschöpfung ist lebensnotwendig. Ohne sie gäbe es keine Anpassung an sich verändernde Lebensbedingungen, keine Notwendigkeit zur Eroberung neuer Lebensräume und keine individuelle Entwicklung. Ohne Habituation erscheint das Leben kaum vorstellbar, und ohne sie hätte eine Evolution höherer Lebensformen wohl nie stattgefunden.

**Lust** ist keineswegs das Teufelswerk, als die sie im religiösen Kontext gerne dargestellt wird. Lust dient dem Überleben. Es sind genau jene „Lust"-besetzten Triebe, die ein jedes Individuum und seine Art am Leben erhalten, auch wenn es so manchem Pharisäer bei diesem Gedanken grausen mag. Das Belohnungszentrum aber steuert auch *sein* Verhalten, selbst wenn er glaubt, eher seine Pflicht zu erfüllen als nach dem „Lustprinzip" zu funktionieren. Diesem Prinzip entkommt auch nicht der frommste Kirchenmann: Er mag in der Lage sein, seine Lust für den Augenblick zu beherrschen. Aber warum tut er das? Um später – und sei es im Himmelsreich – überreich belohnt zu werden: Durch Aussicht auf das „Ewige Leben" und den Einzug ins Paradies beispielsweise, oder, um ein Beispiel aus einem anderen Kulturkreis zu wählen, die Aussicht auf „großäugige Jungfrauen wie verborgene Perlen zum Lohn für seine Werke" (Koran, Sure 56:22–24) – allerdings ebenfalls erst im Jenseits.

Im Grunde hat sich die philosophische Welt seit Schopenhauers 1841 erschienener Preisschrift „Über die Freiheit des menschlichen Willens" von der Idee der Willensfreiheit verabschiedet. Dort schreibt Schopenhauer sinngemäß: Man müsse *wollen können* – und dieses *Können* sei eben nicht frei. Die aktuelle Hirnforschung scheint Schopenhauers Zweifel am freien Willen zu bestätigen: Hirnstrommessungen haben ergeben, dass eine Entscheidung im Hirn bereits mehrere Sekunden, bevor ein Mensch eine Entscheidung bewusst „frei" trifft, nachweisbar ist

(Libet 1999). Diese experimentellen Ergebnisse lassen den „freien Entschluss" zu einer Handlung lediglich wie das Abnicken einer unbewusst viel früher getroffenen Entscheidung erscheinen. Diesem Anschein nach ist der „freie Wille" nichts als eine Illusion.

Doch hat das Leben nur sehr wenig gemein mit einer Laborsituation, in der innerhalb von Sekunden lediglich banale Entscheidungen ohne relevante Konsequenzen getroffen werden sollen. Das Leben besteht aus vielen Momenten, in denen wir jedes Mal abschätzen können, welche Entscheidung uns unseren Zielen näher bringt. Diese langfristige Perspektive kann naturgemäß kein Versuchsaufbau berücksichtigen, in dem es um den Nachweis von Hirnstrommustern im Vorfeld des Bewusstwerdens von Entscheidungen geht.

De facto können wir *Entscheidungen* treffen, ob sie nun unserem bewussten Wissen oder unserem Bauchgefühl entsprechen. Selbst wenn Vernunft, Gewissen und Gefühle unbewussten Einflüssen unterliegen, können wir *wählen*. Und: Wir können Entscheidungen, die nicht das gewünschte Resultat zeitigen, revidieren und unseren Zielen anpassen. Demzufolge sind wir frei.

Nur: Was ist das Ziel unseres „freien" Willens? Jede Entscheidung soll uns einem Zustand näher bringen, in dem wir uns wohl fühlen, sinnerfüllt und befriedigt. Übersetzt in die Sprache unserer Transmitter, wünschen wir uns von unseren Entscheidungen, dass sie die Rezeptoren unserer Lust- und Wohlfühlhormone (Dopamin, Glutamat, Oxytocin, Serotonin, Endocannabinoide, Endorphine und andere mehr) stimulieren. Wobei die Endstrecke aller Befriedigung wohl zu einem guten Teil vom Transmitter GABA vermittelt sein dürfte, der als Hauptbotenstoff des Belohnungszentrums nach ausreichender Stimulation all jene Nervenkerne beruhigt, die uns lüstern, unruhig und unzufrieden werden lassen.

Was bedeutet es für die Freiheit des Willens, wenn unser letztes Ziel schon feststeht? Sind wir trotzdem noch frei? Eine neurophysiologisch begründete Antwort, die sich nicht nur auf lebensferne Laborsituationen beruft, müsste lauten: Ja, wir sind frei. Denn wir können uns auch *gegen* die Endstrecke jeder Befriedigung (GABA) entscheiden. Für gewöhnlich tun wir dies aber (wie jeder Pharisäer) nur in Erwartung einer größeren Belohnung zu einem späteren Zeitpunkt.

Zwar ist eine Entscheidung *gegen* die physiologischen Belohnungsmechanismen schlecht mit dem Überleben des Individuums vereinbar. Das Streben nach Glücksbotenstoffen besitzt ja einen Sinn; es ist optimal auf das *Überleben* jeder Spezies in seiner natürlichen Umwelt abgestimmt. Dies bedeutet allerdings nicht, dass es für ein Individuum prinzipiell *unmöglich* sein muss, sich für eine Handlung zu entscheiden, die auch langfristig mit dem Verzicht auf Glücksbotenstoffe verbunden sein kann. Denkbar erscheinen Szenarien, in denen sich ein Einzelner opfert, um das Überleben seiner Gruppe zu ermöglichen. So sollen Berichte existieren, nach denen sich Bergsteiger selbst vom Sicherungsseil trennten, um Kameraden nicht mit in die Tiefe zu reißen. Auch schwer kranke oder alte und einsame Menschen könnten sich, da die Erwartung von Leid das noch in Aussicht stehende Glück übersteigt, für den Freitod entscheiden. Ebenso gibt es Menschen, die sich aus politscher oder religiöser Überzeugung oder auch „um ihren *Willen* durchzusetzen", zu Tode hungern.

Bei diesen Beispielen handelt es sich letztlich jedoch um Extreme, die der eigentlichen Fragestellung nicht wirklich gerecht werden. Das natürliche Belohnungssystem im Kopf ist eine evolutionär uralte Struktur, die der Überlebenssicherung dient. Der Willensfreiheit ihre Existenz abzusprechen, weil sie sich nur schwer gegen das eigene Überleben wenden kann, zielt am Kern des Problems vorbei.

175

Die eigentliche Frage lautet doch viel eher: Ist der Mensch, der so vielen Trieben und Begehrlichkeiten ausgeliefert ist, tatsächlich als „frei" zu bezeichnen? Spricht nicht allein die Existenz eines Belohnungssystems und dessen Anfälligkeit für Reize, denen wir wie willenlos unterworfen scheinen, *gegen* die Freiheit unseres Willens? Widerspricht nicht die offenbare Zwangsläufigkeit, mit der der Einzelne dem Sog seiner Belohnungsmechanismen ausgeliefert scheint, der Möglichkeit zur freien Entscheidung? Ist nicht die Menschheit, die in ihrer Maßlosigkeit auf ein ökologisches Desaster zusteuert, ein einziges Gegenbeispiel für die Existenz einer Willensfreiheit? Widerlegt nicht die Tatsache, dass es keinen Menschen gibt, der diese Entwicklung aufzuhalten vermag, die Existenz eines freien Willens – wo doch so viele die dringliche Notwendigkeit eines Handelns erkennen und eigentlich um jeden Preis überleben *wollen*?

Es liegt auf der Hand: Solange eine Begehrlichkeit nicht befriedigt wurde, übt sie eine schwer widerstehliche Anziehung auf den Menschen aus. Dieser Mechanismus ist im Prinzip sinnvoll, bringt er doch den Menschen (wie jedes andere Lebewesen) in einem Umfeld begrenzter Ressourcen dazu, diese tatsächlich auch zu nutzen. Der stete Hunger nach Neuem motiviert dazu, immer wieder neue Lebens- und Denkräume zu erobern. Die hieraus resultierende Vielfalt trägt zur Überlebenssicherung der Art bei. Zum Problem werden diese Verlockungen und Unzufriedenheiten erst beim Wegfall von Ressourcenbegrenzungen, wie es für die zivilisierte Menschheit seit einigen hundert Jahren zunehmend eingetreten ist. Aber selbst für diesen Fall scheint die Evolution vorgesorgt zu haben: Unbegrenzter Zugang führt zu einer deutlichen Attraktivitätseinbuße jeder zuvor begrenzten Ressource. Nach der Sättigung auf den verschiedenen Stufen der Maslow-Pyramide (s. Abb. 9) werden andere Dinge interessant – solange, bis auch die höchsten Stufen scheinbar unbegrenzt zur Verfügung stehen und zur Selbstverständlichkeit geworden sind.

Das Dilemma unserer Zeit besteht darin, dass wir auf der obersten Stufe keine nächsthöhere mehr *erkennen* können. Wir finden zudem – als scheinbar rationale Wesen – immer schwieriger Zugang zu spirituellen oder religiösen Werten. Gleichzeitig bringt die Intensivierung und Beschleunigung aller uns zur Verfügung stehenden Tätigkeiten und Genüsse – der Habituation sei Dank – keine Befriedigung mehr.

Das Mehr an Kalorien, das Mehr an Besitz, an Macht, an Selbstverwirklichung, ein Mehr an Nachkommen – fast alle Triebe, die der Menschheit Jahrtausende lang Orientierung gaben, haben ihre ordnende Kraft verloren. Das Magnetfeld ist erloschen; der innere Kompass zeigt keine Richtung mehr an. Vielleicht kann sich der Einzelne noch eine Zeit lang damit trösten, dass er die längste Mega-Yacht besitzt oder den erfolgreichsten Fußballverein. Aber alle Komparative nutzen sich auf die Dauer ebenso ab wie sämtliche Superlative; wirklich dauerhaften Sinn und Halt geben nur absolute Werte.

Nur: Was sind *absolute* Werte? Wie gesagt, ich kann in diesem Buch diese komplexe Frage nicht abschließend beantworten. Ich stelle lediglich fest, dass die Freisetzung von Lust vermittelnden Botenstoffen das *Gefühl von Sinn und innerem Frieden* vermittelt – Gefühle, die sich bei Dauer- und Überstimulation der verantwortlichen Mechanismen aber auf jeden Fall erschöpfen. Ein *absoluter* Sinn ist demnach nicht zu identifizieren. Und wäre er doch vorhanden, er würde mit der Zeit nicht mehr wahrgenommen. Dauerhafte Sinnerfüllung kann also nur über *wechselnde* Stimuli erfolgen, wobei Pausen zur Regeneration des Lust und Befriedigung vermittelnden Botenstoffsystems immer notwendig bleiben.

In einem natürlichen Umfeld sorgt die Ressourcenknappheit automatisch für eine „Reizkarenz"; und „übernatürlich" starke Auslöser kommen darin nicht vor. Das Belohnungssystem erhält also kaum Gelegenheit, sich bis zur Entwicklung von (Zivilisations-)Krankheiten aufzuschaukeln. Wobei die naturgegebene Reizkarenz vermutlich nicht allein der Erholung der „Sinn" vermittelnden neuronalen Strukturen dient; wahrscheinlich benötigt auch der Gesamtorganismus die gleichen Pausen, um Fehl- und Überbeanspruchung zu vermeiden und um sich zu regenerieren.

Der einzig langfristig erfahrbare „absolute" Sinn wäre demnach also ein Leben, in dem die Sinn vermittelnden Strukturen des zerebralen Belohnungssystems ihrer Bestimmung gemäß gebraucht würden: ein Leben, das sich selbst erhält – vom Individuum bis hin zur Art – ohne extreme Unter- oder Überstimulation. Und da keine Spezies auf der Erde allein zu überleben in der Lage ist, sondern immer nur als Bestandteil des gesamten Ökosystems, ähnelt die Antwort, die sich aus der neurowissenschaftlichen Analyse des Belohnungssystems ergibt, auf frappierende Weise derjenigen, die verschiedene Religionen schon seit Jahrtausenden bereit halten: Der Sinn des Lebens ist die Bewahrung der Schöpfung. Etliche Wege, die phasenweise durchaus zur sogar vermehrten Freisetzung belohnender Transmitter führen, sind nicht nachhaltig. Sie schaden dem Individuum wie letztlich dem Überleben seiner Art.

Von der Eigendynamik lustgesteuerter Prozesse war in diesem Buch bereits reichlich die Rede. Es gibt aber auch ein Gegenstück zum lustvermittelten Hang zum Extrem: Wer sich dem selbstverstärkenden Mechanismus von Lust und Befriedigung entzieht, macht eine neue Erfahrung. Der Verzicht auf Extreme bewahrt das Belohnungssystem im Gehirn davor, sich in Exzesse zu verrennen. Seine Glücksbotenstoffspeicher werden nicht stark entleert, weswegen es nachfolgend auch nicht zu Phasen extremer Unruhe, Unzufriedenheit und heftiger, ungerichteter Appetenz kommt, die wiederum nur durch ein neues „Zuviel" zu befriedigen sind. Vorausgesetzt, seine Grundbedürfnisse an Nahrung, Schutz und Selbstbestimmung sind erfüllt, kann ein Mensch, der auf extreme Stimulationen verzichtet, eine Sensibilität für seine wirklichen, seine *ureigenen* Bedürfnisse entwickeln. Ebenfalls wird er die Bedürfnisse und Möglichkeiten seines Umfelds aufmerksamer registrieren und unterstützen können.

Um es kurz zu machen: Neurophysiologisch betrachtet kann nach der Befriedigung der Grundbedürfnisse mit dem *Verzicht auf Exzesse* eine tatsächliche Freiheit des Willens entstehen. Ein ruhig dahin fließendes Leben fühlt sich – für diejenigen, die dazu imstande sind – beglückender an als das permanente Streben nach neuen Stimulationen durch immer höher gegriffene Vergleiche und Superlative. *In der Ruhe liegt die Kraft*, und auf Dauer ist ein ausgeglichenes, gleichmäßiges Leben mit Sicherheit bekömmlicher als das sich selbst nährende Bedürfnis nach immer neuer und stärkerer Stimulation. Dabei hindern Ausgeglichenheit und Gelassenheit keineswegs daran, Spitzenleistungen zu erbringen. Im Gegenteil: Für intellektuelles und künstlerisches Schaffen ist innere Ruhe eine gute Voraussetzung. Sportler, Schriftsteller, Mathematiker berichten von einem genussreichen Erleben ihrer hochkonzentrierten Tätigkeit.

Die Freiheit des Willens beginnt also dort, wo wir unserer Triebe Herr geworden sind. Nach allem, was in diesem Buch bisher festgestellt wurde, kann (die Sättigung der „Maslow-Bedürfnisse" vorausgesetzt) *nichts von außen* dauerhafte Befriedigung vermitteln. Sinnerfüllung, innere Harmonie und Ausgeglichenheit sind Botenstoffeffekte. *Was* diese Botenstoffe auf Dauer am effektivsten freisetzt, mag für jeden Menschen etwas anderes sein. Jeder von uns besitzt wohl ein eigenes Muster, so charakteristisch wie sein Fingerabdruck. Diesem Muster entsprechen zu können, Entscheidungen zu fällen, die das eigene Leben in eben jene Bahnen lenken, die die größte Ausbeute an Dopamin und letztlich GABA versprechen, dürfte am ehesten der tatsächlichen Freiheit des menschlichen Willens entsprechen.

Dass grenzenloser Egoismus für die meisten Menschen keine dauerhafte Befriedigung bewirkt, ist evolutionär wohl so vorgesehen. Das Gleiche dürfte für unbegrenzten Altruismus wie für jeden anderen Trieb und jede andere Emotion gelten. Alle Triebe und alle Emotionen wirken, in Maßen ausgelebt, sowohl für das Individuum als auch für das Überleben der gesamten Spezies vorteilhaft. Es ist der Vorgang der Habituation, der den Menschen auf der höchsten Stufe seiner Zivilisation die Freiheit seines Willens zurückgibt. Noch haben wir die Wahl zwischen weiterer Übersättigung (mit all ihren schädlichen individuellen und globalen Folgen) und freiwilligem Verzicht. Sollten wir uns als fähig erweisen, den über Jahrtausende ausgetretenen Pfad des „Immer mehr = immer besser" zu verlassen, haben wir gute Aussichten, in ruhiger Sinnerfüllung Bestandteil der Evolution zu bleiben. Sollten wir entgegen jedem *Gefühl* und jeder *Einsicht* weiterhin das Übermaß mit Lebensqualität verwechseln, wird dieser Irrtum den Homo sapiens wohl vorzeitig vom Planeten tilgen.

Selbstverständlich wird dies eines Tages ohnehin der Fall sein. Die Frage ist, wie – und wie lange – wir bis dahin noch leben *wollen*. Diese Frage ist kollektiv wohl kaum zu entscheiden. Die Antwort gibt sich jeder selbst, freiwillig. Und jeder zahlt auch selbst den Preis dafür: mit Getriebenheit, die doch nie zu befriedigen ist – oder mit bewusstem Verzicht und einem Gewinn an Ruhe und Autonomie, die niemand erreicht, der sein Wohlbefinden von Äußerlichkeiten abhängig macht. Die Freiheit des Willens beginnt im eigenen Kopf.

Und hier eröffnet sich auch die Chance, dem scheinbar unaufhaltsamen Weg der Menschheit ins ökologische Desaster doch noch eine Wendung zu geben: Wer weiß, dass das ewige Mehr an Möglichkeiten sich zwangsläufig in ein Weniger an Befriedigung verwandelt, kann sein eigenes Verhalten mäßigen. Er wird vom Verzicht auf jedes Übermaß *körperlich* profitieren, *seelisch, sozial* und letztlich auch – selbst wenn dieser Effekt am längsten auf sich warten lässt – *ökologisch*. Kollektiv werden wir nichts verändern, dazu sind die Zusammenhänge viel zu komplex. Aber jedem Einzelnen steht die Entscheidung frei. Und jeder kann davon profitieren, dass sich im Überfluss jeder Verzicht, jede Entschleunigung, jedes *Weniger* in ein spürbares *Mehr* an Autonomie, Achtsamkeit und wirklicher Gesundheit verwandelt.

# 5 Persönliche Konsequenzen für den Alltag

## 5.1 Der Start in den Tag

Der durchschnittliche Europäer wird unter der Woche morgens vom Weckerklingeln geweckt. Er schläft am Wochenende aus – falls er dazu kommt. Denn freitags und samstags muss er ja den in der Woche aufgelaufenen Verzicht aufholen. Wann sonst soll er leben? Lange aufbleiben, ausgehen, Spätfilme ansehen, Veranstaltungen besuchen oder Partys? Noch müde schlurfen wir also in die Küche und kochen uns einen Kaffee, der uns richtig wach machen soll. Nicht selten versorgen wir uns mit „schnellen" Kohlenhydraten: frische Brötchen, Marmelade, Koffein mit reichlich Zucker. Die „reinen Körnerfresser" sind selten; und auch diese hübschen ihr bescheidenes Frühstück gerne auf mit heimischem Obst und Südfrüchten, Joghurt, Quark und Milch. Viele bevorzugen ein „buntes" Müsli mit Beeren oder Schokoflocken. Es soll ja schmecken.

Schon die Vielfalt an Nahrungsmitteln setzt den „Teufelskreis der Lust" in Gang. Stünde nur ein einziges, natürliches Produkt zur Verfügung, ließen wir der Habituation eine Chance und würden schon beim Frühstück weniger Kalorien aufnehmen. Die Abwechslung verlängert das Lustempfinden weit über die Sättigung hinaus. Wer sich am Vortag überfressen hat, bringt seine Verdauung mit Koffein und Nikotin in Schwung. Auf diese Weise schafft er Platz für neue „Genüsse", oder für – ehrlicher formuliert – abermals mehr vom Zuviel.

Es ist sehr schwierig, an dieser Stelle mit Veränderungen zu beginnen. Andererseits fällt es in keinem Moment leicht, dem Belohnungsregelkreis das „Futter" zu entziehen. Der Start in den Tag ist daher der geeignetste Moment, mit Optimierungen anzufangen. Denn über Nacht haben sich die Belohnungsbotenstoffspeicher etwas gefüllt und die Rezeptoren regeneriert. Die Spontanfreisetzung von Transmittern ist also den ganzen Tag nicht mehr so hoch wie morgens. Aus dieser Tatsache resultiert folgende Faustregel:

> Der erste Verzicht ist der leichteste!

Denn jeder Genuss, den wir uns gönnen, *verstärkt* durch Speicherentleerung und Rezeptor-Down-Regulation mittelfristig unsere Bedürftigkeit, unsere innere Unruhe, unser Verlangen nach mehr Stimulation – und das mit der Eigendynamik eines Teufelskreises.

Die intellektuelle Einsicht bewirkt wenig im Vergleich zu direkter Betroffenheit von Angst, Schlaflosigkeit und Depression, Arterienverkalkung, Lungenkrebs und Zuckerkrankheit, um nur einige der prominentesten Vertreter der Zivilisationserkrankungen beim Namen zu nennen. Veränderungen werden meist erst durch Leidensdruck motiviert, also tatsächlich bereits eingetretene negative Folgen der Überstimulation. Und selbst dann noch fallen Einschränkungen schwer. Denn jeder Verzicht bewirkt ja, bevor sich die Belohnungsmechanismen erholen konnten, zunächst eine Steigerung der Bedürftigkeit, eine Zunahme von beispielsweise Depression und innerer Unruhe.

Wer tatsächlich Veränderungen wünscht, kommt um phasenweisen Verzicht nicht herum. Die Belohnung *kann* sich nach dem, was wir über die Belohnungsmechanismen in unserem Gehirn wissen, erst mit zeitlicher Verzögerung einstellen, dann eben, wenn sich die Speicher gefüllt und die Rezeptoren ... Sie wissen, wovon ich rede.

Einen „harten Schnitt" schaffen die wenigsten. Wenn sie ihn schaffen, dann häufig nur für begrenzte Zeit. Die „Laster" kehren zurück, nach Phasen der Entbehrung meist schlimmer als zuvor („Jojo-Effekt"). Erfolgversprechender sind kleine Schritte. Noch einmal: Der erste Verzicht am

Tag ist der einfachste. Womit natürlich automatisch der zweite Verzicht auch leichter fällt. Natürlich *müssen* Sie nicht verzichten, wenn Sie nicht *wollen*. Und wenn Sie „wollen", aber nicht „können", dürfen Sie sich natürlich jederzeit eine Schwäche „gönnen", auch wenn Sie wissen, dass Sie anschließend dafür mit vermehrter Bedürftigkeit „bezahlen". Selbstverständlich können Sie alle guten Vorsätze immer wieder auf den nächsten Tag verschieben. Allerdings müssen Sie das nicht. Sie können vorsorgen, damit erst gar keine unüberwindlichen Begehrlichkeiten entstehen:

> Vermeiden Sie alles, was Ihre Speicher extrem entleert!

Und beginnen Sie damit beim Frühstück. Lassen Sie „schnelle" Kohlenhydrate weg. Verzichten Sie auf Kaffee, trinken Sie Tee, ungesüßt. Wenn Sie bislang rauchen, verschieben Sie die erste Zigarette immer weiter in den Tag. Fragen Sie sich, ob Sie den anstehenden „Genuss" jetzt wirklich „brauchen". Fragen Sie sich, jedes Mal wenn Sie doch wieder „schwach" geworden sind, ob der „Genuss" die negativen Folgen wirklich wert war, die nachfolgend vermehrte Bedürftigkeit, die Unruhe, die unsinnigen Folgehandlungen wie noch mehr „schnelle" Kohlenhydrate, Genussmittel, Alkohol und die nächste unsinnige Zigarette. Lenken Sie Ihr Leben Schritt für Schritt in gesündere Bahnen. Sie werden sehen: Sie können die Richtung der Lust-Spirale umkehren. Denn:

> Gesundes Verhalten fördert gesundes Verhalten – genau wie zuvor schädliches Verhalten schädliches Verhalten gefördert hat.

„Schnelle" Genüsse entleeren die Speicher, langsame Genüsse lassen sie voll. Der Effekt vernünftigen Verhaltens lässt sich nach wenigen Tagen spüren: Der Tee beginnt zu duften, die anfangs trostlosen Körner entwickeln einen intensiven Geschmack. Jeder „Rückfall" treibt den „Teufelskreis der Lust" wieder an. *Verzicht* hingegen wird belohnt. Er *verringert die Bedürftigkeit* – wenn auch erst im zweiten Schritt. Vorausgesetzt, er erfolgt aus wirklicher Überzeugung, freiwillig, aus innerem Entschluss.

## Freiwilligkeit

Die Freiwilligkeit spielt bei jeder Veränderung eine wichtige Rolle. Es gibt Untersuchungen, die zeigen, dass ständige, scheinbar gut gemeinte Ermunterungen oder auch Kritik am Essverhalten bei übergewichtigen Menschen einen *paradoxen* Effekt bewirken: Auf diese Weise „motiviert" nehmen die Probanden eher an Gewicht *zu* als *ab* (Gudzune et al. 2014).

Aus dem Belohnungsregelkreis wird deutlich, warum: Der „Flow" der belohnenden Botenstoffe kann, wie wir gesehen haben, auf jeder Stufe unterbrochen werden. Kritik *vor* jeder Kalorienaufnahme behindert die Freisetzung von belohnenden Botenstoffen genauso wie Kritik *während* oder *nach* jeder „Sünde" ihre Wirkung beeinträchtigt. Im Grunde stört *jeder* Kommentar von außen den Belohnungsregelkreis. Eine nachhaltige Veränderung erreichen die meisten Menschen deshalb nur aus *ureigener Motivation*.

## Volle Speicher

Wer seine Speicher gleich morgens entleert, verbringt den Tag mit weniger Lebensfreude. Jeder Ex-Raucher wird bestätigen, dass ihm nach einiger Zeit in seinem Leben nichts mehr wirklich fehlt. Im Gegenteil: Weniger störende Gerü che, vermehrte Fitness und Geldersparnis entschädigen reichlich für das Gefühl des „Verzichts" während des Entzugs und der Zeit, in der das *Suchtgedächtnis* immer wieder an die beruhigenden Effekte der Zigarette erinnert. Diese Erinnerungen werden im Laufe der Zeit von positiven Erfahrungen überschrieben.

Mit den Genüssen des Alltags verhält es sich ebenso: Wer mit „vollen Speichern" durch den Tag geht, für den ist jede Sekunde lusterfüllt. Wir erinnern uns: In unserem Gehirn sind „groß" und „klein", „stark" und „schwach" nur *relative* Kategorien, keine absoluten. Haben wir uns daran gewöhnt, unsere Speicher nicht mehr stark zu entleeren, steht den ganzen Tag ausreichend Dopamin zur Verfügung, das auf sensible Rezeptoren trifft, und uns so mit Freude und Lebenssinn erfüllt. Das gleichzeitig freigesetzte GABA schenkt uns Ruhe und Gelassenheit sowie die Möglichkeit, uns in jedem Moment zu spüren und unsere Aufgaben, auch wenn sie nicht primär auf Lustgewinn oder „Erfolg" zielen, konzentriert und sorgfältig auszuführen. Die Langsamkeit, der Verzicht schenkt uns „Achtsamkeit", wie es die Buddhisten nennen.

Die Phase der Umstellung fühlt sich natürlich nicht so gut an. Die „Belohnung" setzt erst mit Verzögerung ein. Dann allerdings umso nachhaltiger. Wobei das „Umprogrammieren" des eigenen Verhaltens eine längerfristige Herausforderung bleibt. Die Veränderung gelingt nicht innerhalb von Tagen oder Wochen. Es sind hierfür eher Monate und Jahre nötig. Hilfreich bei der Entwicklung kann der Anschluss an eine Gruppe oder eine Bewegung sein. Wie gesagt, die Einsichten der Vernunft wohnen weit entfernt von den eigentlichen „Entscheidungsträgern", die tief im Reptilienhirn liegen. Sie wirken schwach im Vergleich zu den Trieben, die Mensch und Tier seit Urzeiten steuern. Austausch mit Gleichgesinnten, auch Rituale, intellektuelle Gemeinsamkeiten, gemeinsame kulturelle Interessen, selbst modische Accessoires, die Verbundenheit mit anderen symbolisieren, können den neuen Weg befestigen. Noch einmal: Jeder „Verzicht" wird mit Sicherheit durch einen Gewinn an Lebensqualität und Nachhaltigkeit und letztlich vermutlich sogar durch ein Plus an Lebensjahren belohnt. Deswegen: Freuen Sie sich über jeden Erfolg! Feiern Sie! Nur: Bleiben Sie auch beim Feiern bei „verträglichen" Belohnungen ...

## 5.2 Der Tagesverlauf

Wie schon der Morgen nach dem Weckerläuten, ist bei vielen Menschen auch der Rest des Tages von Gehetztsein und Stress geprägt. Die Verdichtung des Arbeitslebens hat in den drei Jahrzehnten, die ich selber bewusst überblicke, erheblich zugenommen. Unter dem Diktat eines Controllings, das an vielen Stellen zu reinem Selbstzweck geronnen ist, geraten die eigentlichen Herausforderungen am Arbeitsplatz zur Nebenbeschäftigung.

Ein Beispiel aus meinem beruflichen Bereich: Früher hatten Krankenschwestern und -pfleger noch Zeit, sich um Patienten zu kümmern. Heute pflegen sie in erster Linie Krankenblätter. Denn ihre „Leistung" wird anhand ihrer Dokumentation gemessen. Der tatsächliche Zustand und das seelische Befinden der Patienten – als wichtige Einflussgröße für den Heilungsverlauf – spielen kaum eine Rolle mehr, weil diese Parameter schwieriger zu messen sind als die formalen Kriterien der Buchführung. Im ärztlichen Bereich ist es ähnlich: Es geht darum, möglichst anspruchsvolle Diagnosen zu verschlüsseln. Der Verschlüsselungsaufwand frisst eine große Menge der Zeit, die wir eigentlich für die Versorgung von Patienten nutzen sollten. Das Resultat des ganzen bürokratischen Aufwands hingegen ist weitgehend unbrauchbar. Denn die oft dramatisierten Diagnosen („Upcoding") spiegeln nur bedingt die tatsächliche Schwere der jeweiligen Erkrankung. Die Arbeit am Patienten aber muss trotzdem erledigt werden. 30 % der Arbeitskapazitäten werden durch weitgehend sinnfreie Dokumentation aufgefressen, sodass von der einstigen Beschaulichkeit des Krankenhaus- oder Praxisalltags heute nichts mehr übrig geblieben ist. Viele Ärzte sind gehetzt und oft an Körper und Seele ähnlich krank wie ihre Patienten. Kranke Ärzte können in einem krank machenden System kaum wirkliche Gesundheit erzeugen. Das gelingt ihnen an der Stelle, wo gemessen wird, noch am besten: auf dem Papier.

Zeitnot, Termindruck, Stress, Hektik, Ärger, Überstunden, Wochenendarbeit, steile Hierarchien, Entfremdung, Sinnverlust und innere Kündigung sind vielerorts eher die Regel als die Ausnahme. Dabei gibt es genügend Hinweise und auch wissenschaftliche Studien dazu, dass sich „humane" Arbeitsbedingungen letztlich durch stärkeres Engagement der Beschäftigten, größere Kreativität und geringeren Krankenstand bezahlt machen. Manche Firmen tragen diesen Befunden bereits Rechnung, indem sie einst teuer eingeführte Zeiterfassungssysteme (vulgo: elektronische Stechuhren) wieder abschaffen. Die ersten Unternehmen *sperren* am Wochenende für bestimmte Teile der Belegschaft die firmeninternen E-Mail-Accounts, damit die Angestellten in ihrer Freizeit auch wirklich „abschalten" können.

Erholungsphasen sind unverzichtbar: Bei leeren Speichern macht die Arbeit keinen Spaß mehr (Dopamin), die Konzentration lässt nach (GABA), Fehler passieren, soziale Reibereien treten auf, die Mitarbeiter werden häufiger krank. Die verbleibenden Kollegen werden überbelastet und lassen in ihrer Produktivität ebenfalls nach. Wer am Arbeitsplatz nicht zufrieden ist, holt sich seine Zufriedenheit nach Feierabend – häufig durch letztlich schädliche Ersatzbefriedigungen: überreichliches Essen, Genussmittel und Drogen wie Kaffee, Nikotin, Alkohol und andere Substanzen mehr. Das tröstet kurzfristig, entleert aber die Speicher weiter statt sie aufzufüllen. Was am dringlichsten nötig wäre kommt bei zivilisationsgeschädigten Menschen zu kurz: absolute Ruhe. Das Wohlfühlparadoxon (s. Kap. 1.5) lässt sie weiteren „Genüssen" hinterherrennen, obwohl längst eine Pause angesagt wäre. Anfangs war das noch toll: Jung und sorglos, glücklich erschöpft vom Überfluss der bunten Welt, die uns zu Füßen lag, sanken wir spätnachts wohlig erschöpft zwischen die weichen Kissen. Bis uns die Realität einholte: Stress, Sorgen vielleicht, Schlafstörungen, der erste Bauchansatz, erhöhter Blutdruck – irgendwann ging's los. Und dann die Belastung durch die Kinder. Wo die doch eigentlich Freude bereiten sollten! Aber die funktionieren auch nicht richtig... Ob wir es nicht doch mit Ritalin versuchen sollten?

Vermutlich gilt für die Arbeitsleistung von Menschen und ihre Belastbarkeit genau das Gleiche wie für ihre Genussfähigkeit: Sie hat Grenzen. Werden diese überschritten, ist das erste Symptom fast immer der Lustverlust. Die Arbeit macht keinen Spaß mehr. Damit in der Freizeit noch das Gefühl von Freude entsteht, muss dort alles immer schneller, toller, größer und bunter werden. Eine Wanderung im Schwarzwald erscheint wenig verlockend – eine Fernreise muss es schon sein. Am Strand liegen und mit einer Piña Colada die lang vermissten Belohnungstransmitter aus den geschundenen Neuronen spülen. In den Bordells von Bangkok einmal richtig die Sau raus lassen. Auf Kuba vom Beachboy richtig verwöhnt werden. Endlich einfach mal nur genießen.

Manchmal klappt das, oft auch nicht. Wenn die Speicher allzu leer sind, gelingt Erholung nicht einmal mehr im Urlaub. Die Depression reist mit. Nichts kann noch Lust erzeugen, geschweige denn Befriedigung. Reiseleiter wissen ein Lied von den verstiegenen Ansprüchen ihrer Gäste zu singen.[8]

---

8 Hörenswert trotz des grenzdebilen Titels: „Hummeldumm" von Tommy Jaud als Hörbuch.

Was folgt aus diesen Befunden? Arbeitgeber wie Arbeitnehmer sollten *Lustverlust* als Frühwarnzeichen richtig deuten. Und jeder sollte für sich selbst aus seiner Lustlosigkeit die richtigen Konsequenzen ziehen. Immer schneller, höher, weiter: *Maximierung* bedeutet keineswegs immer auch *Optimierung*.

## 5.3 Ernährung

Wie bereits erwähnt, werden die Weichen für das Essverhalten des Tages bereits am Morgen gestellt. Wird der Teufelskreis durch schnell verdauliche Kohlenhydrate (weißes Mehl, Marmelade, Zucker im Kaffee) angestoßen, sorgen die entleerten Belohnungsbotenstoffspeicher nachfolgend für eine vermehrte Bedürftigkeit, die sich den ganzen Tag bis zum Schlafengehen in vermehrten Konsumwünschen äußert. Für Überernährung oder gar Fettsucht sind in erster Linie zwei Faktoren verantwortlich.

Erstens: Wir verfügen über hoch aufbereitete Nahrungsmittel, die zusätzlich durch Farbstoffe und Geschmacksverstärker alles übertreffen, was das natürliche Umfeld hervorbringen könnte. Der „Genuss" dieser Speisen übertrifft in puncto Speicherentleerung jeden natürlichen Anreiz.

Zweitens: Durch die große Auswahl an leckeren Speisen und Getränken sind wir in der Lage, dem in der Natur schnell einsetzenden Mechanismus der Habituation einen Haken zu schlagen. Wenn wir keine Lust mehr haben auf Käse, essen wir Schinken, Marmelade, Schokocreme, Quark, verfeinert mit Zwiebeln, Schnittlauch, Pfeffer, Salz, Paprika usw. Wir können gesättigt sein bis zur Unterlippe; es findet sich immer noch ein Gaumenschmaus, von dem wir uns noch mehr Lust, sprich Dopamin, versprechen – und sei es der Espresso nach dem Dessert. Vor der verdauungsfördernden Zigarette. Und dem Digestif.

Hätten wir weder die Möglichkeit zur optischen und geschmacklichen „Aufhübschung" der natürlichen Nahrungsmittel noch jene zur permanenten Variation des Angebots, wären Übergewicht und viele damit verbundene Zivilisationskrankheiten kein Thema mehr. Müssten wir uns jeden Tag am gleichen Getreidebrei satt essen, würden wir unsere Sättigungsgrenze deutlich spüren und hätten – der Habituation sei Dank – auch keine Möglichkeit, sie durch immer neue Genüsse außer Gefecht zu setzen.

> **Exkurs**
>
> Belesene Kritiker werden an dieser Stelle bemerken, dass das Sättigungsgefühl in Wirklichkeit nicht durch das Versiegen der Dopamin-Ausschüttung bewirkt wird, sondern durch andere Botenstoffe wie z. B. das „Sättigungshormon" Leptin. Im natürlichen Umfeld ist dies sicherlich richtig. Leptin, ein Hormon, das von Fettzellen freigesetzt wird, wenn sie „gesättigt" sind, signalisiert dem „Hungerzentrum" im Hypothalamus: Jetzt ist es genug, wir sind voll, wir brauchen für den Augenblick keine weiteren Nährstoffe.
> Die Pharmaindustrie hatte gehofft, durch die Entwicklung eines künstlichen Leptins ein Mittel gegen Fettsucht zu gewinnen. Diese Hoffnung hat sich leider nicht erfüllt. Bei entsprechenden Versuchen stellte sich heraus, dass das künstlich zugeführte Leptin bei übergewichtigen Patienten vollständig wirkungslos blieb.
> Der Grund hierfür – wer hätte es gedacht – liegt im Mechanismus der Habituation. „Dicke" verfügen nicht über zu wenig Leptin. Ihre Leptinspiegel sind permanent erhöht. Deswegen bewirkt auch ein künstliches „noch mehr vom Zuviel" an Leptin keine Optimierung des Essverhaltens.

Auch viele noch Normalgewichtige werden den Mechanismus nachvollziehen können: Welcher Mensch in zivilisierten Regionen isst heute schon, weil er *hungrig* ist? Bei den meisten stehen die „Anzeigen" aller Kalorientanks am Anschlag. Gegessen wird trotzdem: zwecks Lustgewinn und zur Beruhigung.

> Wer isst, obwohl er nicht hungrig ist, kann auch nicht spüren, wann er satt ist!

Für das „Sättigungshormon" Leptin gilt, was für alle Botenstoffe gilt – und damit für unser gesamtes Erleben einschließlich des Lustempfindens: Zu viel des Guten macht es nicht besser. Sondern wirkungslos.

## Alles Bio?

Die Konsequenz aus dieser Einsicht ist natürlich – sofern gewollt – eine Optimierung der Ernährungsgewohnheiten. Allerdings ist es mit dieser alleine nicht getan. Genauer betrachtet ist nämlich unsere Art zu essen nur ein Symptom unseres Lebensstils. Wer an dieser Stelle mit einer Veränderung anfangen und dauerhaft erfolgreich sein will – sprich, mehr Glück und Zufriedenheit auf einer nachhaltigeren Basis erleben möchte – wird letztlich mehr bewegen als nur sein Essverhalten – oder gar nichts. Denn wie immer nützt es nichts, lediglich das Symptom zu bekämpfen und die Ursache unangetastet zu lassen.

Essen ist heute mehr denn je vor allem „Ersatzbefriedigung", Ausgleich für den scheinbaren Verzicht, den wir mitten im Überfluss ja allerorts zu üben haben. Natürlich haben wir „viel", aber es gibt immer noch etwas, das wir uns nicht leisten können, und immer noch jemanden, dem es scheinbar viel besser geht als uns. Nahrungsaufnahme ist die letzte „Tankstelle" auf der Abwärtsspirale der Lust, die einfachste, bequemste Möglichkeit, noch Dopamin und GABA freizusetzen, um im ausgebrannten „Teufelskreis der Lust" doch ein bisschen Befriedigung zu erfahren. Wenn alle Instrumente fest am Anschlag kleben, können sie keinen Wert mehr messen. Endlose, unstillbare Bedürftigkeit ist die Folge. Einzig das Übermaß vermag noch zu stimulieren, das Maximum an Kalorien, Genussmittel, Drogen, Geld, Macht, Geltung – selbst wenn die Risiken und Nebenwirkungen längst jeden noch gespürten Effekt übersteigen. Die Tagespresse ist voll von Beispielen prominenter Maßlosigkeit.

Es gelingt niemandem, alle Bereiche gleichzeitig zu sanieren. Wie mit der Kritik an den Ernährungsgewohnheiten unserer Lebensgefährten (s. Kap. 5.1) sollten wir auch mit unserer Selbstkritik behutsam umgehen. Die Veränderungen sollten nicht allein rational begründet sein – sie sollten Spaß machen und zu einem *Gewinn* an körperlichem Wohlbefinden und Lebensqualität führen. Ein übertrieben konsequenter Ansatz wird ziemlich sicher nicht durchgehalten werden. Es sind die lustvollen Versuche, die Erfolg versprechen. Nach und nach werden sie sich auf immer mehr Lebensbereiche ausbreiten. Die Ernährung als Übungsfeld ist ein guter Anfang.

Stellen Sie sich vor, Sie wären bereits „erleuchtet" und frei von Hast und Begierden. Statt auf dem Heimweg von der Arbeit schnell beim Discounter das Nötigste in eine Plastiktüte zu stopfen, könnten Sie den Einkauf zu einem eigenen Ereignis machen („Einkaufstag" oder „Markttag"). Das würde vielleicht damit beginnen, dass Sie sich Gedanken über das angemessene Verkehrsmittel machen und damit weitergehen, geeignete Transportbehälter von zu Hause mitzunehmen. Die ersten Einzelhändler beginnen bereits, Nahrungsmittel und Gebrauchsgegenstände des täglichen Bedarfs wieder ohne Verpackung „lose" zu verkaufen. Ein geeignetes Geschäft lässt sich vielleicht zu Fuß oder mit dem Fahrrad erreichen. Da in einem Leben mit „vollen Speichern" jeder Augenblick gleich wertvoll wird, fällt der eventuelle zeitliche Mehraufwand nicht ins Gewicht. Schon die sorgfältige Planung bremst das Streben nach schnellem Lustgewinn und fördert die Entwicklung zu mehr Achtsamkeit. Genau wie das langsamere, überlegte Einkaufen an sich.

Wer weiß, dass schneller und intensiver Genuss nachfolgend mit einem stärkeren und ungesunden Verlangen „bezahlt" werden muss, dem fällt es leichter, auch über die Auswahl der Lebensmittel nachzudenken: Stammen sie aus regionalem Anbau – oder wurden sie von fernen Äckern eingeflogen wie Spargel im November? Wurden sie nachhaltig und unter fairen Bedingungen erzeugt? Sind sie naturbelassen oder wurden sie gewachst, chemisch gedüngt, hormonell „getunt"? Stammen sie aus artgerechter Haltung oder industrieller Massenproduktion?

Fleischverzicht kann eine gute Sache sein. Nach kurzer Eingewöhnung erwachen die Geschmacksknospen zu neuem Leben. Die Sensibilität für neue alte Genüsse wächst. Zum Essen reicht Wasser als Getränk vollständig aus. Das heimische Leitungswasser schmeckt im Blindversuch genauso gut wie die teuersten Mineralwasser; bei ersterem entfällt der umweltschädigende Transport. Der Genuss von Alkohol zu den Mahlzeiten lässt uns mehr und länger essen. Das tut uns nicht gut und sollte unterlassen werden. Den Genuss von Wein auf die Zeit nach dem Essen zu begrenzen, führt bei vielen vermutlich zu geringerer Kalorienaufnahme und darüber hinaus noch zu geringerem Alkoholkonsum. Gewürze können eine Zeit lang reduziert oder ganz weggelassen werden. Sie überdecken den Eigengeschmack der Nahrungsmittel und beeinträchtigen als Reizverstärker die Habituation, womit sie das Übermaß an Kalorienaufnahme fördern. Strenge Askese ist nicht das angestrebte Ziel. Wir wollen zurückfinden zum bekömmlichen Maß. Schon nach kurzer Zeit fühlt es sich gut an, bewusst und mit unbeschwertem Gewissen zu genießen!

Der Anfang ist mühselig und ziemlich sicher von „Rückfällen" gekennzeichnet. Wobei jeder „Rückfall" die Frage anregt: Was hat er wirklich gebracht? Überwiegt der kurzzeitige Genuss tatsächlich die vermehrte Bedürftigkeit am nächsten Tag sowie die langfristig negativen Folgen? Auch die längste Reise beginnt mit dem ersten Schritt. Wenn dieser in die richtige Richtung getan wird und mittelfristig zu *Lustgewinn* führt, werden ihm weitere folgen. So wie „schlechte" Nahrungsmittel („Junkfood") durch ihre Farbstoffe, Geschmacksverstärker, ihren Gehalt an schnell verfügbaren Kalorien Appetit machen auf immer mehr schädliche Nahrungsmittel, entwickelt auch nachhaltiges Verhalten eine Eigendynamik. Auf den Versuch kommt es an! Es geht darum, das Augenmerk auf den Moment *nach* dem falschen Genuss zu lenken, auf den nächsten, den übernächsten Tag. Wer die Erfahrung macht, dass sich sein nachhaltiges Verhalten letztlich besser anfühlt (mehr GABA!), programmiert sich langsam um und überschreibt sein Suchtgedächtnis mit neuen, positiven Erfahrungen. Ruhe und Gelassenheit werden wichtiger als das schnelle Lodern der Lust.

Ziemlich sicher infiziert der erste „sanierte" Bereich nach einiger Zeit den nächsten. Denn die Erfahrung, dass weniger mehr sein kann, überträgt sich gerne von einem Lebensbereich auf den nächsten.

## 5.4 Schlaf

„Wer Übergewicht, Bluthochdruck und Stoffwechselkrankheiten wie Diabetes mellitus vorbeugen will, sollte auf guten Schlaf achten", meinen die Autoren einer Übersichtsarbeit im renommierten Wissenschaftsjournal *Lancet Diabetes & Endocrinology* (Schmid et al. 2014). Auf welche Weise guter Schlaf den typischen Wohlstandskrankheiten vorbeugt, darüber kann laut Ansicht der Autoren nur spekuliert werden.

Das Habituationsmodell lässt die Befunde in einem völlig anderen Licht erscheinen. „Guter Schlaf" ist nicht die „Ursache" für Gesundheit. Guter Schlaf ist Ausdruck eines ausgewogenen Transmitterhaushalts im Belohnungssystem. Wer für „volle Speicher" sorgt, verfügt über genügend GABA, um nachts in den „Schlaf des Gerechten" zu sinken. Wer sich überstrapaziert und verausgabt, wer gestresst ist und Erholungsphasen vernachlässigt, keine Zeit findet für Sport und gesunde Ernährung, wer statt dessen Genussmittel konsumiert und Drogen, der schläft auch schlecht.

Viele Menschen kennen das Problem: Man fühlt sich abends nicht richtig müde, noch nicht ausreichend „befriedigt" (GABA!), um schon ins Bett zu gehen. Der Homo zivilisatus schaltet den Fernseher ein, surft im Internet, genehmigt sich ein Bier, ein Glas Wein, Chips oder – „gesundheitsbewusst" – geschnittenes Obst und wartet darauf, dass ihn die Müdigkeit übermannt. Was ihm nicht klar ist: Mit diesem Ritual erliegt er dem „Wohlfühlparadoxon". Alles, was endlich seine Bettschwere erzeugen soll, verschlimmert letztlich sein Problem. Denn die zusätzlichen Genüsse machen Appetit auf mehr, und die überflüssigen Kalorien machen zunächst einmal wach, bevor den leeren Speichern kein Dopamin mehr abzutrotzen ist. Solange wir noch Aussicht auf „Lustgewinn" haben, werden wir nicht müde. Erst übervoll und restlos erschöpft sinken wir ins Bett, oft nachdem wir uns mit Alkohol noch zusätzlich „beruhigt" haben.

Eine vernünftige Strategie sieht anders aus. Erstens sind natürlich die alltäglichen Stressoren zu identifizieren und nach Möglichkeit zu beseitigen. Zwischenmenschliche Spannungen, ob privat oder beruflich, gehören angesprochen und gelöst.

> Immer wieder gilt: „Kannst Du ein Problem nicht lösen, löse Dich von dem Problem!"

Was dieser Grundsatz bedeutet, muss jeder für sich selbst entscheiden. Es ist in den zivilisierten Ländern auf jeden Fall so, dass niemand eine Situation dauerhaft aushalten oder erleiden *muss*. Es gibt immer eine Alternative. Selbstverständlich kann diese mit materiellen Einbußen verbunden sein. Aber *existenziell* bedrohlich sind weder Trennungen noch Arbeitslosigkeit. Niemand wird verhungern und verdursten, wenn er unerträgliche Situationen hinter sich lässt. Nach dem Habituationsmodell brauchen wir sehr, sehr wenig, um glücklich und zufrieden zu sein. Beide Zustände, Glück und Zufriedenheit, sind eben kaum abhängig von den „objektiven" Begebenheiten.

Das Gefühl der „inneren Leere", der Unausgefülltheit, der Bedürftigkeit, auch Gefühle von innerer Unruhe und Angst, die uns am Schlafen hindern, sind viel eher Ausdruck einer Übersättigung als eines Defizits, auch wenn es sich so anfühlen mag. Wenn wir den „gefühlten Mangel" irrwitzigerweise mit noch mehr Konsum zu befriedigen trachten, verschärfen wir das Problem anstatt es zu lösen. Wer ansonsten „gesund" ist, kann und sollte es ausprobieren. Statt sich weiter zu verstricken, kann er sich das geben, was er wirklich braucht: Ruhe, Langeweile, Zeit, seine Speicher zu füllen und die entsprechenden Rezeptoren zu regenerieren. Er wird – wie bei der Umstellung der Ernährungsgewohnheiten – relativ schnell einen Erfolg spüren: Gelassenheit, verbesserte Konzentration, bessere Laune, mehr Geduld und besseren Schlaf.

Das Glück ist ein Schmetterling,
den Du niemals fängst!
Wenn Du stehen bleibst,
setzt er sich
vielleicht
auf Deine Schulter ...

Carl Wilde

Wer nicht in der Lage ist innezuhalten, kann seine Unfähigkeit dazu als Hinweis darauf lesen, dass er eventuell von einem Coaching oder einer Psychotherapie profitieren würde. Eine solche Intervention sollte nicht als „Bankrotterklärung" verstanden werden. Bei einem Coaching geht es darum, die Lösungen für das Leben zu finden, das zu uns passt. Im Rahmen einer Psychotherapie hingegen sollen Konflikte identifiziert und aufgelöst werden, die uns unbewusst daran hindern, das Leben zu leben, das uns am meisten entspricht – damit wir „Ersatzbefriedigungen" aufgeben können, um unsere ganze Kraft und Lebendigkeit den Zielen zu widmen, die für uns wirklich Bedeutung haben. Um in ein wirklich gesundes, nachhaltig glückliches Leben zu finden.

## 5.5 Beziehungen

Wie die Übersättigung Einfluss nimmt auf unsere seelische und körperliche Verfassung, kann sie unser Sozialverhalten nicht aussparen. Wie in allen lustgesteuerten Bereichen findet auch im sozialen Bereich eine zunehmende Konzentration auf das „Wesentliche" statt, auf die „ergiebigsten" Beziehungen, auf jene eben, die uns das Maximum an Unterhaltung, Sozialprestige und Vorwärtskommen versprechen. Je zahlreicher unsere derartigen „Beziehungen", desto bedeutsamer dürfen wir uns fühlen. Obwohl letztlich aus der Menge unserer Netzwerkbeziehungen kaum mehr resultiert als eine „Veroberflächlichung". Man kennt alles und jeden, aber niemanden mehr wirklich. Und wenn es tatsächlich einmal Probleme zu lösen gibt, steht man schnell ganz allein im kalten Regen. So wie sich jeder gern mit der Bekanntschaft von erfolgreichen Menschen schmückt, so fürchten auch viele, sich am Misserfolg eines anderen zu infizieren. „Versager" werden gemieden, jedenfalls solange, bis sie wieder erfolgreich sind.

Wieder einmal stellen wir fest: Beziehungen als *Selbstzweck* sind genauso sinnlos wie Kalorienaufnahme nur zum Lustgewinn oder Drogenkonsum. Der Aufwand lohnt nur selten den Gewinn. Üblicherweise überwiegen die schädlichen Nebenwirkungen. Wer fühlt sich schon wohl unter permanenter Beobachtung, im pausenlosen Austausch von Nichtigkeiten?

## Paarbeziehungen

Wie aus Versuchen mit der funktionellen Magnetresonanztomografie hervorgeht, benutzen Liebe und Lust genau die gleichen Belohnungsmechanismen wie Essen, Sex oder vielerlei Drogen. Natürlich spielt wieder der Botenstoff Dopamin eine wichtige Rolle. Aber auch weitere Transmitter wie das „Treue-Hormon" Oxytocin oder auch das ebenfalls in der Hirnanhangsdrüse (Hypophyse) freigesetzte Vasopressin docken im Lustzentrum und an anderen Hirnstrukturen an und erzeugen dort angenehme Gefühle. Neben Lust spielen Vertrauen, Angstfreiheit und Entspannung eine wichtige Rolle beim Sex und auch bei längeren Partnerschaften (Bartels 2010).

Wenn wir die Liebe als ein *„biochemisch-neuronales Konstrukt"* zu verstehen beginnen, müssen die mit ihr verbundenen Gefühle den gleichen Mechanismen unterliegen wie alle Signalübertragungen im Körper. Hieraus folgt, dass auch intensive Liebesgefühle nicht dauerhaft anhalten können. „Ewige Liebe" mag es dennoch geben, aber nur mit den für den Erhalt der Signalübertragung notwendigen Erholungspausen. Denn bei dauerhafter Stimulation *muss* die Gefühlsintensität abnehmen – egal wie attraktiv und faszinierend der Partner sich auch verhalten mag.

Zum Problem entwickelt sich dieser Gewöhnungseffekt, wenn einer oder beide Partner nicht willens oder in der Lage sind, die „Gefühlspausen" zu akzeptieren und sich derweil anderen Tätig- oder Notwendigkeiten zu widmen. Die Jagd nach den intensiven Gefühlen endet nicht selten in unbewusst inszenierten Dramen, mit denen sich Paare gerne zu vermehrter gegenseitiger Aufmerksamkeit zwingen – leider in destruktiver Manier. Die Sehnsucht nach intensiven Gefühlen kann auch Seitensprünge provozieren, die nicht selten zum Anlass geraten, eine eigentlich funktionierende und passende Beziehung zu beenden. Wobei sich in der neuen Beziehung typischerweise schnell herausstellt, dass auch diese nicht gefeit ist vor den Effekten der Gewöhnung: Wer auf dauerhafte Highlights aus ist, wird wohl nie ans Ziel gelangen. Die Habituation lässt grüßen.

Als wesentliches Problem für Partnerschaften stellt sich immer wieder das Unvermögen eines oder beider Partner heraus, wenigstens zeitweise auch ohne das Feedback des anderen auszukommen. Ein paradoxer Effekt dabei ist, dass die in jeder Beziehung notwendigen und unvermeidlichen Unterschiede zweier Menschen umso mehr schmerzen, je ähnlicher sich die Partner sind: Die Übereinstimmung zweier Charaktere vermittelt zu Beginn einer Beziehung das Gefühl, endlich den „richtigen" Partner gefunden zu haben, den einzigen, der wirklich zu passen scheint. Mit der Zeit aber offenbaren sich Unterschiede, die aufzeigen, dass der andere doch nicht so genau „passt", wie wir am Anfang gehofft haben mögen. Je kleiner diese Unterschiede sind, desto schmerzhafter wirken sie. Denn gerade die kleinsten Unterschiede gefährden den ersehnten und so nahe geglaubten Gleichklang, das „Angekommensein" im Gegenüber, nach dem sich viele Menschen ihr Leben lang sehnen.

Das vermeintliche „Ankommen" allerdings ist oft genug nur eine narzisstische Selbstbestätigung – und keine Liebe. Wirklich zu lieben heißt, den anderen in seiner Unterschiedlichkeit zu akzeptieren, ihm und sich selbst

Autonomie zuzugestehen und Freiheit. Denn die Botenstoffe, die uns das Gefühl der Liebe vermitteln, fließen nur in der Freiwilligkeit – und auch nur, wenn wir unseren Belohnungsmechanismen die Pausen zugestehen, die sie zur Regeneration benötigen.

Diese Phasen der „Erholung" zuzulassen gelingt nur demjenigen, der es zu weitgehender Autonomie gebracht hat. Deswegen muss, wer eine dauerhaft glückliche Beziehung führen will, zunächst einmal mit sich selber klarkommen. Es klingt paradox. Aber erst wer alleine leben kann, ist fähig, eine stabile Beziehung zu führen.

Warum manche Menschen nie zufrieden sind mit dem, was sie haben, findet seine Wurzel in aller Regel bereits in der frühen Kindheit. Auf welche Weise *Habituation* und vor allem wohl auch der bereits erwähnte Effekt der *„Striatalisierung"* an dieser Stelle lebenslang prägenden Einfluss ausüben können, wird im weiter unten folgenden Kapitel „Kindererziehung" erklärt.

## Sex

Zunächst: Selbstverständlich spielt Habituation auch beim Sex eine bedeutende Rolle. In jedem einzelnen Moment wie bei sexueller Aktivität generell. Auch wenn sich die körperliche Vereinigung wunderschön anfühlt: Ohne *Bewegung* gewöhnen wir uns sofort an die jeweilige Berührung, deren Reiz auf diese Weise schnell nachlassen und letztlich sogar erlöschen würde. Wir müssen uns beim Sex bewegen, die Berührungen ständig verändern und mit der Zeit auch intensivieren, um der Habituation ein Schnippchen zu schlagen. Sex ohne Bewegung – vergleichbar mit dem Betanken eines Autos – würde aufgrund der Habituation bei den meisten Menschen mit großer Wahrscheinlichkeit zu keinem Höhepunkt führen.

Während für diesen unmittelbaren Lustverlust sicherlich die Ermüdung der schnellen, Berührung und Bewegung vermittelnden Sensorik verantwortlich ist, droht mit der permanenten Verfügbarkeit von Sex ein Attraktivitätsverlust aus anderem Grund. Der Habituation am Nucleus accumbens sollen Beschleunigung, Intensivierung, Reizkombination und andere Maßnahmen entgegenwirken. „Blümchensex in Missionarsstellung" scheint vielen nicht mehr zu genügen. Wer sich entsprechende Videos im Internet ansieht, fragt sich allerdings, ob die dargebotenen akrobatischen Exzesse auf Dauer den Lusterhalt garantieren, zumal wesentliche Bestandteile der sexuellen Vereinigung kaum mehr gelebt werden: Vertrautheit und Zärtlichkeit.

Als *Selbstzweck* betrieben, verliert auch Sex schnell seinen Reiz. Eine Weile lässt sich durch die beschriebenen Kompensationsstrategien (immer öfter, immer heftiger, Gruppensex, Spielzeuge, Rollenspiele, Einsatz von Medikamenten und Drogen) der Gewöhnungseffekt aufhalten. Am Ende aber schützen weder Reizwäsche, Brustvergrößerung, häufig wechselnde Partner und Erektionsverstärker noch das Schnupfen von Kokain oder andere Drogen vor dem Nachlassen des Lustempfindens. Ein Beispiel aus meiner Praxis mag den Effekt der Habituation auch in diesem Bereich veranschaulichen.

---

Ein Mann Mitte zwanzig, betritt mein Sprechzimmer. Sofort fällt mir seine eigentümlich schiefe Körperhaltung auf. Er kommt sofort zur Sache: Er möchte Viagra verschrieben haben. Ich äußere mein Erstaunen, dass ein Mann in seinem Alter einen Erektionsverstärker benutzen will. Er antwortet ohne größere Verlegenheit, dass das an den „Partys" liege, die er regelmäßig mit Freunden veranstalte. Sie mieteten größere Wohnungen über ein verlängertes Wochenende, zu denen jeder viele Freundinnen einlade. Gemeinsam würden sie dann regelrechte Orgien feiern, mit freiem Sex, viel Alkohol und „natürlich" auch Koks (Kokain), das sie schnupften. Daher käme auch seine verspannte Haltung, das sei bei ihm „immer so im Entzug", das gäbe sich nach ein paar Tagen. Regelrecht abhängig sei er nicht, das sei auch nicht sein Problem. Das sei eher, dass der anfängliche „Kick" der Partys für ihn verflogen sei; eigentlich habe er keine Lust mehr. Er wolle aber auch vor seinen Kumpels nicht als „Versager" dastehen, weswegen er jetzt auf pharmakologische Hilfe hoffe.

Ich habe den Mann untersucht, suchtmedizinisch beraten und ihm anhand des Habituationsmodells sein eigentliches Problem erklärt: Dass der anfängliche Spaß immer verloren gehe, wenn ein Trieb übermäßig als Selbstzweck, zum reinen Lustgewinn benutzt werde. Dass sich unser Belohnungssystem nicht betrügen lasse und dass es keine Alternative dazu gäbe, letztlich genau das zu leben, was einem selbst als sinnvoll erscheint. Die Wertvorstellungen der Außenwelt – in diesem Fall die der „Kumpels" – können die eigenen wahren Bedürfnisse dauerhaft nicht verdrängen. Es gibt keine Alternative dazu, irgendwann „erwachsen" zu werden, sprich, die ureigenen Ziele zu entdecken, sie zu entwickeln und für sie zu leben. Für den Patienten war es offenbar genau jetzt an der Zeit, erwachsen zu werden: Auch eine Großpackung des gewünschten Medikaments würde sein „Problem" auf Dauer nicht beheben.

Es mag sein, dass meine Beratung etwas hochgestochen angesetzt war. Ich hatte allerdings den Eindruck, dass sie auf fruchtbaren Boden fiel. Der junge Mann ließ sich zwar sein Rezept noch ausstellen – schließlich bestanden keine Kontraindikationen. Er verließ unsere Praxis aber doch merklich nachdenklich. Leider ist er zum verabredeten Folgetermin nicht erschienen, sodass ich über den weiteren Verlauf keine Auskunft geben kann. Entweder fand er einen anderen Arzt, von dem er sich besser verstanden fühlte – oder er hatte, clever wie er mir erschien, sein Problem letztlich alleine gelöst und war aufgebrochen zu neuen Ufern.

Der Sexualtrieb ist naturgegeben. Der Versuch, ihn zu *unterdrücken*, dürfte im Regelfall zum Scheitern verurteilt sein. In Umkehrung des Habituationsmechanismus steht zu erwarten, dass äußere Restriktionen, wie auch immer sie motiviert sein mögen (Partnerschaft, religiöse oder gesellschaftliche Tabus, persönliche Handicaps u. a.), im Effekt letztlich zu „Impulsdurchbrüchen" führen, der Trieb sich also allen Vorsätzen und moralischen Vorstellungen zuwider unkontrolliert Bahn bricht. Auch hier könnte ich Beispiele aus der Praxis beisteuern. Offenbar sind selbst tief religiöse Menschen nicht durchweg in der Lage, ihr Lustbedürfnis oder auch ihre Veranlagung dauerhaft zu unterdrücken. Wieder einmal gilt es, individuell das rechte Maß zu finden zwischen Verleugnung und einem suchtartigen Streben nach Exzessen.

Die bis in die heutige Zeit zunehmende Enttabuisierung tendiert dazu, die sexuelle Vereinigung auf einen rein mechanischen Akt zu reduzieren, der allen Kompensationsanstrengungen zum Trotz auf Dauer aber kaum mehr befriedigt. Viele glauben mithalten zu müssen („Schaut, wie frei ich bin, was ich mich traue, was für ein toller Hecht ich bin, was für eine attraktive Frau!"). Aber der durch die Habituation einsetzenden Langeweile, dem Ausbleiben wirklicher Befriedigung entkommt auf Dauer wohl niemand.

Im nachlassenden Interesse liegt – wie immer – natürlich auch eine große Chance: Es kann dem Einzelnen die Augen dafür öffnen, was ihn *individuell und jenseits jeden Vergleichs* wirklich glücklich macht. Mit großer Wahrscheinlichkeit ist es nicht das „Immer mehr, immer schneller, immer öfter", das uns in Zeiten der durch Tabus „begrenzten Ressourcen" erstrebenswert erschienen sein mag. Hinter der Übersättigung schlummert die Chance auf echte Partnerschaft und ein Leben, das aus viel mehr besteht als Sex in vermeintlichen Superlativen.

Da sich der Sexualtrieb kaum unterdrücken lässt, Restriktionen oftmals aber gegenteilige und schädliche Effekte erzielen (unkontrollierte Impulsdurchbrüche), halte ich es für sinnvoll, Sex als das zu nehmen, was er ist: ein Trieb unter vielen, der gelebt sein will. Ein Lebenssinn kann sich auch beim Sex nicht aus dem Übermaß ableiten. Die Wahrheit liegt am ehesten darin, individuell zu leben, was einem Lust bereitet – ohne strikte Tabus, aber auch ohne darauf zu spekulieren, durch Exzesse eine endgültige und immerwährende Befriedigung zu erreichen.

## Kindererziehung

Wie im Kapitel AD(H)S bereits geschildert, beginnen Eltern heute sehr früh, das Belohnungssystem ihrer Kinder aufzuschaukeln (s. Kap. 2.6). Das ist verständlich, denn wer liebt nicht satte, zufriedene Babys und glücklich leuchtende Kinderaugen?

Nur: Wir sollten uns bewusst sein, dass dieses große Glück, hervorgerufen durch die industriell erzeugten, faszinierenden, unglaublich geschmacksintensiven und kalorienreichen Nahrungsmittel zwangsläufig von kurzer Dauer ist. Entleerte Speicher erfordern immer schneller immer stärkere Auslöser. Für Spielzeuge gilt naturgemäß dasselbe: Natürlich wecken leuchtende Farben, aufwändige Verpackungen und raffinierte Werbung extreme Begehrlichkeiten. Aller Erfahrung nach fehlt aber nach der – mit den Jahren abnehmenden – Freude unterm Weihnachtsbaum häufig schon die Energie (sprich, die Lust, das Dopamin), sich mit den Geschenken auch tatsächlich zu beschäftigen. Viel lieber stürmen die Kinder zum nächsten Geschenk, an dem sie nach dem Aufreißen der Verpackung allerdings ebenso schnell das Interesse verlieren wie am nächsten und am übernächsten.

Das Downgrading fällt extrem schwer. Spätestens nach den Ferien soll ja der eigene Nachwuchs den unvermeidlichen Vergleich auf dem Schulhof bestehen. Wer hat das teuerste Handy? Wer die coolsten Turnschuhe? Wer den geilsten Computer?

Also wird immer mehr geschenkt und das auch immer teurer. Wenn uns selbst Verzicht schon schwer fällt, wie wollen wir ihn dann unseren Kindern zumuten? Wo die doch noch viel anfälliger für Vergleiche sind als wir selbst?

Das Resultat sind oft Kinder und Jugendliche, die mit gar nichts mehr zufrieden sind. Die Schwierigkeiten haben mit Disziplin und Konzentration, die falsch und zu viel essen, die sich nicht gern bewegen und viel zu oft in therapeutischen Einrichtungen landen, wo sie nur allzu gern einen Stempel aufgedrückt bekommen wie: „Störung des Sozialverhaltens", „Angststörung", „Essstörung", ADHS. By the way: Ritalin wird in den USA bereits für Vierjährige empfohlen und ebenso wie angstlösende Medikamente und Antidepressiva sogar schon Säuglingen (Kindern unter einem Jahr!) verabreicht.

Es stellt sich die Frage: Wer ist eigentlich am kränksten? Die Kinder? Deren Eltern? Oder die Ärzte, die hinter der Störung „genetische Defekte" vermuten und einen zivilisatorischen Einfluss nicht wahrhaben wollen? Fassen wir uns an die eigene Nase: vermutlich alle zusammen. Und auch ich selbst will an dieser Stelle nicht tun, als hätte ich die Weisheit mit Löffeln gefressen und könnte allen kalorienreichen und sonstigen Verlockungen immer widerstehen. Es fällt mir oft schwer, vernünftig zu essen, alkoholfreies Bier zu trinken oder gar Wasser. Aber es geht. Downgrading ist möglich. Und der Verzicht fällt mit den Monaten und Jahren immer leichter. Langsam überwiegen die positiven Effekte, überall. Aber wie gesagt, die Umstellung ist ein langwieriger Prozess.

Was die Kinder betrifft, stehen wir vor den gleichen Problemen wie wohl die meisten Eltern heute. Meine beiden ältesten Kinder sind derzeit elf und dreizehn Jahre alt, das jüngste kam eben erst auf die Welt. Glücklicherweise sind wir von großen Sorgen bisher verschont geblieben. Aber mit fehlender Disziplin und Konzentration, der Neigung zu „schlechten" Nahrungsmitteln kämpfen auch wir. Uns fällt es als Eltern genauso schwer, den Einfluss moderner Medien zu begrenzen wie anderen Erziehungsberechtigten auch. Niemand von uns spielt gerne die „Spaßbremse". Jedoch belasten ausgerechnet die „social media" wie Facebook, Instagram, WhatsApp das Familienleben erheblich. Und exzessives Computerspielen raubt den Kids beinahe alle Energien für weitere Aktivitäten, sei es ein simpler Spaziergang, Pilze sammeln im Wald, Basteln oder das Erlernen eines Instruments – vom Aufräumen des Zimmers ganz zu schweigen. Deshalb haben wir einige Regeln eingeführt:

- keine Handys bei gemeinsamen Aktivitäten
- zeitliche Begrenzung bei der Benutzung von jeglicher Elektronik

Ein komplettes Verbot wollen wir den Kindern nicht antun. Schließlich sollen sie ja den Umgang mit Internet & Co. sicher beherrschen – zumal das Netz auch viele faszinierende und positive Seiten hat. Manchmal aber reichen auch diese Regeln nicht aus, um ein vernünftiges, respektvolles Miteinander zu gewährleisten. Dann erscheinen „härtere" Maßnahmen unerlässlich. Daher haben wir – familienintern – sogenannte *„Low-Fun-Tage"* eingeführt. An diesen Tagen gibt es weder „schnelle Kohlenhydrate" (Süßigkeiten, Limonaden, Eis) noch jegliche Elektronik. Die Zimmer werden aufgeräumt und geputzt, gemeinsame Aktivitäten wie Gesellschaftsspiele, Ballspiele im Freien oder auch gemeinsames Kochen stehen im Vordergrund. Wer etwas alleine unternehmen möchte, kann lesen, zeichnen oder auch einfach nur „chillen" oder „faulenzen", wie wir das früher genannt hätten. Nur eben Elektronik, Chips und Gummibärchen, Schokolade und Hamburger und sonstiges Junkfood sind verboten.

Ihren ursprünglich disziplinarischen Charakter haben diese „Low-Fun-Tage" mittlerweile fast vollständig eingebüßt. Deswegen erwägen wir familienintern eine Umbenennung dieser entschleunigten Phasen in „Slow-Fun-Tage" (in begrifflicher Anlehnung an die ursprünglich aus Italien stammende und heute auf allen Kontinenten der Erde vertretene „Slow-Food"-Bewegung). Die Kinder spüren, dass ihnen die komplette Abstinenz gut tut. Außerdem entwickelt auch das Familienleben an diesen Tagen neue alte Qualitäten. Plötzlich findet sich wieder Zeit für Gespräche, Austausch, wirkliches Miteinander.

Am liebsten würde ich die Elektronik noch viel weiter aus unserem Leben verbannen. Ich halte es allerdings für wichtig, dass Kinder ausreichenden Zugang zu entsprechenden Medien bekommen. Sie sollten sich „satt" spielen können. Der neurophysiologische Hintergrund ist folgender: Die größte Dopaminfreisetzung am Lustzentrum erfolgt durch *überraschende* Reize. Einen ähnlichen Effekt scheint die Verknappung einer begehrten Ressource zu besitzen. Deswegen werden viele Konsumgüter als *„Schnäppchen! Nur für kurze Zeit"* angepriesen. Wir wissen es alle: Ist ein Produkt einfach und regelmäßig für alle verfügbar, verliert es seine Anziehungskraft. Dies liegt daran, dass bei *erwarteten* „Belohnungen" die Dopaminfreisetzung nicht mehr am Lustzentrum selbst, sondern weiter hinten in anderen Gehirnbezirken (im sog. Striatum) erfolgt. An dieser Stelle bewirkt Dopamin kein großes Lustempfinden mehr; ursprüngliche Begehrlichkeiten werden „selbstverständlich", ihre Erfüllung „Routine". Wenn die Kinder keine ausreichende Zeit vor dem Computer verbringen dürfen, sie sich also nicht einmal annähernd „satt" spielen können, werden elektronische Medien für sie kaum jemals ihren geradezu magischen Reiz verlieren. Sobald die elterliche Kontrolle nachlässt, werden sie jeglichen Freiraum nutzen, um ihre Begehrlichkeiten dennoch zu stillen.

Ein wirkliches „Sattspielen" wird es am Computer kaum geben. Denn gerade Computerspiele sind so konzipiert, dass jedem bewältigten Level ein schwierigeres mit überraschenden Effekten folgt. Deswegen sollte die „elektronische Spielzeit" auf jeden Fall begrenzt werden. Das kindliche Gehirn ist noch sehr formbar, es stellt sich stark auf die Anforderungen ein, mit denen es konfrontiert wird, es wird von ihnen *geprägt*. Verbindungen zwischen Nervenzellen, die ein erfolgreiches Handeln ermöglicht haben, werden durch die Ausschüttung von Nervenwachstumsfaktoren (*NGF, nerve growth factor*) verstärkt ausgebildet. Das Gehirn strukturiert sich durch diesen Mechanismus selbst.

Das reale Leben besteht aber nicht aus virtuellen Welten. Vor dem Computer werden haptische Erfahrungen kaum erworben, die Bedienung von Tastatur, Maus und Joystick kann die sensorischen und motorischen Erfahrungen in der realen Welt nicht ersetzen. Fertigkeiten wie Schwimmen, Radfahren, Balancieren und viele andere lassen sich virtuell nicht erwerben. Außerdem bewirkt die geringe „Eindringtiefe" der virtuellen Erfahrungen eine Verflachung der erlernten Kenntnisse und Fertigkeiten: Sich perfekt in einer Computerlandschaft zu bewegen, bedeutet keinesfalls, sich auch im Leben zurechtzufinden. Buchstaben nur noch auf der Tastatur zu tippen, statt sie mit der Hand zu schreiben, wirkt sich später negativ auf das Lesevermögen aus. Ein befreundeter Förster berichtet, dass Schulklassen, die er durch den Wald führt, oft Schwierigkeiten haben, auf normalen Wanderwegen zu gehen; sie stolpern über jede Wurzel, über jede kleine Unebenheit. Ältere Lehrer wissen Lieder zu singen von schwindenden motorischen Kapazitäten ihrer heutigen Schüler wie auch von deren oft unterentwickeltem Sozialverhalten. Ihr Handy und ihren Computer hingegen bedienen nahezu alle Jugendlichen perfekt. Der Ulmer Psychiater Manfred Spitzer erfand für dieses Phänomen den nicht umsonst so populären Begriff der **„digitalen Demenz"** (Spitzer 2012).

Die Zeit, die mit Elektronik verbracht wird, gehört also eingeschränkt. Nicht radikal, aber doch so, dass hauptsächlich Raum bleibt für Erfahrungen im wirklichen Leben.

Natürlich wollen Eltern nur das Beste für ihre Kinder. Deswegen fördern sie sie, deswegen fordern sie sie, und deswegen geben sie ihnen in bester Absicht auch Tabletten, um ihnen eine möglichst gute Ausgangsposition für die Zukunft zu sichern. Eine Frage hingegen bleibt: Was ist das eigentlich, ein „erfolgreiches Leben"?

Äußere Kennzeichen wie beruflicher Erfolg, Ehe, Kinder, Status, Reputation geben letztlich keine Auskunft über das wahre Befinden eines Menschen. Hinter mancher Kulisse ist nicht alles Gold, was glänzt. Die zerbröckelte Fassade manch eines gefallen Stars lässt es offenbar werden. Was also ist das Maß für eine gelungene Erziehung?

Die Antwort ist einfach: Aus einem „gut" erzogenen Kind wird ein glücklicher, zufriedener und selbstbestimmter Erwachsener. Aus neurophysiologischer Sicht bedeutet „glücklich und zufrieden", dass die Botenstoffe im Regelkreis der Lust auf den vorgesehenen Wegen „fließen". Das heißt, es sollte eine gute Passung zwischen Fähigkeiten und Anforderungen bestehen. Ebenso sollten die Anforderungen mit den wirklichen Bedürfnissen und Wünschen des Individuums zu einem guten Teil übereinstimmen, also nicht ausschließlich fremdbestimmt sein.

Hier kommen wir zu einem weiteren interessanten Punkt: Nach Freud verläuft die natürliche Entwicklung des Menschen in Phasen. Stark vereinfacht ausgedrückt lässt sich behaupten: Störungen der Entwicklung führen zum Verharren des Betroffenen in einer dieser Entwicklungsphasen. Wer als Säugling seine „orale Phase" nicht ausleben kann, den wird seine Bedürftigkeit noch als Erwachsenen zu übermäßiger oraler Reizaufnahme (z.B. durch Essen, Trinken oder Rauchen) motivieren. Oder: Wem in der ersten Trotzphase keine relative Abgrenzung von den Eltern und damit kein Mindestmaß an Selbstbestimmung gelingt, wird als Erwachsener immer noch Schwierigkeiten haben, autonom zu leben. Oder: Wer als Kind keine sichere Bindung erfahren durfte, wird später Schwierigkeiten beim Eingehen und Erhalten von Bindungen haben.

Das neurophysiologische Korrelat für diese Phänomene scheint sich ebenfalls aus den Belohnungsmechanismen in unserem Hirn ablesen zu lassen: Wenn in der prägenden Phase eine Erfahrung nicht in ausreichender Menge und Qualität gemacht werden kann, verharrt die Dopamin-Stimulation am Nucleus accumbens, dem Belohnungszentrum. Erst die Erfahrung einer zuverlässigen Verfügbarkeit einer Ressource beendet die extreme Lustbesetzung beispielsweise der Nahrungsaufnahme. Das neurophysiologische Korrelat besteht in einer Verlagerung der Dopamin-Stimulation weg vom Belohnungszentrum in dorsal gelegene Teile des Striatums („Striatalisierung"), die weniger Lustempfinden vermittelt als die vorherige Stimulation des Nucleus accumbens. Weil die Lustbesetzung der zu machenden Erfahrung durch die Striatalisierung nachlässt, kann sich der kleine Mensch vollständig auf die Bearbeitung der nächsten anstehenden Aufgabe konzentrieren, die ihm abermals Lusterleben vermittelt – bis auch sie zur „Routine" geworden ist und nicht länger als überhöhtes, lustbesetztes Ziel verfolgt werden muss. Auf diese Weise kann sich das Kind in einem sicheren Umfeld Stufe um Stufe zu einem letztlich ausgeglichenen, glücklichen

Erwachsenen entwickeln. Eine Störung der Entwicklung führt deswegen zum bereits von Freud beschriebenen Verharren in der jeweils aktuellen Entwicklungsstufe.

Von besonderer Bedeutung für die Entstehung späterer seelischer Erkrankungen ist daher die frühe Erfahrung einer *sicheren Bindung* (Resch et al. 1999). Unzureichende Bindungserfahrungen lassen sich als verantwortlich für einen Großteil der in der Psychotherapie behandelten Krankheitsbilder auffassen (Brisch 2011). Eltern sollten daher ihre Kinder liebevoll beobachten und begleiten und ihnen keine Leistungen abverlangen, zu denen sie (noch) nicht bereit erscheinen. Schon gar nicht sollten sie bei vermeintlichem oder tatsächlichen „Versagen" ihrer Kinder ihre Liebe zu ihnen infrage stellen oder gar den Kontakt abbrechen. Kinder, die sich nie „satt essen" konnten an zuverlässiger Bindung, spüren dieses Defizit noch im Erwachsenenalter als Gefühl nicht „angekommen" zu sein, nicht geliebt zu werden, nicht wirklich dazuzugehören, nicht für sich glücklich sein zu dürfen, keine wirkliche „Existenzberechtigung" zu besitzen.

Diese Unsicherheit bereitet den Boden für etliche weitere Störungen, angefangen bei Konzentrationsmängeln über Selbstwertprobleme, Ängste, Depressionen und somatoforme Störungen bis hin zu einem vergrößerten Risiko für Schizophrenien und einer erhöhten Suizidalität (Gahleitner 2005). So sehr auf der einen Seite also vor „billiger" Überstimulation des Nachwuchses z. B. durch technisches Spielzeug oder hochkalorische Nahrungsmittel gewarnt werden muss, kann es auf der anderen Seite kaum ein Zuviel an Geborgenheit und liebevoller Zuwendung geben, damit sich – mutmaßlich über den Vorgang der „Striatalisierung" – möglichst jedes Kind seiner Bindung absolut gewiss sein kann und nicht ein Leben lang unter den Folgen eines frühen Bindungsdefizits zu leiden hat.

## 5.6 „Hirndoping" – Neuro-Enhancement

Der Einsatz psychoaktiver Substanzen bei Gesunden mit dem Ziel der Steigerung der geistigen Leistungsfähigkeit, bekannt unter den Begriffen *Neuro-Enhancement* und *Hirndoping* wird kontrovers diskutiert. Dem Wort „Doping" haftet eine negative Wertung an, während in „Enhancement" positive Konnotationen mitschwingen.

Von Neuro-Enhancement/Hirndoping ist das sog. „Soft-Enhancement" zu unterscheiden. Bei Ersterem finden Medikamente und illegale Substanzen Verwendung. Zu nennen wären im Einzelnen amphetaminartige Substanzen wie Methylphenidat, Modenafil, Kokain und Amphetamine wie MDMA (Ecstasy). Auch β-Blocker, Antidepressiva, Antidementiva und weitere Substanzgruppen werden zur mentalen Leistungssteigerung eingesetzt. Zu den *Soft-Enhancern* lassen sich legale Substanzen rechnen wie Vitaminpräparate, Koffein, Energydrinks, Schokolade und pflanzliche oder homöopathische Aufbereitungen.

Tatsächlich haben viele Studenten an US-Colleges bereits Erfahrung mit „Hirndoping". Man schätzt die Lebenszeitprävalenz auf 3–11 % (Galert 2011; Middendorff et al. 2012). Eine Studie des Wissenschaftsmagazins *Nature* ergab 2008, dass rund 20 % der befragten 1400 Leser über Erfahrungen mit Neuro-Enhancement verfügen oder es aktiv betreiben (Maher 2008). Noch im gleichen Jahr setzten sich führende britische Wissenschaftler verschiedener Fakultäten für den Einsatz pharmakologischer Substanzen zur Verbesserung der mentalen Leistungsfähigkeit ein: „Diese Wirkstoffe sollten in dieselbe Kategorie eingeordnet werden wie Bildung, ein gesundes Leben und Informationstechnologien. Denn das alles sind Methoden, mit denen unsere innovative Spezies versucht, sich selbst zu verbessern" (zit. nach Raabe u. Seynsche 2008). Die folgenden Ergebnisse einer Online-Erhebung 2010/11 unter

Studierenden aber stimmen bedenklich (Middendorff et al. 2012):

- Ungefähr 5 % der Studierenden benutzen Stimulanzien (verschreibungspflichtige Medikamente); ca. ein Drittel davon kombinieren verschiedene Substanzen miteinander.
- 18 % der „Neuro-Enhancer" benutzen Methylphenidat (Ritalin®); 23 % verwenden Cannabis zur Stressbewältigung.
- Studenten, die Hirndoping nutzten, erzielten geringere Werte bezogen auf Gewissenhaftigkeit.
- Der Anteil von Hirndopenden ab dem 13. Semester ist doppelt so hoch wie in niedrigeren Semestern (d.h. die Studiendauer steigt!).
- Hirndopende verspüren häufiger Schwierigkeiten bei der Bewältigung des Lernstoffs.
- Je mehr Zeit hirndopende Studierende für ihr Studium aufwenden, desto höher ist der subjektive Leistungsdruck. Bei nicht-hirndopenden Studenten findet sich dieser Zusammenhang nicht.
- Hirndopende haben häufiger Probleme mit Alkohol und rauchen mehr.
- Sie empfinden sich seltener als „ruhig und gelassen" und sie blicken weniger optimistisch in die Zukunft.

Aus anderen Untersuchungen ist bekannt, dass Neuro-Enhancement *subjektiv* die Leistungsfähigkeit steigert. Aber einzig für Modafinil (Vigil®) konnte in Tests nach *kurzem* Schlafentzug eine Verbesserung der Wachheit, des Gedächtnis und der exekutiven Funktionen nachgewiesen werden. Bei *längerem* Schlafentzug blieb die Wachheit erhalten, Aufmerksamkeit und exekutive Funktionen aber sanken trotz wiederholter Einnahme ab (Repantis 2011). Eine *längerfristige objektive* Leistungsverbesserung konnte bis heute für keine einzige Substanz nachgewiesen werden.

Der Versuch der *Leistungssteigerung unseres Gehirns* durch die Anwendung von Substanzen scheint demnach mit den heutigen Mitteln allenfalls schwach oder überhaupt nicht erfolgreich zu sein. Die *negativen Wirkungen* wie längere Studiendauer, Schwierigkeiten bei der Bewältigung des Lernstoffs, Gebrauch weiterer Stimulanzien, Unruhezustände und Pessimismus scheinen – auch bei gegenteiligem subjektivem Gefühl – zu überwiegen. Zudem kann der Gebrauch von Substanzen, die Kindern gegen ADHS verschrieben werden, bei Missbrauch zu Abhängigkeit führen.

Es stellt sich die Frage, ob Substanzen, die die Hirnleistung tatsächlich „verbessern" (sollte es sic eines Tages geben), eingesetzt werden sollten oder nicht. Wenn wir davon ausgehen, dass unsere Gehirne und die in ihnen enthaltenen Steuerungsmechanismen sehr fein auf die Notwendigkeiten zum Überleben innerhalb unseres Ökosystems abgestimmt sind, sollten wir uns der Gefahren bewusst sein, die mit einer Manipulation an dieser Stelle einhergehen.

Es stellt sich zudem die Frage: Was bedeutet „verbessern" in neurophysiologischer Hinsicht? Was sollten wir steigern, wenn dies möglich wäre? Sollten wir die Verarbeitungsgeschwindigkeit unserer Neuronen verdoppeln? Sollten wir unsere Gedächtnisleistung vervierfachen? Sollten wir uns „konsequenter" machen, d. h. endlich fähig, *rational* gefasste Entschlüsse tatsächlich auch zu leben? Oder sollten wir uns *gefühliger* machen durch die Anwendung entsprechender Substanzen? Sollten wir die Fähigkeiten unserer Sinnesorgane steigern? Unser Schlafbedürfnis wegtherapieren?

Es steht zu befürchten, dass jeder *Gewinn* durch eine Manipulation unserer Neurobiologie simultan durch *Kosten* erkauft werden muss. Vielleicht können wir durch Amphetamine tatsächlich schneller denken und entscheiden. Ob die schnelleren Entscheidungen aber qualitativ höherwertig ausfallen, bleibt dahin gestellt. Eher besteht die Wahrscheinlichkeit, dass wir unbewusste, aber wichtige Inhalte bei den unter „Neuro-Enhancement" getroffenen Entschlüssen übergehen. Was wollten wir mit einer Beschleunigung auch erreichen? Schneller leben? Mehr erleben? Beides erscheint wenig sinnvoll, da das Lust- und Sinnempfinden mit dem höheren Tempo notgedrungen verflachen würde.

Abgesehen vom Sinn eines – derzeit noch unmöglichen – „Neuro-Enhancement" oder „Hirndopings": Sollte eine mentale Leistungssteigerung durch Substanzen für umschriebene Bereiche (z.B. das Schreiben von Klausuren) eines Tages möglich sein, wäre ein breiterer Einsatz die absehbare Folge. Dann würden die mit „Neuro-Enhancement" verbundenen Gefahren kein individuelles Risiko bleiben, sondern möglicherweise die Kulturgeschichte der Menschheit beeinflussen: Die Manipulation am fein justierten Regelwerk unserer Wahrnehmungs- und Verhaltenssteuerung allerdings bringt unkalkulierbare Folgen mit sich.

### Exkurs

**Alkohol – ein Vorläufer des Neuro-Enhancement?**

Die Droge Alkohol besitzt Ähnlichkeit mit manchen „Neuro-Enhancern". Alkohol führt in geeigneten Dosen zur subjektiven Empfindung einer Leistungssteigerung, auch wenn seine Verwendung keine reale Leistungsverbesserung bewirkt. Effektiv aber beeinflusst Alkohol das Sozialverhalten: Er fördert die Fraternisierung von Individuen, die ohne den Einfluss der Droge eher zu konkurrierendem Verhalten neigen würden. Er begünstigt Selbstüberschätzung und führt – nicht nur im optischen Sinn – zu einer Einengung des Blickfelds. Alkohol bewirkt eine Ausschüttung von euphorisierenden Transmittern. Und nach einem Rausch kommt es zu einem verminderten Glücksempfinden mit vermehrter Bedürftigkeit und größeren Begehrlichkeiten.

Es wäre interessant, den Einfluss von Drogen auf die Entwicklung von Nationen und Staaten zu untersuchen: Begünstigte Alkohol (Europa, Russland, USA) den Expansionsdrang? Besaßen Bethel (Indien) und Opium (China) einen Einfluss auf die Innen- und Außenpolitik der jeweiligen Länder? Korreliert die Askese des Buddhismus mit Selbstgenügsamkeit und außenpolitischer Friedfertigkeit? Oder: Sucht sich eine vorbestehende Mentalität die jeweils passende Droge?
Alkohol scheint die natürlichen, evolutionär gewachsenen Beurteilungskriterien zu verschieben. Schon die Bibel warnt: „Und sauft euch nicht voll Wein, woraus ein unordentliches Wesen folgt, sondern lasst euch vom Geist erfüllen" (Epheser 5,18). Während die Bibel dem gewöhnlichen Sterblichen den maßvollen Genuss von Alkohol nicht verbietet (schließlich verwandelt Jesus auf der Hochzeit zu Kanaan Wasser in Wein), warnt sie jedoch die Herrschenden vor jeglichem Alkoholgenuss: „Nicht den Königen ziemt es, Wein zu trinken, nicht den Königen, noch den Fürsten starkes Getränk! Sie könnten beim Trinken des Rechts vergessen und verdrehen die Sache aller elenden Leute" (Bibel, Sprüche 31, 4–5). Alkohol scheint die natürlichen, evolutionär gewachsenen Beurteilungskriterien zu verschieben. Offenbar wollten die Bibelväter einen derartigen Einfluss zumindest auf „Leitungsebene" verhindern. Für das sog. Neuro-Enhancement dürften ähnliche Gefahren gelten.

## 5.7 Frühwarnzeichen der Erschöpfung

Jeder Mensch reagiert anders auf die Entleerung seiner Botenstoffspeicher. Viele erkennen die Zeichen rechtzeitig selbst. Andere müssen erst heftige seelische, körperliche oder soziale Schäden erfahren, um zu einem Umdenken zu gelangen. Manch einer lernt es nie.

Darum ist es wichtig, seine persönlichen Frühwarnzeichen zu kennen und ggf. zu erkennen – um richtig auf sie zu

reagieren. Denn das „Wohlfühlparadoxon", das Phänomen, zur „Beruhigung" immer mehr gerade von dem zu wollen, was uns in den Zustand der Erschöpfung gebracht hat, lauert überall. Im Folgenden seien stichwortartig die Erscheinungen aufgelistet, an denen sich der Wirkverlust vor allem von Dopamin und GABA ablesen lässt.
- Lustverlust
- zu viel „schlechtes" Essen („Junkfood")
- Ungeduld
- Konzentrationsstörungen
- Gedächtnisstörungen („Vergessen" von Terminen und Verabredungen)
- chronischer Zeitmangel
- Aggressivität (z. B. im Straßenverkehr)
- Aufgabe von Sport und ausgleichenden Aktivitäten
- Schlafstörungen
- depressive Verstimmung
- Gefühl der Sinnlosigkeit
- sinnloser Konsum
- soziale Konflikte, Streit
- Gebrauch von „Genussmitteln" und Drogen
- körperliche Beschwerden ohne organische Ursache (psychosomatische Symptome)

Wer derartige Symptome bei sich feststellt, sollte versuchen, das ursächliche Gefühl der inneren Unruhe, das Gefühl der ausbleibenden Befriedigung *nicht* mit schnellen Genüssen oder anderen „Erfolgserlebnissen" zu stillen. Was er wirklich braucht, ist Ruhe. Im Grunde sollte man sich im Zustand psychovegetativer Erregung und erst recht im Zustand der Erschöpfung solange zurückziehen, bis die Lebenslust zurückgekehrt ist und alle anstehenden Aufgaben wieder mit Freude und Achtsamkeit erledigt werden können („volle Speicher"). Nur so kann das Phänomen des Burnout vermieden werden (s. Kap. 2.8). Selbstverständlich kann es Phasen geben, in denen man ein Projekt abschließen möchte und deswegen die Frühwarnzeichen ignoriert. Die Betroffenen sollten sich aber bewusst sein, dass sie auch nach erfolgreichem Abschluss des Projekts nicht „satt" sein werden. Spätestens an dieser Stelle sollten sie für eine Auszeit sorgen – auch wenn der Abschluss des nächsten Projekts endlich den lang ersehnten inneren Frieden verspricht. Glück und Zufriedenheit lassen sich aber nicht einfangen, egal wie schnell man rennt. Satt wird man nur in jedem Augenblick – oder nie.

## 5.8 Glutamat

Die realen Verhältnisse unserer Verhaltenssteuerung sind natürlich weitaus komplexer als ich es in diesem Buch darstellen konnte. Unser Verhalten wird nicht durch einen einzigen Regelkreis, sondern sehr wahrscheinlich durch eine große Zahl ineinandergreifender Regelstrecken gesteuert. Auch die Anzahl der Botenstoffe und vor allem die der Rezeptoren ist wesentlich größer als hier dargestellt. Um die wesentliche Botschaft verständlich zu machen, habe ich die Vorgänge in unserem Belohnungssystem auf das nötige Minimum reduziert: Das Belohnungszentrum arbeitet in zwei Richtungen – ein *Zuwenig* an Stimulation ist genauso unbekömmlich wie ein *Zuviel*. Deswegen *kann* das global verfolgte, „alternativlose" Ziel von immer mehr Wachstum niemanden dauerhaft beglücken. Im Gegenteil, es macht uns unzufrieden und krank.

Auch wenn die Wachstumskritik plausibel und notwendig erscheint: Vielleicht hat sich bei Ihnen in Anbetracht der bis hierher vertretenen Hypothese schon Widerspruch geregt. Sind ein Dach über dem Kopf und genug zu Essen wirklich schon ausreichende Voraussetzungen, Glück und Zufriedenheit zu empfinden?

Der Botenstoff **Glutamat** relativiert diesen Sachverhalt. Wie eingangs bereits festgestellt, ist Glutamat neben Dopamin ein weiterer wichtiger belohnender Botenstoff in unserem Gehirn. Glutamat wird nach seiner Ausschüttung am Belohnungszentrum nicht ausschließlich von den sternförmigen Astrozyten wieder aufgenommen und an seine Ursprungszellen zurückgeleitet. Zu einem Teil wird dieser Botenstoff nach seiner Freisetzung auch von den Nervenzellen des Belohnungszentrums ins Zellinnere transportiert. Dort wird Glutamat durch eine sehr einfache chemische Reaktion in den Botenstoff GABA umgewandelt. Das bedeutet, dass nicht *jeder* „Erfolg" unbedingt „Hunger auf mehr" bereiten muss. Die Ausschüttung von Glutamat ist sogar *notwendig*, damit die Zellen des Belohnungszentrums GABA überhaupt herstellen können. Denn es gibt für sie nur einen einzigen Weg, GABA zu produzieren – aus Glutamat (vgl. Danbolt 2001).

Da in unserer Überflussgesellschaft die schädlichen Wirkungen des „Zuviels" eindeutig im Vordergrund stehen, habe ich mir erlaubt, diese wichtige Funktion des belohnenden Botenstoffs Glutamat – die Lieferung des Ausgangsprodukts für die Herstellung von GABA – bis zu dieser Stelle aufzusparen. In der richtigen Dosis tragen „Genuss" oder „Erfolg" durchaus zu unserem Wohlbefinden, unserer seelischen Ausgeglichenheit und zu unserem Konzentrationsvermögen bei.

## 5.9 Fazit

Die Quintessenz aus diesem Buch lautet keineswegs: Trinke ausschließlich Wasser, iss trockenen Reis, meditiere den ganzen Tag – und Du wirst glücklich sein! Die Quintessenz lautet vielmehr: Lebe ein gesundes, aktives Leben, tu, was Dir sinnvoll und nachhaltig erscheint, sorge für einen ungehinderten Fluss von Botenstoffen, sei authentisch, löse die anstehenden Probleme und löse Dich von jenen, die Du nicht lösen kannst. Und: Hüte Dich vor Überstimulation! Überstimulation macht immer Lust auf mehr und mehr und mehr. Das *Zuviel* ist der Treibstoff für den „Teufelskreis der Lust", der Begehrlichkeiten schafft, die doch nie zu stillen sind. Ankommen kann jeder nur bei sich selbst. Mit vollen Speichern, erholten Rezeptoren und dem ungestörtem Fluss seiner Botenstoffe.

„Allein die Dosis macht, dass ein Ding kein Gift ist!"

Paracelsus

Wer durch Bedachtsamkeit zu Achtsamkeit gelangt, für den ist jede Sekunde mit Lust und Sinn erfüllt. Vielleicht wirken Lebensglück und Erfolg mancher Menschen so mühelos, weil sie sich mit gefüllten Speichern ständig im „Flow" befinden. Sie haben frühere Traumen bewältigt, zwischenmenschliche Konflikte überwunden und das Rennen nach Zielen in der Zukunft durch die Ankunft im Augenblick ersetzt.

Einzelne haben bereits eine Alternative gefunden: Entschleunigung, Entschlackung, Verzicht auf Statussymbole, selber machen statt fertig kaufen. Zweidrittelstellen, halbe Stellen, alternative Projekte, die keinen Profit abwerfen, aber Spaß machen und befriedigen, Kreativität und Erfahrung als Alternative zu Besitz und Macht, sinnerfülltes Tun an Stelle besinnungslosen Konsums ... Das Leben besteht eben *nicht* aus dem Abarbeiten von Pflichten und dem Standhalten der von Werbeprofis berechneten Maßstäbe.

Wer bei sich ist, darf stehen bleiben. Er kann individuell wie global schädlich wirkendes Verhalten reduzieren und für seine eigene körperliche Gesundheit, seine seelische Gesundheit, für die seiner Kinder, seiner Kollegen und für die der nachfolgenden Generationen Verantwortung übernehmen. Er kann authentisch sein, weil er seine „Seele" nicht für materielle Güter, seine Karriere oder seine Reputation verbiegen und verkaufen muss. Er ist autonom, weil er weiß, dass kein *Ziel* ihn dauerhaft beglücken wird, schon gar nicht, wenn es ihn seine Wahrhaftigkeit kostet. Denn: Das Leben besteht nicht aus Zielen. Es besteht aus Augenblicken.

# 6 Mögliche Schwächen des Habituationsmodells

Wie wir gesehen haben, zeitigt das Habituationsmodell erhebliche Konsequenzen für unsere Auffassung von „Krankheit". Darüber hinaus lassen sich aus ihm subjektive, aber auch soziologische und politische, wenn nicht sogar philosophische Schlussfolgerungen ableiten. Und das alles auf einer *naturwissenschaftlichen* Grundlage, wo bisher nur metaphysisch argumentiert werden konnte. Endlich können wir es *rational* fassen: Immer mehr, immer höher, schneller, weiter ist nicht gleichzeitig auch immer besser.

Es wäre in meinen Augen erstrebenswert, wenn sich die in diesem Buch beschriebene Auffassung nicht nur im medizinischen Bereich, sondern im gesamtgesellschaftlichen Rahmen durchsetzen könnte. Doch das Leben ist kein Wunschkonzert. Gerade aufgrund seiner immensen Auswirkungen – vor allem in Bereichen, in denen mit der hier kritisierten Auffassung von Zivilisation sehr viel Geld gemacht wird – rechne ich mit erheblichem Widerstand gegen das Habituationsmodell.

Karl Popper schreibt bereits im Vorwort seiner „Logik der Forschung":

„Wann immer wir nämlich glauben, die Lösung eines Problems gefunden zu haben, sollten wir unsere Lösung nicht verteidigen, sondern mit allen Mitteln versuchen, sie selbst umzustoßen."

(Popper 1934, Vorwort)

Gerade die *Widerlegbarkeit* einer Hypothese ist für Popper die Voraussetzung, sie als „wissenschaftlich" anzuerkennen. Religiöse Gedankensysteme beispielsweise lassen sich mit rein rationalen Argumenten weder bestätigen noch entkräften. Deswegen sind sie laut Popper *nicht* wissenschaftlich, sondern eben Glaubenssache.

Fehlen Beweis und die Möglichkeit des Gegenbeweises, ist einem Modell zwar nicht notwendigerweise jeder Wahrheitsanspruch abzusprechen. Auf einer metaphorischen Ebene können metaphysische Ansätze komplexe Zusammenhänge selbstverständlich zutreffend beschreiben – auch und gerade solche, die sich den wissenschaftlichen Möglichkeiten der Zeit noch entziehen. Der Popper'sche Anspruch der Widerlegbarkeit trennt Glaubensdinge von rational fassbarer Naturwissenschaft.

Welche Argumente also sprechen *gegen* die Gültigkeit des Habituationsmodells? Schon als ich begann, das Modell auf immer neue Krankheitsbilder anzuwenden, erwartete ich, dass ich schnell an seine Grenzen geraten würde. Aber die Recherchen, die ich anstellte, um das Modell zu widerlegen, mündeten Mal für Mal in Bestätigungen. Es schien wie verhext: Es wollte sich kein wirklicher Widerspruch auftun. Wie es das Habituationsmodell voraussagte, fanden sich in zivilisationsfernen Volksgruppen wie den Amish-People oder den Kaluli auf Papua-Neuguinea weder monopolare Depressionen noch „Aufmerksamkeits-Defizit-Hyperaktivitäts-Störungen". Und wie es sich aus dem Habituationsmodell ergibt, bestehen erhebliche Parallelen zwischen AD(H)S und Depression.

Dennoch sehe ich mögliche Schwächen des Modells. Doch widerlegen diese Unschärfen das Modell nicht insgesamt; sie liefern eher Ansätze, an entsprechenden Punkten weiter zu forschen.

## 6.1 GABA – der häufigste Botenstoff im Gehirn

Kommen wir zu Ansätzen möglicher Kritik am Habituationsmodell: Das Belohnungszentrum ist keineswegs die einzige Instanz, die den Transmitter GABA verwendet. Wohl über ein Drittel aller Synapsen des gesamten Gehirns arbeiten mit GABA. Die Wirkung von Medikamenten wie Valium®

an den Rezeptoren von GABA muss also nicht notwendigerweise auf den beschriebenen Regelkreis ums Belohnungszentrum zurückzuführen sein, das nur aus einer vergleichsweise geringen Anzahl von Nervenzellen besteht. Dass GABA-artige Medikamente aber *auch* die Wirkweise des Belohnungszentrums erklären können, erscheint dagegen denkbar.

Kaskadenartig nachgeschaltete Nervenschaltkreise könnten den relativ wenigen Zellen des Belohnungszentrums Einfluss auf das gesamte Gehirn verschaffen, sein Fühlen, sein Denken, sein Erinnerungsvermögen bis hin zu den Motivationen, die unser Handeln bestimmen. Im Grunde erscheint Letzteres – eine kaskadenartige Wirkverstärkung nacheinander geschalteter Instanzen, wie sie im Körper häufig vorkommt – sogar sehr wahrscheinlich. Nur, wie gesagt, ist diese Art der Verschaltung für das Belohnungszentrum noch keineswegs bewiesen. Hier liegt also eine der Unschärfen des Modells, die noch genauerer Erforschung bedürfen.

## 6.2 GABA, der Schlüssel zum Gedächtnis?

Wenn es stimmt, dass die Stimulation des Lustzentrums und die nachfolgende Freisetzung von Botenstoffen das „Tor zum Gedächtnis" aufschließen, wieso verursachen dann ausgerechnet GABA-artige Medikamente wie Valium® und andere Benzodiazepine eine ausgeprägte *Erinnerungslücke*? In der Medizin werden Benzodiazepine gerade wegen dieser Eigenschaft vor unangenehmen Eingriffen gegeben: Der Patient weiß anschließend nur noch, dass er gut geschlafen hat. An Schmerzen bei der Untersuchung oder Behandlung kann er sich in aller Regel kaum erinnern. Widerlegt dieser Befund nicht die Annahme, dass GABA den „Filter" zum Gedächtnis, den Hippocampus, *auf*schließen soll? Müssten sich Patienten nach der Gabe von Benzodiazepinen nicht besonders gut erinnern können?

Dieser Einwand lässt sich leicht entkräften: Die Gedächtnisbildung ist ein komplexer Vorgang. Um den Hippocampus zu überwinden, muss eine Information zunächst eine Zeit lang im Kurzzeitgedächtnis gehalten werden, das, soweit wir wissen, höchstwahrscheinlich aus einer kreisenden Erregung in einem neuronalen Netzwerk besteht. Durch die Gabe von Benzodiazepinen werden sehr wahrscheinlich mehr als ein Drittel aller Synapsen im Gehirn „gedämpft". Wenn hierdurch, im Zustand extremer Schläfrigkeit, Informationen nicht ausreichend lang im Kurzzeitgedächtnis gehalten werden, können sie gar nicht erst zum Hippocampus gelangen. Auf diese Weise finden sie natürlich auch keinen Eingang ins Langzeitgedächtnis, selbst wenn das „Tor zum Gedächtnis" durch GABA-artige Medikamente weit aufgesperrt sein sollte.

## 6.3 Unterschiedliche Geschwindigkeiten im Belohnungssystem

Ein weiterer möglicher Schwachpunkt des Habituationsmodells sind die unterschiedlichen Geschwindigkeiten, die das Belohnungszentrum simultan produzieren soll: Einerseits soll es in Sekundenbruchteilen unseren Blick auf Lust erregende Objekte lenken und daran fesseln. Andererseits soll es für „Befriedigung" nach Tätigkeiten sorgen, die sich oft über Stunden erstrecken kann. Letztlich gibt es sogar Ereignisse, deren Erleben uns für Wochen, Monate und Jahre befriedigt zurücklässt, wohingegen die Wirkdauer von GABA ja sehr viel kürzer ist.

Diese Argumentation gegen das Habituationsmodell ist möglich, weil sich dieses ausschließlich auf den Regelkreis um den Nucleus accumbens bezieht – und dies wiederum nur unter Berücksichtigung von zwei oder drei der dort wichtigsten Transmitter. In Wirklichkeit benutzt das Gehirn viele weitere Regelkreise und schätzungsweise an die 50 unterschiedliche Transmitter, für die zudem Hunderte von verschiedenen Rezeptoren bestehen. Alle diese Regelkreise, Transmitter und Rezeptoren greifen ineinander und beeinflussen sich gegenseitig; sie alle spielen bei der Aufrechterhaltung der inneren Homöostase des Gesamtorganismus eine Rolle.

Um das in diesem Buch vorgestellte Funktions*prinzip* überhaupt verständlich zu vermitteln, war eine Beschränkung auf die wesentlichen Elemente der zerebralen Belohnungsregelkreise unumgänglich. Die Einfachheit des Habituationsmodells sollte nicht dazu verführen, das Kind mit dem Bade auszuschütten. Die scheinbare Schwäche des Modells, Phänomene unterschiedlicher Geschwindigkeit nicht deutlich voneinander abzugrenzen, führt bei näherer Betrachtung möglicherweise zu weiteren Erkenntnissen: Beispielsweise könnten sich unterschiedliche Erscheinungsformen des Alkoholismus (z. B. sog. „Spiegeltrinker" versus „Quartalssäufer") auf die Beteiligung weiterer Regelkreise mit Transmittern kurzer bzw. sehr langer Halbwertszeit zurückführen lassen – woraus sich wiederum besser differenzierte therapeutische Ansätzen ableiten lassen könnten. Das Habituationsmodell liefert einen ersten Ansatz zu einem vertieften Verständnis der Vorgänge in unserem Gehirn – und nicht gleich alle Antworten.

## 6.4 Leben ohne „Lustzentrum"

Ein weiteres Argument gegen das Habituationsmodell liefert das Phänomen, dass Tiere wie auch Menschen trotz Zerstörung ihres Belohnungszentrums weiterhin *lebensfähig* bleiben. Nach der immensen Bedeutung, die dem Belohnungszentrum in diesem Buch zugeschrieben wurde, erscheint dieser Befund erstaunlich.

In China beispielsweise wurden Versuche durchgeführt, *Suchtpatienten* durch die beidseitige Zerstörung ihres Belohnungszentrums zu heilen. Stellen ethische Bedenken diese Versuche bereits in Frage, tun die Resultate dies erst recht: Die Zerstörung des Belohnungszentrums heilt die Suchterkrankung nur in einem Teil der Fälle, ihre Nebenwirkungen hingegen stimmen bedenklich. Die behandelten Patienten zeigen teilweise Veränderungen der Persönlichkeit sowie Motivations- und Gedächtnisprobleme (Szalavitz 2012) – was nach dem Habituationsmodell wiederum absehbar gewesen wäre.

Die Tatsache, dass das Leben prinzipiell ohne „Lustzentrum" möglich ist, weist darauf hin, dass es sich beim Nucleus accumbens lediglich um einen *Verstärkermechanismus* handelt, einen Schaltkreis, der „erfolgreiches" Handeln mit angenehmen Gefühlen belohnt, wobei die wesentlichen lebenserhaltenden Systeme an sich jeweils über weitere, eigene Schaltkreise mit eigenen Botenstoffen verfügen. Das Belohnungszentrum wirkt also als eine Art Verstärker, als „Nachbrenner" jedes überlebensnotwendigen Verhaltens (Berridge 2003).

Dieser Verstärkungsmechanismus dient sehr wahrscheinlich der *Beschleunigung* unserer Anpassung an die jeweils gegebenen Umweltbedingungen. Die Eigendynamik des Lust-Regelkreises gab und gibt auf der einen Seite wohl den Anstoß zur Entwicklung unserer Zivilisation. Auf der anderen Seite hat uns dieser Mechanismus heute an die Grenzen des individuell, gesellschaftlich und ökologisch Vertretbaren gebracht.

Selbstverständlich wollen und sollen wir auf „Lust" in unserem Leben *nicht* verzichten. Das *Verständnis* der belohnenden Vorgänge in unserem Gehirn allerdings kann uns vor Schaden bewahren und uns gleichzeitig eine neue Richtung weisen: Hin zu mehr Nachhaltigkeit, bei der sich ein „Weniger" letztlich durchaus als „Mehr" erweisen wird.

# 7 Schlusswort

Naturgemäß wird ein Modell, dass gleich eine große Zahl von Phänomenen aus mehreren Wissenschaftsbereichen auf eine einheitliche und neue Art und Weise erklären will, Widerspruch erregen – zumal in einigen Sparten mit den althergebrachten Sichtweisen Unsummen an Geld verdient werden. Die subjektive Erfahrung, dass Entschleunigung und Konsumverzicht zu einem Mehr an Lebensqualität führen können, wird potenzielle Gegner wenig überzeugen, zumal für die Entwicklung unseres Wirtschaftssystems weniger subjektive Überzeugungen den Ausschlag geben als die Eigendynamik des Systems.

Die Gültigkeit des Habituationsmodells wird hierdurch aber nicht in Frage gestellt. Ich bin mir sicher, dass sich die meisten offiziellen Repräsentanten der Politik oder viele der im Hintergrund einflussreich agierenden Wirtschaftsmagnaten *für sich* durchaus erkannt haben, dass ein schrankenloses Wirtschaftswachstum erstens niemanden dauerhaft glücklich macht und zweitens mit großer Wahrscheinlichkeit unsere eigene Biosphäre und damit unser eigenes Überleben gefährdet. Ich mutmaße, dass viele der „Ultrareichen" – aus dem Streben nach purer Selbstoptimierung heraus – im Alltag längst die Entscheidung „weg vom Konsum, hin zu mehr Nachhaltigkeit" getroffen haben. Die Richtung der Wirtschaft als Ganzes aber vermag auch der mächtigste Mann auf unserem Globus – genau wie die derzeit vorgeblich mächtigste Frau auf unserem Planeten, die Wachstum immer noch für „alternativlos" hält – nicht zu ändern. Die Entscheidung zu mehr Nachhaltigkeit lässt sich also an niemanden delegieren. Sie liegt bei jedem Einzelnen selbst.

Mittelfristig wird das Habituationsmodell seine Gültigkeit an seinen Vorhersagen beweisen müssen: Liegt die Ursache der bipolaren Störung tatsächlich in einer Störung des bislang beinahe als funktionslos betrachteten „Stützgewebes" im Gehirn, einer genetisch bedingten Erkrankung der sogenannten Astrozyten? Handelt es sich bei der „Aufmerksamkeits-Defizit-Hyperaktivitäts-Störung" der Kinder tatsächlich um die gleiche Störung, die beim Erwachsenen als „monopolare Depression" beschrieben ist? Lassen sich „Glück" und „Zufriedenheit" vielleicht tatsächlich bald als Ausstoß der entsprechenden Botenstoffe im Gehirn objektiv messen?

Ich bin auf die Ergebnisse der künftigen Forschung gespannt. Ich hoffe, dass sich beim Lesen ein Teil der Faszination, die das Thema bei mir bewirkte, auf Sie übertragen hat. Und dass Sie aus dem Gelesenen vielleicht Anregungen für Ihr eigenes Leben mitnehmen konnten.

Letztlich bleibt mir nichts, als Ihnen wie mir selbst viel Erfolg bei der Umsetzung der Grundsätze zu wünschen – was naturgemäß niemandem ganz leicht fallen wird. Auf den ersten Schritt kommt es an. Im *Verzicht* liegt sicher ein Gewinn für die Lebensqualität. Und: Vieles, was uns heute nur allzu gern als behandlungsbedürftige Krankheit verkauft wird, ist in Wirklichkeit genau das Gegenteil: Eine Hilfestellung auf dem Weg zu einem glücklichen, gesunden und nachhaltigen Leben, zu dem es – Quintessenz dieses Buches – ohnehin keine sinnvolle Alternative geben kann.

## 7.1 Erste Schritte auf dem Weg zur Entschleunigung

Die Grundvoraussetzung für die Umsetzung aller guten Vorsätze ist – wen sollte das an dieser Stelle der Lektüre noch überraschen – ein ausgeglichenes Schlafkonto. Um die vereinfachte Darstellung von Habituationsmechanismen noch einmal aufzugreifen: Im Schlaf „füllen sich die Transmitterspeicher" und die „Rezeptoren regenerieren sich".

Indem wir bewusst ein paar Fehler vermeiden und damit unser Verhalten in eine andere Richtung lenken, können wir Weichen stellen, um das chronische Soll auf unserem Schlafkonto mittelfristig auszugleichen und uns damit für die nächsten Schritte in Richtung nachhaltiger Gesundheit vorzubereiten.

Wer kennt es nicht? Der Tag war anstrengend und und hektisch, er ließ uns wenig Zeit für sinnliches Erleben. Am Abend fühlen wir uns matt, aber dennoch irgendwie unbefriedigt. Deshalb verspüren wir intuitiv das Bedürfnis, uns noch etwas „Gutes" zu tun. Unser Reptiliengehirn nennt keine Gründe. Aber es lässt uns fühlen, dass wir nicht die Bettschwere haben, die uns still in Morpheus' Arme sinken lässt.

So gestaltet sich der Weg ins Bett für manchen lang und kurvenreich. Oft führt er am Kühlschrank vorbei in Richtung Getränkevorrat. Nicht selten gibt es einen Zwischenstopp am Vorratsschrank mit Schokolade, Chips und anderen Knabbereien. Bis wir letztlich im Fernseher durch die Programme zappen oder im Computer „zur Entspannung" Zeitung lesen, witzige Videos ansehen und ziellos durch die entlegensten Ecken des Cybernets surfen.

Spätestens am nächsten Morgen fragen wir uns, warum wir es eigentlich schon wieder nicht früh ins Bett geschafft haben. Der Wecker prügelt uns früh aus dem Bett; schlaftrunken wanken wir in die Küche. Für viele geht gar nichts ohne einen starken Kaffee, ohne schnelle Kohlenhydrate und ohne erste Zigarette – und das jeden Tag aufs Neue.

Die genauere Betrachtung offenbart die Eigendynamik des in diesem Buch geschilderten Teufelskreises: Der Stress am Tag vermittelt oft wenig Lust (Dopamin, Glutamat) und damit auch wenig Befriedigung (GABA und andere Transmitter). Übrig bleibt ein ruheloser Zustand, der zur besagten Pilgerreise vom Kühlschrank bis zur elektronischen Unterhaltung motiviert. Statt uns zu geben, was wir wirklich bräuchten – eine ausgedehnte Ruhephase zu Auffüllen der Speicher und zur Erholung der Rezeptoren – verfallen wir dem Wohlfühlparadoxon: Mit allen verfügbaren

Mitteln quetschen wir unseren erschöpften Speichern die letzten Moleküle belohnender und befriedigender Botenstoffe ab. Vollgepumpt mit Energie verpassen wir anschließend erst recht den Abzweig Richtung Federbett. Stattdessen suchen wir uns immer mehr vom Zuviel, um endlich zur Ruhe zu kommen. Kein Wunder, dass wir uns am nächsten Morgen weder ausgeruht fühlen noch den kleinen Dingen im Leben (und bei der Arbeit!) mit Achtsamkeit und Freude begegnen. Der zivilisatorische Teufelskreis verlangt unsere Effizienz, nicht unsere Sinnlichkeit. Um „fit" zu sein, starten wir mit natürlichen „Aufputschmitteln" in den Morgen und hetzen durch den Tag. Um am Abend unser wachsendes Defizit an Ruhephasen wieder und wieder mit immer noch mehr vom Zuviel zu kompensieren.

Wer wirklich etwas ändern möchte, sollte hier ansetzen und den Abend freihalten von Genussmitten, Elektronik und Alkohol und natürlich auch sonstigen Drogen – auch wenn die psychomotorische und psychovegetative Erregung noch so laut nach schneller Befriedigung schreit. Manch einer wird überrascht sein, wie schnell ihn im Bett – nach dem abendlichen Verzicht auf Stimulanzien und die damit verbundene Energieaufnahme – der Schlaf übermannt, und wie fit und leicht er am nächsten Morgen erwacht. Einige Tage durchgehalten, lässt dieses Konzept das Bedürfnis nach schnellen Muntermachern schwinden. Oft können dann auch weitere, dem Wohlfühlparadoxon geschuldete Angewohnheiten bald verlassen werden. Mit der Zeit ändert sich das Lebensgefühl: Es entsteht ein Bewusstsein der *prinzipiellen Gleichwertigkeit aller Augenblicke*. Auch wenn es realistischerweise immer wieder zu „Rückfällen" kommen wird: Das Wissen, dass jedes „High" mit einem relativen Mangel zu „bezahlen" ist, kann es erleichtern, das Leben in eine gesündere Richtung zu steuern. Schon das *Halten* des eigenen Körpergewichts darf dabei als Erfolg verbucht werden, nimmt der Durchschnittsdeutsche wie bereits erwähnt doch jährlich fast 400 Gramm an Gewicht zu. Mit der Zeit kann diese Entwicklung, genau wie zuvor der Teufelskreis der Lust, ebenfalls eine eigene Dynamik entwickeln: Gesundes Verhalten fühlt sich schon mittelfristig besser an.

---

**Checkliste Entschleunigung**

- Bekommen Sie genügend Schlaf?
- Verzichten Sie abends auf Snacks und Alkohol vor dem Fernseher?
- Können Sie gut leben ohne ständigen Zugriff aufs Internet?
- Haben Sie „schlechtes Essen" abgeschafft?
- Achten Sie beim Essen auf Ruhe und verzichten Sie dabei auf Ablenkungen (Radio, Fernsehen, Handy, Lektüre)?
- Haben sich frühere psychosomatische Beschwerden gebessert?
- Haben Sie mehr Ruhe und mehr Spaß bei allen Tätigkeiten?
- Spüren Sie, dass sich Ihre Geduld und Ihr Konzentrationsvermögen verbessert haben?
- Gehen Sie achtsam mit sich und anderen um?
- Gönnen Sie sich ausreichende Erholungsphasen?
- Können Sie Ruhephasen genießen? Oder brauchen Sie immer noch ständig neue Aufgaben?
- Sind Sie in der Lage, auf sinnlosen Konsum zu verzichten?
- Bewegen Sie sich ausreichend und täglich?
- Haben Sie Zeit für sportliche Aktivitäten?
- Finden Sie Zeit für Besinnung?
- Steht Ihnen genug Zeit für Ihre Hobbys zu Verfügung?
- Haben Sie es geschafft, das Rauchen aufzugeben?
- Trinken Sie Alkohol nur noch zu besonderen Anlässen?
- Haben Sie Ihren Fernseher bereits abgeschafft – oder gelingt es Ihnen, nur noch gezielt das zu schauen, was Sie wirklich interessiert?
- Sind ruhige, besinnliche Tätigkeiten ohne „Fernziel" möglich?
- Haben Sie genug Zeit für die Beziehungen zu Menschen, die Ihnen wichtig sind?

## 7.2 Entschleunigung für Fortgeschrittene

- Ihr Hauptgetränk ist Wasser.
- Sie können unterscheiden zwischen Appetit und Hunger.
- Statt leere Speicher durch überflüssige Reize weiter zu strapazieren, meiden Sie überflüssige Kalorien „zur Beruhigung". Stattdessen legen Sie Ruhepausen ein, in denen sich Ihre Speicher füllen.
- Sie haben Hast und Eile weitgehend überwunden. Sie bleiben im Straßenverkehr gelassen und legen ein permissives Verhalten an den Tag. Sie können auf aggressives Verhalten freundlich-deeskalierend reagieren.
- Eigene Ungeduld interpretieren Sie als Zeichen Ihrer Erschöpfung und nicht als Beweis der Unzulänglichkeit ihres Umfelds. Sie nehmen sie als Hinweis auf die Notwendigkeit einer Erholungspause.
- Sie haben die annähernde Gleichwertigkeit aller Tätigkeiten und Augenblicke entdeckt. Sie wissen, dass wenig lustvolle Phasen notwendig sind, um an anderer Stelle Vergnügen und Zufriedenheit zu erlangen. Ihnen sind „Ziele" und „Erfolg" nicht mehr wichtiger als der Augenblick. Ihre Grundstimmung ist heiter und gelassen.

Viel Erfolg wünscht Ihnen
Ihr
Ingo Schymanski

# Literatur

Association Mieux prescrire. Tianeptine: dépendances (encore). La Revue Prescrire 2012; 32(339): 25.

arznei-telegramm®. Arzneimitteldatenbank. Bewertung: Tianeptin-Natrium. http://www.arznei-telegramm.de/db/wkstxt.php3?&knr=029411/407817&art=mono&nummer=Tianeptin-Natrium&ord=uaw; letzte Änderung: 22.2.2013.

Bartels A. Die Liebe im Kopf – Über Partnerwahl, Bindung und Blindheit. In: Spitzer M, Bertram W (Hrsg.). Hirnforschung für Neur(ro)gierige. Stuttgart: Schattauer 2010.

Bassareo V, Di Chiara G. Differential influence of associative and nonassociative learning mechanisms on the responsiveness of prefrontal and accumbal dopamine transmission to food stimuli in rats fed ad libitum. Journal of Neuroscience 1997, 17(2): 851–861.

Bhaskaran K, Douglas I, Forbes H et al. Body-mass index and risk of 22 specific cancers: a population-based cohort study of 5,24 million UK adults. Lancet 2014; 384(9945): 755–765.

bpkjpp (Bundesverband für Kinder- und Jugendpsychiatrie, Psychosomatik und Psychotherapie in Deutschland e.V.). ADHS ist eine Krankheit und keine gesellschaftliche Fehlentwicklung. Pressemitteilung vom 23.2.2012. http://www.kinderpsychiater.org/fileadmin/downloads/pm/2012/pm_23_02_2012.pdf (abgerufen am 26.10.2014).

B&D-Forecast-Studie. Universität Duisburg-Essen 2011; zitiert nach www.uni-due.de/~hk0378/publikationen/2011/20110521_Welt.pdf

Belin D, Everitt BJ. Cocain seeking habits depend upon dopamine-dependent serial connectivity linking the ventral with the dorsal striatum. Neuron 2008; 57: 432–441.

Berridge KC. Pleasures of the brain. Brain and Cognition 2003; 52(1): 106–128.

Brillat-Savarin JA. Physiologie des Geschmacks. Frankfurt: Insel-Verlag 1998 (anonyme Erstausgabe 1826).

Brisch KH. Bindungsstörungen: Von der Theorie zur Therapie. 11. Aufl. Stuttgart: Klett-Cotta 2011.

Brosnan SF, de Waal FBM. Monkeys reject unequal pay. Nature 2003; 425: 297–299.

Brown TE. ADHD Comorbidities: Handbook for ADHD Complications in Children and Adults. Arlington, VA: American Psychiatric Publishing 2008.

Bundesministeriums für Gesundheit. Demenz. http://www.bmg.bund.de/pflege/demenz.html (abgerufen am 26.10.14).

Capra F. Lebensnetz. Ein neues Verständnis der lebendigen Welt. München: Droemer 1999.

Chase DL, Pepper JS, Koelle MR. Mechanism of extrasynaptic dopamine signaling in Caenorhabditis elegans. Nature Neuroscience 2004; 7: 1096–1103. doi: 10.1038/nn1316

Chou HG, Edge N. "They are happier and having better lives than I am": The impact of using Facebook on perceptions of others' lives. Cyberpsychology, Behavior, and Social Networking 2012; 15(2): 117–121.

Danbolt NC. Glutamate uptake. Progress in Neurobiology 2001; 65(1): 1–105.

DGKJP (Deutsche Gesellschaft für Kinder und Jugendpsychiatrie, Psychosomatik und Psychotherapie Deutschland e.V.). Stellungnahme zum Barmer GEK Arztreport 2013 über die Häufigkeit von Diagnosen einer hyperkinetischen Störung und der Verordnung von Medikamenten zu ihrer Behandlung. 5.2.2013; http://www.dgkjp.de/publikationen/stellungnahmen/stellungnahmen-2013/161-stellungnahme-zum-barmer-gek-arztreport-2013-ueber-die-haeufigkeit-von-diagnosen-einer-hyperkinetischen-stoerung-und-der-verordnung-von-medikamenten-zu-ihrer-behandlung (abgerufen am 26.10.2014).

Egeland JA, Hostetter AM, Pauls DL, Sussex JN. Prodromal symptoms before onset of manic-depressive disorder suggested by first hospital admission histories. J Am Acad Child Adolesc Psychiatry 2000; 39(10): 1245–1252.

Everitt BJ, Belin D, Economidou D et al. Neural mechanisms underlying the vulnerability to develop compulsive drug-seeking habits and addiction. Philosophical Transactions of the Royal Society London Biological Sciences 2008; 363(1507): 3125–3135. doi: 10.1098/rstb.2008.0089

Feinstein JS, Adolphs R, Damasio AR, Tranel D. The human amygdala and the induction and experience of fear. Curr Biol 2011; 21(1): 34–38. doi: 10.1016/j.cub.2010.11.042

Focus. Fast 42 Quadratmeter pro Person. 15.04.2007; http://www.focus.de/immobilien/mieten/wohnflaeche_aid_53463.html (abgerufen am 3.12.2014).

Fritze J, Aldenhoff J, Bergmann F, Eckermann G, Maier W, Möller HJ, Gaebel W. Wirksamkeit von Antidepressiva – Stellungnahme zu Irving Kirsch. Stellungnahme Nr. 3 / 27. Februar 2008. Stellungnahme der Deutschen Gesellschaft für Psychiatrie, Psychotherapie und Nervenheilkunde (DGPPN) und der Arbeitsgemeinschaft für Neuropsychopharmakologie und Pharmakopsychiatrie (AGNP). http://www.dgppn.de/de/publikationen/stellungnahmen/detailansicht/browse/3/article/141/wirksamkeit.html (abgerufen am 15.10.2014).

Galert T. Pharmazeutisches Neuroenhancement unter ethischen Gesichtspunkten, Vortrag salus klinik, Friedrichsdorf, FIT e.V., 03.11.2011. http://www.fit-friedrichsdorf.de/referat2011-3.pdf (abgerufen am 12.12.2014).

Gahleitner SB. Neue Bindungen wagen. Beziehungsorientierte Therapie bei sexueller Traumatisierung. München, Basel: Ernst Reinhardt Verlag 2005.

Goetz J, Heilbuth PE. Gefährliche Glückspillen – Milliardenprofite mit Antidepressiva. Dokumentation. Erstausstrahlung ARD 18.02.2013. https://www.youtube.com/watch?v=4Uk4f_hMvT4, (abgerufen am 15.10.2014).

Goldberg II, Harel M, Malach R. When the brain loses its self: prefrontal inactivation during sensorimotor processing. Neuron 2006; 50(2): 329–339.

Goodwin FK, Jamison KR. Manic-Depressive Illness: Bipolar Disorders and Recurrent Depression. 2. Aufl. New York: Oxford University Press 2007.

Gudzune KA, Bennett WL, Cooper LA, Bleich SN. Perceived judgment about weight can negatively influence weight loss: a cross-sectional study of overweight and obese patients. Prev Med 2014; 62: 103–107. doi: 10.1016/j.ypmed.2014.02.001

Härter M, Bermejo I, Niebling W (Hrsg.). Praxismanual Depression. Köln: Deutscher Ärzte-Verlag 2007.

Hautzinger M, de Jong-Meyer R. Depressionen. In: Reinecker H (Hrsg.). Lehrbuch der klinischen Psychologie. 3. Aufl. Göttingen: Hogrefe 2003; 215–258.

Heinemann E, Hopf H. AD(H)S. Symptome – Psychodynamik – Fallbeispiele – psychoanalytische Theorie und Therapie. Stuttgart: Kohlhammer 2006.

Herman JP, Cullinan WE. Neurocircuitry of stress: central control of the hypothalamo-pituitary-adrenocortical axis. Trends Neurosci 1997; 20(2): 78–84.

Hesse H. Demian. In: Sämtliche Werke in 20 Bänden. Bd. 3. Frankfurt a.M.: Suhrkamp 2001

Horn C. Antike Lebenskunst. Glück und Moral von Sokrates bis zu den Neuplatonikern. München: Beck 1998.

IMS, Vector One: National (VONA) and Total Patient Tracker (TPT) Database, Year 2013, for all Psychiatric Drugs and Per Class for Ages 0–17. Zitiert nach: cchrint.org/2014/05/21/10000-toddlers-on-adhd-drugs-tip-of-the-iceberg/ (Daten vom April 2014).

Ingram RE. The International Encyclopedia of Depression. Springer Publishing Company 2009; S. 555.

Invernizzi R, Pozzi L, Garattini S, Samanin R. Tianeptine increases the extracellular concentrations of dopamine in the nucleus accumbens by a serotonin-independent mechanism. Neuropharmacology 1992; 31(3): 221–227.

Kirsch I, Deacon BJ, Huedo-Medina TB, Scoboria A, Moore TM, Johnson BT. Initial severity and antidepressant benefits: a meta-analysis of data submitted to the Food and Drug Administration. PLoS Medicine 2008; 5(2): e45. doi: 10.1371/journal.pmed.0050045

Klasen M, Weber R, Kircher TT et al. Neural contributions to flow experience during video game playing. Soc Cogn Affect Neurosci 2012; 7(4): 485–495.

Knutson B, Adams CM, Fong GW, Hommer D. Aniticipation of increasing monetary reward selectively recruits nucleus accumbens. The Journal of Neuroscience 2001; 21(16): RC159.

Krech D, Crutchfield RR, Balachay EL. Individual in Society. New York: McGraw-Hill 1962.

Leknes S, Tracey I. A common neurobiology for pleasure and pain. Nature Review Neuroscience 2008; 9(4): 314–320.

Leuzinger-Bohleber M. Interview: ADHS – Krankheit oder Modetrend? Via medici 2009; 14(1): 7. doi: 10.1055/s-0029-1202162

Libet B. Do we have a free will? Journal of Consciousness Studies 1999; 5: 49.

Lynch JW, Kaplan GA, Pamuk ER et al. Income inequality and mortality in metropolitan areas of the United States. American Journal of Public Health 1998; 88(7): 1074–1080.

Maher B. Poll results: Look who's doping. Nature 2008; 452: 674–675.

Maslow A. Farther Reaches of Human Nature. New York: Penguin 1971.

Middendorff E, Poskowsky J, Issersted W. Formen der Stresskompensation und Leistungssteigerung bei Studierenden – HISBUS-Befragung zur Verbreitung und zu Mustern von Hirndoping und Medikamentenmissbrauch. HIS: Forum Hochschule, Bundesministerium für Gesundheit 2012.

Nagel T. Der Koran: Einführung, Texte, Erläuterungen. 4. Aufl. München: C. H. Beck 2002.

Ng M, Fleming T, Robinson M et al. Global, regional, and national prevalence of overweight and obesity in children and adults during 1980–2013: a systematic analysis for the global burden of disease Study 2013. Lancet 2014; 384(9945): 766–781.

Olds J, Milner P. Positive reinforcement produced by electrical stimulation of septal area and other regions of rat brain. Journal of Comparative and Physiological Psychology 1954; 47: 419–427.

Peterson C, Seligman MEP. Learned Helplessness: A Theory for the Age of Personal Control. New York: Oxford University Press 1993.

Pfaff T. Das Bruttonationalglück aus ordnungspolitischer Sicht. Eine Analyse des Wirtschafts- und Gesellschaftssystems von Bhutan. RatSWD Working Paper Series, Nr. 182, Juli 2011. http://www.ratswd.de/download/RatSWD_WP_2011/RatSWD_WP_182.pdf

Pickett K, Wilkinson R. Gleichheit ist Glück – Warum gerechte Gesellschaften für alle besser sind. 4. Aufl. Leipzig: Tolkemitt bei Zweitausendeins 2010.

Popper K. Logik der Forschung (1934). 11. Aufl. Tübingen: Mohr Siebeck 2005.

Pozzi L, Invernizzi R, Cervo L, Vallebuona F, Samanin R. Evidence that extracellular concentrations of dopamine are regulated by noradrenergic neurons in the frontal cortex of rat. Journal of Neurochemistry 1994; 63(1): 195–200.

Proell E. Globalisierung geht durch den Magen: Wie wachsender Wohlstand und die Urbanisierung die Essgewohnheiten verändern. welt-sichten 6/2008. http://www.welt-sichten.org/artikel/4022/globalisierung-geht-durch-den-magen

Raabe K, Seynsche M. Freigabe für Brain-Doping gefordert. Deutschlandfunk, Sendung vom 08.12.2008.

Randles D, Tracy JL. Nonverbal displays of shame predict relapse and declining health in recovering alcoholics. Clinical Psychological Science 2013; 1(2): 149–155.

Repantis D. Psychopharmakologische Interventionen für Neuroenhancement bei gesunden Menschen. Dissertation Medizinische Fakultät Charité – Universitätsmedizin Berlin 2011. http://www.diss.fu-berlin.de/diss/servlets/MCRFileNodeServlet/FUDISS_derivate_000000010086/dissertation_repantis.pdf?hosts= (abgerufen am 12.12.2014).

Resch et al.: Entwicklungspsychopathologie des Kindes- und Jugendalters. Weinheim: Beltz 1999.

Szalavitz M. Controversial surgery for addiction burns away brain's pleasure center: will destroying parts of the brain's pleasure center help addicts to recover? Time (online), Dec. 13, 2012. http://healthland.time.com/2012/12/13/controversial-surgery-for-addiction-burns-away-brains-pleasure-center/ (abgerufen am 17.12.2014).

Schieffelin EL. Cultural analysis of depressive affect: An example from New Guinea. In: Kleinman A, Good B (eds.). Culture and depression: Studies in the Anthropology and Cross-cultural Psychiatry of Affect and Disorder (pp. 102–133). Berkeley and Los Angeles: University of California Press 1985; 102–133.

Schleim S. Auf der Suche nach dem Jungbrunnen: das Beispiel Kalorienreduktion. 31.08.2012; http://www.heise.de/tp/artikel/37/37541/1.html (abgerufen am 03.12.2014).

Schmid SM, Hallschmid M, Schultes B. The metabolic burden of sleep loss. The Lancet Diabetes & Endocrinology, Early Online Publication, 25 March 2014. doi: 10.1016/S2213–8587(14)70012-9

Schopenhauer A. Über die Freiheit des menschlichen Willens. In: Dr. Arthur Schopenhauers „Die beiden Grundprobleme der Ethik" behandelt in zwei akademischen Preisschriften. 2. Aufl. Leipzig: F.U. Brodhaus 1860.

Schymanski I. Die Sprache der Seele. Psychosomatische Symptome als Chance für Gesundheit und Wohlbefinden. 2. Aufl. München: Zuckschwerdt 2014.

Siegrist J. Effort-reward imbalance at work and health. In: Perrewe PL, Ganster DC (eds.). Historical and Current Perspectives on Stress and Health. Amsterdam: Elsevier 2002; 261–291.

Singer W. Der Beobachter im Gehirn. Frankfurt a.M.: Suhrkamp 2002.

Spanagel R, Weiss F. The dopamine hypothesis of reward: past and current status. TNS 1999; 22(11): 521–527.

Spitzer M. Liebesbriefe und Einkaufszentren. Meditationen im und über den Kopf. Stuttgart: Schattauer 2008.

Spitzer M. Digitale Demenz. München: Droemer 2012.

Stieß I. Wie viele Quadratmeter braucht der Mensch? Überlegungen anlässlich der Tagung: „Wieviel ist genug?", Akademische Akademie Tutzing, 10.–12.10.2003, http://www.isoe.de/ftp/IMSwohntutzing.pdf, (abgerufen am 06.01.2013).

Wacker J, Dillon DG, Pizzagalli DA. The role of the nucleus accumbens and rostral anterior cingulate cortex in anhedonia: integration of resting EEG, fMRT, and volumetric techniques.

Neuroimage 2009; 46(1): 327–337. doi: 10.1016/j.neuroimage.2009.01.058

Wang GJ, Volkow ND, Wigal T et al. Long-term stimulant treatment affects brain dopamine transporter level in patients with Attention Deficit Hyperactive Disorder. PLOS ONE 2013; 8(5): e63023. doi: 10.1371/journal.pone.0063023

Wiseman R. Free time is not expensive. It's, well, free! Ten ways to do what you love. In: Hohlbaum CL. The Power of Slow: 101 Ways to Save Time in Our 24/7 World. New York: St. Martin's Press 2009.

Wittchen HU, Jacobi F, Rehm J et al. The size and burden of mental disorders and other disorders of the brain in Europe 2010. European Neuropsychopharmacology 2011; 21: 655–679.

# Glossar

**Amygdala:** Mandelförmige Nervenzellansammlung im Gehirn, die vor allem für die Entstehung von „Angst" verantwortlich ist.

**Astrozyten:** Sternförmige Zellen im Gehirn, die bislang als mehr oder minder funktionsarmes „Stützgewebe" für die eigentlich aktiven Nervenzellen galten. Möglicherweise spielen sie aber eine bedeutende Rolle bei der Entstehung von psychischen Krankheiten wie der → *bipolaren Störung*.

**Barbiturate:** Früher häufig als Beruhigungs- und Schlafmittel verwendete Medikamentengruppe, die wie Benzodiazepine an den GABA-Rezeptor bindet und die Wirkungen von → *GABA* imitiert. Barbiturate machen schnell süchtig. Bei Überdosierung besteht die Gefahr eines tödlichen Atemstillstands. Deswegen wurden sie abgelöst von den → *Benzodiazepinen*, die deutlich weniger atemlähmend wirken, aber ebenfalls schnell abhängig machen.

**Belohnungszentrum:** siehe → *Nucleus accumbens*

**Benzodiazepine:** Medikamentengruppe, die an den Rezeptor für den Botenstoff → *GABA* bindet und dessen Wirkung imitiert. Benzodiazepine wirken angstlösend, schlafanstoßend und muskelentspannend. Da ihre Wirkung als äußerst angenehm empfunden wird, machen sie wie → *Barbiturate* und → *Z-Medikamente* schnell abhängig.

**Bipolare Störung:** Auch bekannt unter der Bezeichnung manisch-depressive Störung. Es handelt sich um eine seelische Erkrankung, die gekennzeichnet ist durch Phasen gehobener Stimmung mit extremem Tatendrang (Manie), die sich abwechseln mit Phasen tief empfundener Sinnlosigkeit und Resignation (Depression). Beide Zustände können über Wochen anhalten, aber (selten) auch in Minutenschnelle wechseln.

**Botenstoffe:** siehe → *Transmitter*, → *Hormon*

**Dopamin:** Wichtiger erregender Botenstoff. Bei einer „erfolgreichen" Handlung wird Dopamin am „Lustzentrum" freigesetzt, was angenehme Gefühle verursacht und damit „belohnend" wirkt.

**Funktionelle Störung:** Störung der Funktion eines Organs, das ansonsten nach allen Untersuchungen „gesund" erscheint (z. B. „Reizdarm", „Hyperkinetisches Herzsyndrom" oder auch „Konzentrationsstörungen"). Die Ursache für funktionelle Störungen liegt in aller Regel im psychischen Bereich (z. B. Stress, Überreizung). Vgl. auch → *somatoforme Störung*.

**GABA:** Der stärkste beruhigend wirkende Transmitter im Gehirn. Wird das „Lustzentrum" (auch Belohnungszentrum oder → *Nucleus accumbens* genannt) durch Botenstoffe wie → *Dopamin* oder → *Glutamat* erregt, sendet es seinen eigenen Botenstoff GABA in viele verschiedene Hirnbereiche. GABA löst Ängste, macht müde und bewirkt eine Entspannung der Muskulatur. Viele Schlafmittel wirken deshalb so angenehm, weil sie an den gleichen Rezeptor wie GABA binden (→ *Benzodiazepine*, → *Barbiturate*) bzw. den gleichen Effekt bewirken, ohne direkt am GABA-Rezeptor anzudocken (sog. → *Z-Medikamente*).

**Glutamat:** Wichtiger erregender Botenstoff, der wie → *Dopamin* das „Lustzentrum" stimuliert und „belohnend" wirkt. Die Zellen des Belohnungszentrums nehmen Glutamat auf, um daraus den Botenstoff → *GABA* herzustellen.

**Habituation** bedeutet „Gewöhnung". Jede Körperzelle gewöhnt sich mit der Zeit an einen permanent vorhandenen Botenstoff. Selbst hohe Spiegel eines Botenstoffs bewirken dann kaum mehr einen Effekt. Auch die Stimulation des Belohnungszentrums durch → *Dopamin* und → *Glutamat* oder andere belohnende Substanzen verliert mit der Zeit ihre Wirkung. Ist das Belohnungszentrum aufgrund von Habituation nicht mehr zu erregen, sendet es keine beruhigenden GABA-Impulse mehr aus. → *Psychomotorische* und → *psychovegetative Erregungszustände* sind die Folge, die über längere Zeit zu tatsächlichen seelischen und organischen Krankheiten führen können.

**Hippocampus:** Seepferdchenartig geformte Struktur im Mittelhirn, die als „Tor zum Gedächtnis" gilt. Ohne Hippocampus können keine neuen Inhalte gelernt werden. Der Hippocampus „filtert" Informationen nach dem Kriterium der Lust: Was Lust bewirkt, findet Eingang ins Langzeitgedächtnis. „Unwichtige" Begebenheiten hingegen werden vergessen.

**Hormon:** Meist einfache chemische Substanz, die von spezialisierten Zellen als Botenstoff ins Blut oder in die Lymphbahn abgegeben wird. Nach Bindung an die → *Rezeptoren* der Zielzelle verändert diese ihr Verhalten: Unter dem Einfluss von Insulin nimmt z. B. eine Leberzelle vermehrt Zucker aus der Blutbahn auf.

**Lustzentrum:** siehe → *Nucleus accumbens*

**Nucleus accumbens:** Eine Nervenzellansammlung im Mittelhirn, deren Stimulation angenehme Gefühle auslöst („Lust"). Alle lebenserhaltenen Tätigkeiten führen über die Freisetzung belohnender Botenstoffe wie → *Dopamin* oder → *Glutamat* zu einer Stimulation des Nucleus accumbens, der auch Lustzentrum oder Belohnungszentrum genannt wird. Der Nucleus accumbens kann auch über Elektroden und Drogen erregt werden. Dies führt zur Vernachlässigung aller anderen Tätigkeiten zugunsten der direkten Möglichkeit zur Stimulation des Belohnungszentrums.

**Psychomotorische Erregung:** Ein Zustand, der mit erhöhter Wachheit (bis hin zur „Nervosität") und gesteigertem Bewegungsdrang (körperliche Unruhe, Hyperaktivität) einhergeht.

**Psychovegetative Erregung:** Ein Erregungszustand des autonomen Nervensystems, der einhergeht mit beschleunigtem Puls, erhöhtem Blutdruck, Nervosität und sehr vielen anderen körperlichen und seelischen Veränderungen.

**Rezeptor:** Ein Großteil der Kommunikation zwischen Körperzellen findet über den Austausch von Botenstoffen (→ *Transmitter*, → *Hormon*) statt. Um aus der Vielzahl der kursierenden Nachrichten (Botenstoffe) die richtigen herauszufiltern, besitzt jede Zelle „Antennen", an die nur die für sie bestimmten Botenstoffe andocken können. Kommt es zur Bindung eines Botenstoffs an einen Rezeptor, führt dies zu einer Veränderung Zellaktivität. Viele Medikamente und Drogen imitieren die Wirkung von Botenstoffen an Rezeptoren und beeinflussen damit Stoffwechselvorgänge der einzelnen Zelle, aber auch den Stoffwechsel, die Empfindung und die Aktivität des Gesamtorganismus.

**Serotonin:** Botenstoff, der lange verantwortlich gemacht wurde für die Entstehung von Depressionen. Ein Serotoninmangel im Gehirn sollte Depressionen auslösen. Neuere Untersuchungen widersprechen dieser These. Serotonin scheint im Gehirn in viele Vorgänge eingebunden zu sein (z.B. Regelung von Stimmung, Appetit, Sexualität, Schmerz, Körpertemperatur). Möglicherweise spielt es auch eine Rolle bei der Impulskontrolle.

**Somatoforme Störung:** Psychisches Problem, das sich als körperliches Symptom äußert. Kann ein Mensch sich seelische Belastungen nicht eingestehen, will er sie nicht wahrhaben oder verdrängt er sie, äußern sich diese Belastungen häufig als körperlicher Schmerz oder als Funktionsstörung in Organen, die allem Anschein nach aber „gesund" sind (→ *funktionelle Störung*). Selbstverständlich können auch bewusste seelische Probleme oder Belastungen zu körperlichen Reaktionen wie Schmerzen oder Funktionsstörungen führen. Ist dem Betroffenen der Zusammenhang aber klar, gewinnt seine Störung selten Krankheitswert, da er die auslösende Situation ändert oder verlässt, statt seine Beschwerden mit Medikamenten zu unterdrücken.

**Striatalisierung:** Neue und überraschende Reize und Drogen stimulieren vor allem den → *Nucleus accumbens*. Der Nucleus accumbens ist der vorderste Teil einer im Schnitt mit bloßem Auge erkennbar gestreift wirkenden Hirnstruktur mit dem Namen Striatum. Mit zunehmender Gewöhnung verlagert sich die Erregung ins rückwärtig vom Nucleus accumbens gelegene Striatum. Diese „Striatalisierung" führt zu Einbußen beim Lustempfinden. Deshalb neigen beispielsweise Drogenkonsumenten in aller Regel dazu, ihre Dosis zu steigern und noch weitere Substanzen zu benutzen: Sie wollen den durch → *Habituation* und Striatalisierung eintretenden Lustverlust und die daraus resultierende psychomotorische und psychovegetative Unruhe ausgleichen.

Striatalisierung führt auch dazu, dass Erfahrungen oder neu erlernte Tätigkeiten mit der Zeit Routine, also als selbstverständlich erlebt werden. Erfährt beispielsweise ein Kind nicht ausreichend und zuverlässig Liebe, kann das Gefühl von sicherer Akzeptanz und Geborgenheit nicht „striatalisieren". Dies bedeutet, dass das Gefühl, geliebt und angenommen zu sein, sich bei ihm nicht als grundsätzliches Lebensgefühl etabliert. Das Dasein kann bis in Erwachsenenalter vom Wunsch nach Anerkennung und Liebe geprägt bleiben. Hieraus können im Autonomie- und Partnerschaftsprobleme resultieren oder schädliche Kompensationsversuche wie ein Substanzmissbrauch.

Frühe Bindungsstörungen („schwierige sozioökonomische Umstände") bereiten vermutlich auch den Boden für die Entstehung von Angststörungen, Depressionen und weitere psychische Auffälligkeiten. Zudem erhöhen sie die Anfälligkeit für Schizophrenie.

Der Begriff „Striatalisierung" entstammt nicht dem üblichen neurowissenschaftlichen oder psychologischen Sprachgebrauch. Ich habe ihn in diesem Buch eingeführt, um den damit verbundenen Sachverhalt auf eine griffige Formel zu bringen.

**Transmitter:** Meist einfache Moleküle, die zur Signalübertragung im Körper eingesetzt werden. Binden sie an passende → *Rezeptoren* von Zielzellen, lösen sie dort spezifische Reaktionen aus. Bei der Signalübertragung zwischen Nervenzellen spricht man von Transmittern, bei der Signalübertragung zwischen anderen Körperzellen von → *Hormonen*. Zahlreiche Hormone des Körpers finden auch im Gehirn als Transmitter Verwendung. Transmitter und Hormone lassen sich unter dem Überbegriff Botenstoffe zusammenfassen.

**Wohlfühlparadoxon:** Um innere Unruhe zu beseitigen, neigen viele Menschen dazu, sich mit „schnellen Genüssen" wie Kalorien, sinnlosen Einkäufen, aber auch legalen oder illegalen Drogen zu beglücken. Die hierdurch bewirkte Ausschüttung von → *Dopamin* am Belohnungszentrum bewirkt auch eine Freisetzung des beruhigenden Botenstoffs → *GABA*. Auf mittlere Sicht folgt dieser schnellen Beruhigung paradoxerweise aber eine vermehrte Unruhe, weil sie die Speicher der belohnenden und beruhigenden Botenstoffe entleert und damit letztlich das Bedürfnis nach Befriedigung steigert.

**Z-Medikamente:** Medikamentengruppe, die nicht mehr direkt an den GABA-Rezeptor bindet, aber dennoch die gleichen oder sehr ähnliche Wirkungen wie → *GABA* entfaltet. Die ursprüngliche Hoffnung, dass Z-Medikamente dadurch weniger abhängig machen als → *Benzodiazepine* oder → *Barbiturate*, hat sich nicht erfüllt.

# Sachverzeichnis

Hauptfundstellen sind **fett hervorgehoben,** *kursiv gesetzte* Seitenzahlen verweisen auf das Glossar des Buchs.

## A
Achtsamkeit 138, 194
Adrenalin 81
Adrenocorticotropes Hormon (ACTH) 116
ADS/ADHS **55–74**
- Geschlechterunterschiede 66
- Habituationsmodell 58, 72
- Ritalin-Behandlung 57, 69
- und Depression 74
- Ursachen 68–70
- Verbreitung 57

Alkohol 17, 91, 194, 216–217
- angstlösende Wirkung 31

Alkoholsucht 129
Altruismus 180
Alzheimer-Demenz 54
Amish-People 47
Amphetamine 93, 213
Amygdala 31, *242*
Angst, Entstehung 30
Angststörungen 30–33
Arbeitsbelastung 187–189
Arbeitssucht 108
Astrozyten **49–50**, 220, *242*
Aufmerksamkeitsfokussierung 59–61, 142

## B
Barbiturate 94, *242*
Bedürfnisse 162, 171
- intellektuelle 164
- Intensität 163–164
- soziale 164, 168

Befriedigung, als Selbstzweck 169–170
Belohnungsmechanismus 2, 22
Belohnungsregelkreis 98
Belohnungsspeicher, leere 156
Belohnungssystem/-zentrum **1–13**
- Funktion 7, 135
- Habituation 8–11
- Lage 1
- Leben ohne 227–228
- Regelkreis 6
- Sucht 83
- (Über-)Stimulation 1–11, 23, 31, 133, 221
- unterschiedliche Geschwindigkeiten 226

Benzodiazepine **4**, 29, 33, 94, 225–226, *242*
Beschleunigung 14
Beta-Rezeptoren-Blocker 32
Bewegungsarmut 125
Beziehungen 198–199
Bhutan 145–148
Bindung 211–212
Bindungsstörungen 62, 121
bipolare Störung 48–49, *242*
- Entstehung nach dem Habituationsmodell 50

Bluthochdruck 124
Botenstoffe 2, 17, 84, 136–138, 225
- s. auch Transmitter
- Wirkverlust 12

Bruttonationalglück 146–147

Buddhismus 137–138
Burnout **107–111**, 218
- Frühwarnzeichen 113
- Symptome 113
- Vermeidungsstrategien 113

C
Cannabis 92, 214
Coaching 198
Computerspiele 207–209
Corticotropin-Releasing-Factor (CRF) 116
Cortisol 81, 117–118
Craving 84

D
Demenz 53
- Risikofaktoren 54
Denken
- fernöstliches 136
- westliches 136, 144
Depression 29, 74
- als Warnsignal 52
- als Zivilisationskrankheit 42, 47
- Diagnosekriterien 39, 41
- Dopamin 41
- Gratifikationskrise 45–46
- monopolare 48
- Symptome 40, 42
- Ursachen 37, 42, 44
- Vollbild 45
Depressionsentstehung 42–45
- Modell nach Freud 43
- Modell nach Seligman 45
- Modell nach Siegrist 45
Diabetes mellitus 8, 124
Diät 129
digitale Demenz 210
Dopamin 2, 137, 208, 242
- Wirkverlust 218
- D1-/D2-Rezeptoren 122
Downgrading 206
Drogen 2, 18–19, **87**
- als Ausdruck einer Mentalität 144, 217
- angstlösende Wirkung 31
- Entzug 101
- harte 83, 88
- Legalisierung 103
- starke und schwache 105
- weiche 88
Dysstress 118

E
Ecstasy 93, 213
Egoismus 180
Einkauf 193
Empfindungsglück 148
Endorphine 81
Entscheidung, freie 173, 176
Entschleunigung 221, 230
- Checkliste 233
- für Fortgeschrittene 234
Erholungsphasen 188
Ernährung 127–129, 190, 193
- s. auch Essen
Ernährungsgewohnheiten 153
Erregung
- psychomotorische 244
- psychovegetative 6–7, 11, 27, 28–29, 244
Erschöpfung 218
- Frühwarnzeichen 217
- psychovegetative 27–29
- Symptome 156
Essen 154
- Funktionen 127
- übermäßiges 80, 124
Essverhalten 190–192

Eustress 118
Exzesse 144–145, 166

**F**
Facebook 21
Fadenwurm 5
Fibromyalgie 81
Fleischverzicht 194
Flow 141–143
Freud, Sigmund 43
Frühstück 127, 182, 184
funktionelle Magnetresonanztomografie (fMRT) 3
funktionelle Störung 32, *242*

**G**
GABA 2–7, **4**, 28, 94, 133, 137, 142, 155, 220, 224–225, *243*
– Einfluss auf Gedächtnis 225
– Mangel/verminderte Freisetzung 11–12, 24, 28, 126
– Wirkverlust 218
Ganzkörperschmerzen 81
Gebet 143
Gedächtnisbildung 226
Gelassenheit, innere 140
Genuss
– beim Essen 161
– langsam vs. schnell 184
Genussmittel 17
Gesundheitssystem, Kritik 157
Glück 133, 144, 148–149, 155
– als Staatsziel 145
– Bedürfnislosigkeit 150
Glutamat 2, 137, 219–220, *243*

Gratifikationskrise nach Siegrist 45–46
Großhirnrinde 13

**H**
Habituation **8–10**, 165, *243*
– Belohnungszentrum 10–11
Habituationsmodell **22**, 26, 229
– Einfluss der Genetik 23
– Schwächen 223–224, 226
– Vereinfachung 227
Halluzinationen 120
Happy-Planet-Index 146, **148**, 149
Heroin 94–96
– Entzug 95
Herzrasen 32
Hesse, Hermann 53
Hilflosigkeit, erlernte 45
Hippocampus 86, **118**, 119, *243*
Hormone 8, *243*
HPA-Achse 116
Hyperkinetisches Herzsyndrom 32
Hyperkinetische Störung 56

**I**
Impulsdurchbruch 204
Insulin 8

**J**
Jojo-Effekt 183

**K**
Kalorienrestriktion 161
– Lebenserwartung 160
Kardiovaskuläre Erkrankungen 125

Kindererziehung 205–212
Koffein 17, 182
Kohlenhydrate 182, 190
Kokain 40, 93
Konditionierung 18
Kontakte, soziale 198
Konzentration 141
Kopfschmerzen 76

## L
Lebenserwartung 160
Lebensqualität 130, 152
Lebenssinn **133**, 135, 148, 178
– und Belohnungssystem 134
Leistungsanspruch, überhöhter 112
Leistungsfähigkeit, gesteigerte 214
Leistungssteigerung, subjektive 216
Leptin 191–192
Liebe 199
LSD 97–98
Lust 7, 155, 173
Lustempfinden
– Abstumpfung 10
– verringertes 12
Lustverlust 82
– Kompensation 14

## M
Manie 50
Maslow, Abraham 163, 167
Maslow-Pyramide 162, **163**, 165, 167, 176
Medikamente 158
Medikamentenabhängigkeit 85
Meditation 137–140, 143
Metaphysik 134
Methamphetamin 93
Methylphenidat 214
Modafinil 214

## N
Nachhaltigkeit 130, 144, 166, 229
Nahrungsmittel 161, 182, 190–191, 194
Neuro-Enhancement 213–216
Neuroleptika 120, 122
Neurose 43
Neurotransmitter 8
Nikotin 17, 91
– Verzicht 185
Nucleus accumbens 4, 6, 117

## O
Ockhams Rasiermesser XIII
Opiate 94–95
orale Phase 211
Oxytocin 199

## P
Paarbeziehung 199–200
– Unterschiede und Ähnlichkeiten 200
Petkovic, Andrea 151
PKW, Neuzulassungen 154
Polytoxikomanie 83, 96
Popper, Karl 223
psychische Probleme, Verbreitung 26
Psychotherapie 198
psychovegetative/-motorische Erregung 6–7, 11, **27**, 28, *244*
psychovegetative Erschöpfung 27–29

## R

Ratio 134, 172
Reize, Intensivierung 15
Reizkarenz 178
Reptiliengehirn 13
Ressourcenknappheit 178
Rezeptor *244*
Rezeptorabstumpfung 19
Ritalin 69, 93
Rückenschmerzen 78, 80
Ruhe, innere 179

## S

Sättigungsgefühl 191
Schizophrenie 120–121
Schlaf 195
– besser schlafen 196, 230–232
Schlafstörungen 34, 109, 196
– medikamentöse Behandlung 35
– Ursachen 35
Schmerzmittel 29
Schopenhauer, Arthur 173
Seligman, Martin 45
Serotonin *244*
– Mangel 37
Serotonin-Wiederaufnahme-Hemmer (SSRI) 37–38
Sex 201–205
Siegrist, Johannes 45
Soft-Enhancement 213
somatoforme Störungen 75–82, *244*
soziale Kontakte 168
Speed 93
Spielzeug 205
Stimulanzien 17, 214
   Kombination von 15
Stress **116**, 117–119, 231
– und Gedächtnis 118–119

Striatalisierung 120–122, **211**, *244–245*
Striatum 117–119, 122
Sucht 29, 82–115
– stoffgebundene 83–103
– stoffungebundene 104–106
Suchtbehandlung 98–99
– Entzug 101
– Gruppentherapie 99
– Langzeittherapie 102
Suchtgedächtnis 86–87, 101
Symptomunterdrückung 159

## T

Tetrahydrocannabiol (THC) 92
Tianeptin 38
Tor zum Gedächtnis 225–226
Transmitter *245*
Transzendenz 167, 170–171
Triebaufschub 72

## U

Überfluss 130
Überflussgesellschaft 145
Übergewicht 13, **124**, 191, 195
Überlebenssicherung 176
Übersättigungsdepression 52
Überstimulation 122
Ungleichbehandlung 20
Ungleichheit, soziale 153
Unruhe, innere 12, 28

## V

Valium 4, 225
Vasopressin 199
Veränderung
– im Alltag 182
– Motivation 185
Vergleich **20**, 21, 165

Verteilungsgerechtigkeit 152
Verzicht 183, 185–187, 206
- auf Extreme 178, 179
- auf Fleisch 194
- freiwilliger 138–139, 180, 185

## W
Werbung 21, 22
Werte, absolute 177
Widerlegbarkeit einer Hypothese 223
Willensfreiheit 172–176

Wirtschaftswachstum 152
Wohlfühlparadoxon **16**, 231, 245–246
Wohlstandsverwahrlosung 62
Wohnraum, Fläche 154

## Z
Zivilisationskrankheiten 52–53, 71, **124**, 125
Z-Medikamente 5, 29, 94, 246
Zufriedenheit 133, 137, 155

# Danke!

Als ich das Manuskript zu diesem Buch fertig gestellt hatte, wagte ich kaum zu hoffen, dafür einen Verlag zu finden. Mein ursprünglicher Ansatz hatte sich Schritt für Schritt zu einem Modell entwickelt, dass zwar einerseits eine Vielzahl seelischer, körperlicher und sozialer Zivilisationsfolgen erklären konnte, sich aber andererseits dem Mainstream der Neurowissenschaften – der für jede Störung ein Transmitterdefizit oder einen Rezeptordefekt verantwortlich macht – diametral entgegenstellte. Mir erschien es unwahrscheinlich, dass ein Verleger, für den ja eine breite Akzeptanz das wichtigste Kriterium darstellt, Interesse an einer Veröffentlichung äußern könnte.

Umso mehr freute ich mich, dass gerade Wulf Bertram – wie ich Arzt, Psychotherapeut und darüber hinaus seit Jahrzehnten Autor, Verleger und Veranstalter neurowissenschaftlicher Kongresse – sich dazu entschloss, mein Modell einer breiten Öffentlichkeit zur Diskussion anzubieten. Mein größter Dank gilt ihm und seinem Mut, innerhalb seiner Reihe „Wissen & Leben" ein Buch zu veröffentlichen, das nicht allein viele bekannte neurowissenschaftliche Fakten zum Belohnungssystem im Gehirn in verständlicher Form aufbereitet, sondern darüber hinaus die vorhandenen Befunde zu einem einheitlichen Modell vereint, das sehr viele Zivilisationsfolgen auf einfache Weise nachvollziehbar erscheinen lässt.

Ebenso herzlich danken möchte ich dem Kinder- und Jugendlichenpsychotherapeuten Hans Hopf, dem Verfasser zahlreicher wissenschaftlicher Artikel und verschiedener Bücher zu Themen wie AD(H)S, Aggression und Träumen. Seine fachliche Unterstützung vor allem beim Thema AD(H)S, aber auch sein Feedback zu verschiedenen anderen Kapiteln und Themen in diesem Buch waren für mich eine große fachliche und moralische Unterstützung – wie nicht auch zuletzt sein Geleitwort zu dieser Ausgabe.

Dank gebührt auch allen Forschern, die seit Jahrzehnten ihre Kapazitäten in die Erkundung unseres Denkorgans investieren und uns über ihre Veröffentlichungen an ihren Entdeckungen teilhaben lassen. Freudig überrascht war ich, selbst von den „Granden" der Branche auf manche Anfrage per Mail tatsächlich eine Antwort zu erhalten, die mich zum Weiterdenken ermutigte. Für wesentliche Anregungen möchte ich mich besonders bedanken bei Prof. Guy Mittleman, Ph. D., University of Tennessee, USA, Prof. Dr. Rainer Spanagel, Zentralinstitut für seelische Gesundheit, Mannheim sowie bei Prof. Dr. Tilman Steinert, Leiter der Abteilung Psychiatrische Versorgungsforschung in Ravensburg/Weissenau und Prof. Dr. Georg Grön, Leiter der Sektion Neuropsychologie und Funktionelle Bildgebung der Klinik für Psychiatrie und Psychotherapie, Universität Ulm.

Ebenfalls danken möchte ich meinen Kollegen und Freunden, die sich als Probeleser verdient gemacht haben. Ohne ihr Feedback wäre dieses Buch nicht in der vorliegenden Form entstanden: Prof. Dr. Stefan Schneider, Dr. Elmar Schöningh, Cornelia Habegger (http://hastdubistdu.com), Dr. Rainer Wolf, Dr. Klaus Rottach, Dr. Thomas Kron, Dr. Richard Schütte, Dr. Rudolf Möller, Sebastian Karl und Wolfgang Doll.

Einen nicht zu unterschätzenden Anteil an der Entstehung dieses Buches hat auch „meine" Lektorin Ruth Becker, die bis zur letzten Sekunde klaglos Änderungs- und Optimierungswünsche akzeptierte, mitgestaltete und umsetzte. Für ihre Geduld und Nachsicht, ihre Kompetenz und Genauigkeit möchte ich auch ihr herzlich danken!

Last but not least gilt mein großer Dank meiner Frau Alexandra Lambertz dafür, dass sie mir als pädagogisch, didaktisch und psychologisch versierte Gesprächspartnerin stets geduldig und kompetent zur Seite steht – trotz der vielen Tage, Abende und Nächte, die dieses Buch meine Leidenschaft für sich absorbiert hat.

Auch Ihnen als Leser möchte ich dafür danken, dass Sie sich in unserer hektischen und betriebsamen Zeit die Muße genommen haben, sich in ein so wichtiges Thema einzulesen. Ich würde mich freuen, wenn Ihnen die Lektüre Perspektiven aufzeigen konnte, Ihr Leben ruhiger, gesünder und nachhaltiger zu gestalten, um auf diese Weise noch größere Zufriedenheit zu erlangen. Ich freue mich über jedes Feedback!

Bitte schreiben Sie an ingo.schymanski@uni-ulm.de.

Ulm, im Frühjahr 2015 **Ingo Schymanski**

**Leseprobe**

aus dem Wissen & Leben-Band
„Dopamin und Käsekuchen" von Manfred Spitzer

# 1 Dopamin und Käsekuchen

## Essen als Suchtverhalten

Kaum ein Mensch hat hierzulande und heutzutage keine Probleme mit seinem Körpergewicht: Man ist zu dick, weiß das auch und isst dennoch zu viel. Wie kommt das eigentlich? Wir wissen es schließlich besser: Übergewicht macht krank und führt einen früheren Tod herbei. Auch Trinken und Rauchen machen krank und führen zu einem früheren Ableben, vom Konsum harter Drogen einmal gar nicht zu reden. Aber bei Alkohol, Nikotin, Morphin, Kokain oder Amphetamin handelt es sich um Substanzen, die Sucht erzeugen, also in geringsten Mengen direkt auf das Gehirn einwirken und dadurch Erleben und Verhalten ändern. Nahrung, so scheint es zumindest zunächst, ist demgegenüber etwas ganz anderes.

Dass es zwischen pathologischem Essverhalten und dem Konsum von Suchtstoffen gewisse Parallelen gibt, vermutet der Volksmund (der von „Fress-Sucht" spricht) schon lange. Seit einigen Jahren gibt es aus der Neurobiologie Erkenntnisse, die auf einen engen Zusammenhang zwischen Essverhalten und Sucht hinweisen. Es lohnt sich, diesem nachzugehen, denn nur wenn man Funktionsabläufe und Mechanismen versteht, hat man überhaupt eine Chance, in diese bewusst und steuernd einzugreifen.

Tief im Gehirn sitzt ein neuronales System, das bei Erlebnissen, die *besser als erwartet* ausfallen, ein Signal gibt, um diese Erlebnisse und deren Umstände rasch zu lernen,

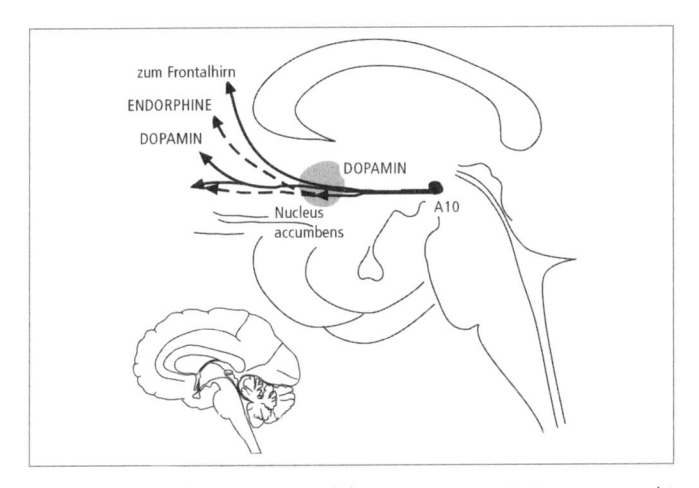

Abb. 1-1 Das dopaminerge Belohnungssystem mit Ausgangspunkt in Area A10 des Mittelhirns, Nucleus accumbens (ventrales Striatum) und Frontalhirn, dem Ort der Auswirkung auf Aufmerksamkeit und Lernen.

sodass der Organismus langfristig sich dem zuwendet, das für ihn gut ist (Abb. 1-1). Bei der Aktivierung dieses Systems kommt es zu einer gesteigerten Dopaminfreisetzung, was für ein leistungsfähigeres Arbeitsgedächtnis und mehr On-line-Informationsverarbeitung (4) sowie für eine verbesserte Übertragung vorläufig gespeicherter Inhalte ins Langzeitgedächtnis sorgt (23). Zudem kommt es zu einer Ausschüttung endogener Opioide im Frontalhirn, was subjektiv angenehm erlebt wird. Damit sind in diesem System Lernen und Lust eng miteinander verknüpft (25). Neuroanatomen und Psychiater nennen dieses System das mesolimbisch-mesokortikale Dopaminsystem, weil die beteiligten Neuronen erstens den Neurotransmitter Dopamin verwenden und es zweitens noch andere Dopaminsysteme gibt (das tuberoinfundibuläre sowie das nigro-striatale). In der Literatur wird dieses System je nach Blickwinkel und Erkenntnisinteresse auch als Lust-, Sucht-, Motivations- oder Belohnungssystem bezeichnet (2, 7, 24). Wir sprechen im Folgenden vom *dopaminergen Belohnungssystem*.

Die Existenz eines jeden Organismus hängt von der erfolgreichen Suche und Aufnahme von Nahrung ab. Daher ist dieses System überlebenswichtig, und umgekehrt gilt, dass Nahrung (neben Fortpflanzung) zu den wichtigsten psychologischen Reizen gehört, die das System aktivieren (8, 22). Sieht man einmal von manchen Kantinen ab, so ist die Aufnahme von Nahrung in den meisten Fällen ein lustbetonter Akt. Nicht nur im Tierversuch wirkt Nahrung belohnend (10, 11). Wie stark motivierend Nahrung auch auf uns Menschen wirken kann, weiß jeder, der schon einmal Kinder mit der Aussicht auf ein Eis zu Heldentaten motiviert hat oder hungrig im Supermarkt einkaufen war.

Suchtstoffe aktivieren das dopaminerge Belohnungssystem ebenfalls, pharmakologisch und ohne ein vorausgegangenes Erlebnis. Sie aktivieren damit ein angenehmes Empfinden, *ohne* dass mit diesen Empfindungen ein zu lernender Inhalt verknüpft wäre. Da suchterzeugende Substanzen das System deutlich stärker aktivieren können als psychologische Erlebnisse (Abb. 1-2), ist das durch die Substanzen erzeugte angenehme Gefühl stärker als die mit Nahrungsaufnahme oder Sex verbundenen angenehmen Gefühle, was wiederum die Sucht zu dem macht, was sie ist: pathologisches, langfristig extrem lebenszerstörendes Verhalten, das nur sehr schwer zu ändern ist.

Aus system-neurobiologischer Sicht sind damit das Phänomen der Sucht einerseits und die Nahrungsaufnahme andererseits prinzipiell sehr eng verknüpft. Neben diesen sich aus den genannten prinzipiellen Überlegungen ergebenden Indizien gibt es handfeste empirische Befunde, die diese Zusammenhänge verdeutlichen und aufklären.

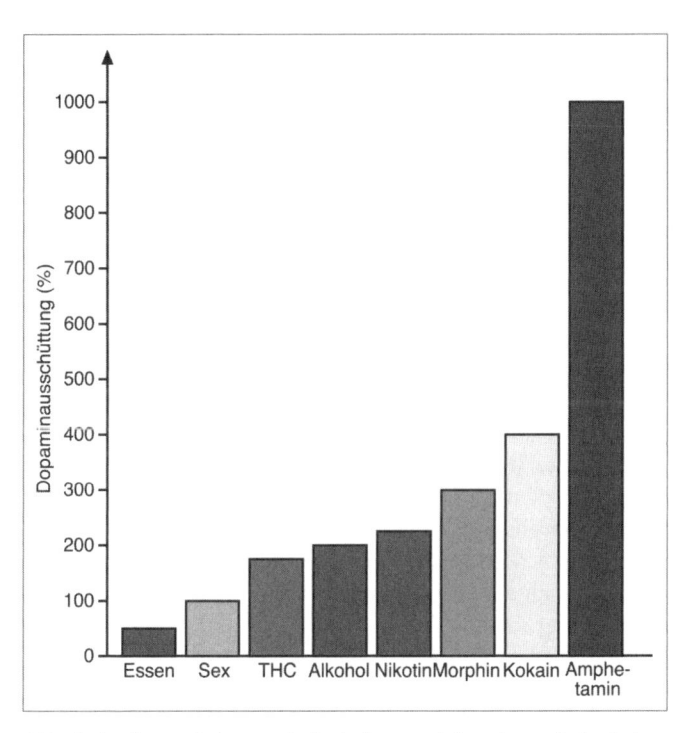

Abb. 1-2 Ausmaß der psychologischen und der pharmakologischen Aktivierung des dopaminergen Belohnungssystems im Tierversuch (21). Die Effekte gelten orientierend bzw. nur in erster Näherung (20), denn sie sind abhängig von den Experimentalbedingungen im Einzelnen, insbesondere von der Dosis des Suchtstoffs. Man sieht deutlich das Problem der Sucht: Stoffe aktivieren das System stärker als Erlebnisse, sodass der Einfluss psychologischer Faktoren auf das Verhalten vergleichsweise sinkt.

Nahrungsaufnahme führt zu einer Dopaminfreisetzung, deren Ausmaß mit der Freude am Essen korreliert (10, 13). Diese nahrungsbedingte Dopaminfreisetzung ist bei übergewichtigen Menschen vermindert, die daher für den gleichen belohnenden Effekt mehr essen müssen. Entsprechendes geschieht, wenn man Dopaminrezeptoren im Striatum mittels Dopamin-D2-Antagonisten blockiert: dann sinkt die belohnende Qualität der Nahrungsaufnahme und es wird mehr gegessen – gleichermaßen bei Ratten und Menschen (19, 26). Dopaminagonisten haben den gegenteiligen Effekt, machen die Nahrung belohnender und führen daher zu einer Verminderung der Nahrungsaufnahme. Da bei übergewichtigen Menschen zudem weniger Dopaminrezeptoren nachgewiesen wurden, wird seit einigen Jahren diskutiert, dass deren vermehrte Nahrungsaufnahme durch eine Unterfunktion des dopaminergen Belohnungssystems verursacht wird.

Ein erster Hinweis hierfür wurde in einer Studie an 43 jungen Frauen gewonnen, die einen Schokoladen-Milch-Shake oder ein Glas Wasser im MR-Tomografen sahen und dann das entsprechende Getränk schmecken konnten (12). Es zeigte sich eine negative Korrelation ($r = -0{,}5$) zwischen der Aktivierung des linken Nucleus caudatus und dem Body-Mass-Index (BMI) der Probandinnen. Dickleibigkeit geht also mit einem verminderten Ansprechen des Striatums auf Nahrung einher. In einer zweiten Untersuchung an 33 Mädchen im Alter von 14 bis 18 Jahren zeigte sich diese Korrelation erneut ($r = -0{,}58$). Zudem wurde ein Einfluss der Genetik des Dopamin-D2-Rezeptors (TaqIA A1-Allel des DRD2-ANKK1-Genlocus) auf die Höhe der Korrelation gefunden sowie prospektiv in einer weiteren Studie ein Einfluss sowohl der Genetik als auch der Aktivierung des Striatums auf die Gewichtszunahme im folgenden Jahr. Eine verminderte Expression striataler Dopaminrezeptoren wurde bereits vor Jahren als Risikofaktor für Suchterkrankungen identifiziert und führt nach dieser Studie auch zu vermehrter Nahrungsaufnahme, ist also auch ein Risikofaktor für Adipositas.

Aus diesen und weiteren Befunden hat man seit einigen Jahren die Hypothese abgeleitet (15–18), dass pathologisches Essverhalten, das zu Dickleibigkeit führt, letztlich eine Form von Suchtverhalten darstellt und entsprechend zu bewerten und zu behandeln ist!

Im Rahmen einer Reihe von Experimenten an Ratten gingen US-amerikanische Neurowissenschaftler vom Scipps-Forschungs-Institut in Florida der Frage nach, wie sich eine „westliche Cafeteria-Diät" (kohlenhydrat- und fettreiche Nahrung wie beispielsweise Käsekuchen, Würstchen und Schokolade) auf das Essverhalten sowie auf das dopaminerge Belohnungssystem auswirkt (5). Von dieser Diät ist schon seit drei Jahrzehnten bekannt, dass sie im Tierversuch (und beim Menschen auch, wie jeder Cafeteriabesucher weiß!) zu dauerhaftem Übergewicht führt (27).

Die Wissenschaftler bestimmten hierzu zunächst bei männlichen Ratten die Belohnungsschwelle mittels eines Verfahrens, das auf elektrischer Selbststimulation beruht (Abb. 1-3): Man pflanzt den Tieren Elektroden in den lateralen Hypothalamus und gibt ihnen die Möglichkeit, sich selbst einen elektrischen Impuls per Tastendruck zu verabreichen. Wie seit Jahrzehnten bekannt ist (7) kommt es zu einem ausgeprägten Stimulationsverhalten: Die Tiere drücken die Taste bis zu 2 000-mal pro Stunde. Nun kann

Abb. 1-3 Versuchsanordnung zur Selbststimulation von Ratten (schematisch), mittels der die Belohnungsschwelle gemessen wurde.

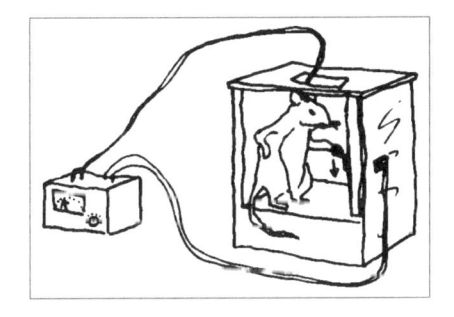

man durch Veränderung der Intensität des elektrischen Stimulus die „Schwelle" bestimmen, bei der das Verhalten noch an den Tag gelegt wird und hat damit ein – wie man durch entsprechende Studien herausgefunden hat – über die Zeit recht stabiles Maß für die „Belohnungsschwelle" und damit die individuelle Aktivierbarkeit des Belohnungssystems.

Nachdem man die Belohnungsschwelle von Ratten über zehn bis 14 Tage hinweg bestimmt und stabile Werte erreicht hatte, wurden die Tiere in drei Gruppen eingeteilt, sodass zwischen den Gruppen keine Unterschiede im Hinblick auf Körpergewicht (300 bis 350 g) und Belohnungsschwelle bestanden. Danach erhielten die Ratten für 40 Tage eine bestimmte Diät: entweder das normale Rattenfutter oder Rattenfutter und eine Stunde täglich „westliche Cafeteria-Diät" oder die „westliche Cafeteria-Diät" den ganzen Tag (18 bis 23 Stunden). Bei allen Ratten wurden über die Zeit des Versuchs die Kalorienaufnahme, das Gewicht und die Belohnungsschwellen der Tiere gemessen. Wie erwartet kam es zu einer Gewichtszunahme in allen drei Gruppen, die jedoch in Abhängigkeit von der Diät unterschiedlich stark ausgeprägt war: am deutlichsten war sie in der Gruppe der Ratten auf westlicher Diät (ca. 160 g), geringer in der Gruppe mit nur einer Stunde westlicher Diät täglich (ca. 100 g) und am geringsten in der Gruppe mit normalem Rattenfutter (ca. 80 g), was wiederum einer normalen Gewichtszunahme bei Ratten in diesem Zeitraum entsprach. Parallel hierzu kam es zu einem Anstieg der Belohnungsschwelle, das heißt, zu einer Abnahme der Empfindlichkeit des Belohnungssystems für belohnende Reize. Eine solche Abnahme der Empfindlichkeit des Belohnungssystems für belohnende Reize ist auch aus Tierversuchen zu den Auswirkungen der Suchtstoffe Kokain und Heroin bekannt (1, 6).

UNTERHALTSAM
+ ANSPRUCHSVOLL

*Wissen & Leben*
Herausgegeben von Wulf Bertram

Manfred Spitzer
## Denken – zu Risiken und Nebenwirkungen

…lesen Sie dieses Buch oder fragen Sie Ihren Neurowissenschaftler und Psychiater! Manfred Spitzer nimmt scheinbar triviale Phänomene des Alltags aufs Korn und zeigt anhand neuester wissenschaftlicher Ergebnisse auf, wie viele verblüffende Erkenntnisse darin verborgen sind.

2015. 255 Seiten, 60 Abb., 14 Tab., kart.
€ 19,99 (D) / € 20,60 (A) | ISBN 978-3-7945-3105-9

Rainer Bösel
## Klugheit Die sieben Säulen der Intelligenz

Was nützt Ihnen Ihre ganze schöne Intelligenz, wenn Sie sie nicht optimal einsetzen? Bösel zeigt, dass es die Klugheit ist, die uns befähigt, virtuos auf der Klaviatur unserer intellektuellen Fähigkeiten und Dispositionen zu spielen.

2014. 270 Seiten, 26 Abb., kart.
€ 19,99 (D) / € 20,60 (A) | ISBN 978-3-7945-3053-3

Rafael Ball
## Die pausenlose Gesellschaft
Fluch und Segen der digitalen Permanenz

Der Vordenker der digitalen Zukunft Rafael Ball veranschaulicht mit lebendigen Beispielen, welche individuellen und gesellschaftlichen Auswirkungen die aktuellen Entwicklungen im Zeitalter der digitalen Information und Kommunikation mit sich bringen.

2014. 127 Seiten, 21 Abb., kart.
€ 16,99 (D) / € 17,50 (A) | ISBN 978-3-7945-3080-9

Irrtum und Preisänderungen vorbehalten

**Schattauer**     www.schattauer.de

UNTERHALTSAM
+ ANSPRUCHSVOLL

*Wissen & Leben*
Herausgegeben von Wulf Bertram

### Gerd Rudolf
## Wie Menschen sind
Eine Anthropologie aus psychotherapeutischer Sicht

Ein eindrucksvolles Buch, geprägt von einer umfassenden kulturellen Bildung, einer einzigartigen professionellen Lebenserfahrung und einer tief empfundenen Menschlichkeit, vielfach gewürzt mit einer Prise von subtilem Humor.

2015. 360 Seiten, 14 Abb., kart.
€ 24,99 (D) / € 25,70 (A) | ISBN 978-3-7945-3127-1

### Josef Eduard Kirchner
## Kinder, Kinder …!
Nicht unsere Kinder sind verrückt, sondern die Welt, in der sie leben

Kindesentwicklung und Erziehung zwischen Alltag und seelischer Achterbahnfahrt – pointiert präsentiert von einem Autor, der sowohl Vater als auch Kinder- und Jugendpsychiater ist.

2014. 288 Seiten, kart.
€ 19,99 (D) / € 20,60 (A) | ISBN 978-3-7945-3064-9

### Thomas Bergner
## Endlich ausgebrannt!
Die etwas andere Burnout-Prophylaxe

Burnout ist in aller Munde. Haben Sie es auch schon? – Befolgen Sie Bergners (nicht ganz ernst gemeinte) Anleitung zum eigenen Burnout! In amüsant-ironischer Weise nimmt er die typischen Verhaltensweisen und Einstellungen aufs Korn, welche entscheidend zu Burnout beitragen.

2013. 208 Seiten, kart.
€ 16,99 (D) / € 17,50 (A) | ISBN 978-3-7945-2932-2

Irrtum und Preisänderungen vorbehalten

**Schattauer**　　　　www.schattauer.de